Daniela Mayrshofer, Hubertus A. Kröger · Prozeßkompetenz in der Projektarbeit

Windmühle GmbH · Verlag und Vertrieb von Medien · Hamburg

Prozeßkompetenz in der Projektarbeit

Daniela Mayrshofer
Hubertus A. Kröger

Ein Handbuch für Projektleiter, Prozeßbegleiter und Berater. Mit vielen Praxisbeispielen

Hrsg. Einhard Schrader

Moderation in der Praxis

BAND 4

Windmühle GmbH Verlag und Vertrieb von Medien

Die Deutsche Bibliothek – CIP-Einheitsaufnahme
Ein Titeldatensatz für diese Publikation ist bei
Der Deutschen Bibliothek erhältlich

ISBN 3-922789-87-0
2. Überarbeitete Neuauflage 2001

Printed in Germany
Titelentwurf und Layout: Regina Isterling

Inhalt

Vorwort des Herausgebers

Leser, die das Inhaltsverzeichnis dieses Buchs durchsehen, werden vielleicht mit Erstaunen feststellen, daß das Wort „Moderationsmethode“ nur einmal, und zwar im vierten Teil, auftaucht, und das innerhalb einer Buchreihe, die sich doch der „Moderation in der Praxis“ verschrieben hat. Wer allerdings das Buch genauer durchblättert, wird an vielen Stellen auf die bekannten Pinnwanddarstellungen von Abläufen stoßen und dann beruhigt sein können, daß sie oder er sich in der „Moderationswelt“ befindet.

Dennoch spielen die Moderationstechniken, die in anderen Büchern dieser Reihe vorgestellt wurden, hier eine untergeordnete Rolle. Es geht um Moderation in einem viel weiteren Sinn, nämlich um die systemische Durchführung von Projekten. Dieser Ansatz stellt eine konsequente Weiterentwicklung der ModerationsMethode dar, die ja, als sie vor dreißig Jahren erfunden wurde, einen Beitrag dazu leisten wollte, komplexe Probleme in Gruppen bearbeiten zu können und Betroffene am Projektgeschehen aktiv zu beteiligen.

Heute wissen wir mehr über die Systemzusammenhänge innerhalb von Projekten und ihre komplexen Beziehungen zu ihrer Umwelt. Wir wissen auch mehr darüber, warum Projekte immer wieder scheitern, warum ihre Ergebnisse nicht den Weg in die Praxis finden. Der Grund ist der gleiche wie vor dreißig Jahren: die mangelnde Beachtung und Bewältigung der Komplexität des Geschehens.

Dieses neue Wissen haben die Autorin und der Autor in praktische Handlungsanleitungen zur Durchführung von Projekten gegossen. Daß sie selbst in ihrer Entwicklung unter anderem stark von der ModerationsMethode geprägt wurden, läßt sich nicht nur an ihrer Haltung Menschen und Problemen gegenüber erkennen, sondern sie hat ihre praktische Arbeit in Projekten nachhaltig geprägt.

Wenn sie ihre Erfahrungen hier der Öffentlichkeit vorlegen, dann haben sie vor allem im Sinn, die Projektkultur zu verbessern und die verschiedenen Ebenen des Projektgeschehens durch eine Vielzahl von Hilfen und Hinweisen zugänglich zu machen. Daß sie damit gleichzeitig die ModerationsMethode konstruktiv weiterentwickelt haben, freut hoffentlich nicht nur den Herausgeber.

Einhard Schrader

Worum es in diesem Buch geht

Noch ein Buch über Projektarbeit. Als ob es davon nicht schon genug gäbe! Und doch glauben wir, daß Ihnen gerade dieses Buch gut weiterhelfen kann. Warum?

Dieses Buch ist anders. Es hilft Ihnen, Ihr Projekt in seiner Ganzheit zu sehen und zu gestalten:
Projektarbeit ist Teamarbeit. Ihr Team wird, auch wenn es groß ist, am besten motiviert, wenn es klare Ziele hat, mit denen sich möglichst alle Mitarbeiter identifizieren. Darüber hinaus benötigen Sie eine transparente Arbeitsplanung, eine gemeinsame Kommunikations- und Arbeitskultur sowie eine ausreichende Unterstützung vom Projektauftraggeber und der Leitung. Erst wenn diese Faktoren gegeben sind und miteinander im Einklang stehen, wird ein Team optimal motiviert sein und effizient arbeiten können.

In diesem Buch beschreiben wir, wie Sie all diese unterschiedlichen Anforderungen erkennen und im Einklang miteinander gestalten können.

Für uns ist dieses Buch eine Zwischenstation auf einem langen Weg der Projektarbeit. Seit fast zwei Jahrzehnten arbeiten wir in Projekten der unterschiedlichsten Art: EDV-Projekte, Organisationsprojekte, Forschungsprojekte, Projekte im Bereich neuer Medien. Auch die verschiedenen Rollen haben wir eingenommen: Projektleiterin und Projektleiter, Projektmitarbeiter und -mitarbeiterin, externe Fachberaterin oder Prozeßbegleiter, Mitglied in Entscheidungsgremien, und last but not least waren wir wie Sie auch Nutznießer oder Leidtragende von Projektergebnissen.

Als Projektleiter und -mitarbeiter haben auch wir unsere ersten Erfahrungen in Projekten mit der Unterstützung klassischer Projektarbeitsmethoden gemacht. Oft haben wir uns gewundert, warum es nicht immer ein Erfolg wurde.

Die ersten Aha-Erlebnisse hatten wir, als wir mit der Moderationsmethode in Berührung kamen. Sie eröffnete gegenüber der klassischen Projektarbeit die praktische Möglichkeit, Beteiligte und Betroffene an der Gestaltung der Arbeit, am Finden von Ideen und Lösungen zu beteiligen und ihnen die Möglichkeit zu geben, ihre Wünsche und Widerstände offen zu artikulieren.

Einige Jahre haben wir damit verbracht, Moderationsmethoden für die Projektarbeit nutzbar zu machen und sie mit klassischen Instrumenten der Projektarbeit zu verbinden. Dann kamen wir in Berührung mit dem systemischen Organisationsansatz, und eine neue Welt eröffnete sich uns. Die Idee, in Prozessen statt in starren Arbeitsschritten, in Funktionen statt in Ergebnissen zu denken, zeigte uns Zusammenhänge zwischen Aufgaben, Zielen, Beteiligten und Betroffenen, die in der linearen Betrachtungsweise kaum zu erfassen sind. Die Vernetzung von Prozessen und Handlungsebenen zum Beispiel erlaubte es, der Komplexität der Projektarbeit weit besser gerecht zu werden, als dies mit den bisherigen Verfahren möglich war. Also begannen wir, unsere Arbeit neu zu überdenken. Wir fanden heraus, daß es gemeinsame Probleme bei allen Projektarten gibt, die mit Hilfe der neu gewonnenen Erkenntnisse gelöst werden konnten: unsystematische Arbeit, Schwierigkeiten und Konflikte bei der Zusammenarbeit im Team und Probleme mit Entscheidern, die oft so handelten, daß es für das Team und andere Beteiligten nicht immer nachvollziehbar war. Wir haben in den letzten Jahren viel gelernt. Projekte, mit denen und in denen wir gearbeitet haben, waren unsere besten Lehrmeister. An diesen Erkenntnissen wollen wir unsere Leser teilhaben lassen. Wir laden Sie deshalb ein, den aufregenden Weg systemischer, prozeßorientierter Projektarbeit mit uns zu gehen.

Wen möchten wir mit diesem Buch ansprechen?

Alle Menschen, die direkt oder indirekt mit Projekten zu tun haben:

- Projektleiter, die wir ermutigen wollen, über den Tellerrand des Sachproblems hinauszuschauen und sich den Projektprozessen zu widmen;
- Projektmitarbeiter, damit sie sehen können, wo und wie sie am besten ihren Beitrag leisten können, um ihrem Projekt zum Erfolg zu verhelfen;
- Entscheider in Projekten, um für sich mehr Klarheit über die Gratwanderung zwischen zuviel und zuwenig Eingriff in das Projekt zu erlangen;
- Auftraggeber, damit sie erkennen können, was sie von einem erfolgreichen Projekt erwarten können und wie sie selbst zum Erfolg beitragen können und müssen;
- Kunden, Anwender und Endnutzer von Projektergebnissen, damit sie einen Eindruck davon bekommen können, wie sie in der laufenden Projektarbeit vorkommen sollten und wie sie ihre Erfahrungen, Bedürfnisse und Wünsche artikulieren können müssen; und schließlich

- externe Projektberater, damit sie das richtige Maß an Selbstbewußtsein einerseits und Bescheidenheit andererseits entwickeln können.

Wie Sie sich in diesem Buch zurechtfinden

Wir vermuten, daß es nur wenige Leser geben wird, die das Buch von der ersten bis zur letzten Seite durchlesen werden. Deshalb haben wir es so aufgebaut, daß Sie sich möglichst leicht darin zurechtfinden können:

Der systemisch-ganzheitliche Ansatz

Im Teil 1 beschreiben wir den Grundansatz der prozeßorientierten Projektarbeit, nach dem wir arbeiten. Wir versuchen darzulegen, was wir unter Projekt, Prozeß, systemisch-ganzheitlichem Ansatz verstehen, was also unser Grundverständnis von Arbeiten in und mit Projekten ausmacht. Im letzten Abschnitt dieses Teils reden wir auch ein wenig von uns selbst, wenn es um die Berater in Projekten geht. Wir empfehlen Ihnen, diesen Teil auf jeden Fall zu lesen, weil manches, was wir später darstellen, auf diesen Grundprinzipien aufbaut.

Die Prozeßebenen

Im Teil 2 werden die verschiedenen Prozeßebenen mit ihren jeweiligen Aspekten dargestellt. Schon der Aufbau dieses Teils soll signalisieren: Keine dieser Prozeßebenen ist wichtiger als die andere. Nur wer seine Aufmerksamkeit auf alle Ebenen richtet, wird erfolgreich Projekte durchführen. Dabei heißt „Erfolg" für uns noch nicht, wenn ein Projektteam mit seiner Arbeit zu Ende gekommen ist. Ein Erfolg ist erst dann zu verzeichnen, wenn die beabsichtigte Wertschöpfung beim Kunden oder beim Endnutzer tatsächlich eingetreten ist. Auftraggeber und Endnutzer haben ein Anrecht auf einen so weitgefaßten Erfolgsbegriff.

Die Schlüsselsituationen im Projektverlauf

Im 3. Teil stellen wir Ihnen die wichtigsten Schlüsselsituationen in einem Projektverlauf vor. Da sie die wichtigsten Stationen für den Projekterfolg darstellen, sind sie gleichzeitig auch die Stolpersteine, an denen Projekte immer wieder scheitern. Deshalb möchten wir die Aufmerksamkeit unserer Leser besonders auf diese Projektsituationen lenken. Da diese Situationen oft im Team stattfinden, sollen Ihnen moderierte Beispielabläufe Anregungen zu ihrer Gestaltung geben.

Die Werkzeuge und Methoden

Teil 4 schließlich besteht aus einer Sammlung von Werkzeugen, die sich in der Projektpraxis bewährt haben und mit denen der von uns vorgestellte Projektansatz in die Praxis umgesetzt werden kann. Wir versuchen, die Tools so konkret und nachvollziehbar wie möglich zu beschreiben und auch Hinweise darauf zu geben, wie und mit welchem Erfahrungshintergrund sie eingesetzt werden können. Dazu finden Sie am Seitenrand jeweils die Abschnittsverweise mit kleinen Piktogrammen, die der Übersichtlichkeit dienen sollen. Auf jeden Fall möchten wir Sie anregen, selbst zu experimentieren und Ihren eigenen Erfahrungen und Ihrer Kreativität zu vertrauen, wenn Sie in Ihren Anwendungsfeldern Neues ausprobieren wollen.

Ob dieses Buch eine Wertschöpfung erzeugt, wird sich daran erweisen, ob Sie davon profitieren. Das wünschen wir Ihnen und uns.

Teil 1:

Projekte

prozeßorientiert

gestalten

In diesem Teil geben wir einen Überblick darüber, was wir unter dem systemischen Ansatz verstehen. Unter diesem Blickwinkel erklären wir, was wir unter Projekt, Prozeß und Funktion verstehen, und zeigen auf, welche Konsequenzen sich daraus für ein systemisch-ganzheitliches Projektmanagement ergeben. Wir empfehlen, diesen Teil auch dann zu lesen, wenn Sie dieses Buch vor allem auf Einzelaspekte hin benutzen, denn viele Aussagen und Vorschläge in den Teilen zwei, drei und vier des Buches werden erst auf diesem Hintergrund verständlich.

1 Grundbegriffe der Projektarbeit

Was ist ein Projekt?

„Projekt" ist ein heute inflationär gebrauchter Begriff, der aus der klassischen Anwendung in Organisationen bis in die Kunstwelt vorgedrungen ist. Wir möchten deshalb zunächst einmal erläutern, was wir unter einem Projekt verstehen. (vgl. Schelle, 1994)

Die DIN-Norm 69901 definiert Projekt wie folgt: „... ein Vorhaben, das im wesentlichen durch die Einmaligkeit der Bedingungen in ihrer Gesamtheit gekennzeichnet ist, z.B. durch Zielvorgabe, durch zeitliche, finanzielle, personelle und andere Begrenzungen, durch Abgrenzung gegenüber anderen Vorhaben und durch projektspezifische Organisation".

Bei einer Untersuchung verschiedener weiterer Projektdefinitionen lassen sich zentrale Merkmale herausschälen:

- Zielorientierung
- zeitliche Begrenzung
- Einmaligkeit und Neuartigkeit
- Komplexität
- aufgabenbezogenes Budget
- rechtlich-organisatorische Zuordnung
- Interdisziplinarität.

Da der Projektbegriff auch innerhalb von Organisationen unterschiedlich verwendet wird, stellt sich die Frage: Wann ist ein Projekt kein Projekt mehr, sondern eine bloße Aufgabe, die eine oder mehrere Personen fachübergreifend oder innerhalb der bestehenden Linienfunktion erledigen? Ist das Forschungsprojekt, das nach grundsätzlich neuen Verfahrenstechniken sucht, kein Projekt, weil es keinen definierten Endtermin gibt? Oder das virtuelle Team eines großen Konzerns, das über Erfahrungsaustausch im Konzern nachdenkt, diesen Arbeitsprozeß exakt strukturiert und plant, aber keine formale Organisation besitzt? Darf der Weiterbildungsbeauftragte, der ein Trainingskonzept überarbeitet, seine Aufgabe „Projekt" nennen, nur weil er hin und wieder externe Experten befragt?

In der Praxis sollten diese Fragen eher pragmatisch beantwortet werden. Aus unserer Sicht hilft dabei die Überlegung: Welchen Vorteil gibt es, wenn eine Aufgabe in Projektform erledigt wird? Gibt es auch andere, vielleicht einfachere Arbeitsformen, die der entsprechenden Fragestellung angemessener sind?

Unterschiede zwischen Projekt- und Linienarbeit

Wenn man die oben genannten Merkmale als Basis der Betrachtung verwendet, läßt sich nachfolgende Abgrenzung zwischen Projektarbeit und Linienarbeit vornehmen:

Merkmal	**Projektarbeit**	**Linienaufgabe**
Zielorientierung	Zieldefinition eher als kontinuierlicher Prozeß	Eher klar vereinbarte Ziele in definiertem Zeitraum
Zeitliche Begrenzung	Aufgabe endet zu definiertem Zeitpunkt	Kontinuierliche Funktion, die erst endet, wenn Produktwechsel ansteht
Einmaligkeit und Neuartigkeit	Jedes Projektprodukt ist ein Unikum	Produkte und Dienstleistungen werden immer wieder in der gleichen Form und Ausführung erbracht
Komplexität	Jeder Arbeitsprozeß im Projekt muß neu erfaßt, geplant und gestaltet werden	Ziel: Standardisierung und Vereinfachung wiederholbarer Prozesse
Aufgabenbezogenes Budget	Budget bezieht sich auf Aufgabe	Budget bezieht sich in der Regel auf Funktionsbereich
Rechtlich-organisatorische Zuordnung	Vorübergehende Organisationsform, die bei jedem Projekt eingerichtet wird	Dauerhafte Organisation
Interdisziplinarität	Synergien durch unterschiedliche Disziplinen	Fachleute aus einer Disziplin übernehmen eine Funktion (z.B. Kaufleute)

Bereits aus der Definition des Projektes mit seinen Merkmalen und seiner Unterscheidung kann man erkennen, daß ein Projekt andere Arbeitsformen erfordert, um es mit Erfolg abzuschließen.

Welche Projekte gibt es?

Obwohl die Definition für alle Projekte gilt, erfüllen sie in der Praxis sehr unterschiedliche Funktionen:

- Projekte zur Leistungserstellung, in denen materielle Leistungen erbracht werden (zum Beispiel Hoch- und Tiefbau, Anlagenbau, Maschinenbau, Kraftwerksbau)
- Forschungs- und Entwicklungsprojekte, in denen neue Produkte oder Verfahren entwickelt werden (zum Beispiel Entwicklung eines neuen Medikaments, Entwicklung eines neuen Herstellungsverfahrens für Chemikalien, Softwareentwicklung)
- Veränderungsprojekte, in denen neue Produkte oder Verfahren eingeführt werden (zum Beispiel Einführung von Projektmanagement, Reengineering).

Die jeweilige Funktion, die ein Projekt zu erfüllen hat, bestimmt, welche Prozesse und Schritte notwendig sind, damit das Ziel innerhalb der geplanten Zeit, zu den geplanten Kosten und in der vereinbarten Qualität erreicht wird.

So erfordert die Planung und Erstellung neuer Fertigungshallen einen viel aufwendigeren und detaillierteren Planungsprozeß, als das bei der Einführung eines neuen Lohn- und Gehaltsfindungssystems in einem Unternehmen der Fall ist. Andererseits kann es sein, daß der Aufwand, Akzeptanz für das neue Lohn- und Gehaltssystem zu finden, sehr viel größer ist als beim Neubau der oben genannten Gebäude.

Bereits aus diesem Beispiel wird ersichtlich, daß es kein einheitliches Verfahren zur Gestaltung des Projektprozesses geben kann. Obwohl es möglich ist, für ähnliche Projekte die erforderlichen Schritte und Unterlagen in gewissem Umfang zu standardisieren, wie das oft in Projekthandbüchern oder von Fachverbänden versucht wird, sollte doch immer wieder genau geprüft werden, welche Elemente der Planung und Steuerung für dieses spezielle Projekt wirklich sinnvoll und notwendig sind.

Was ist Projektmanagement?

Die DIN-Norm 69901 definiert Projektmanagement als „die Gesamtheit von Führungsaufgabe, -organisation, -techniken und -mittel für die Abwicklung eines Projektes". Bei einer Durchsicht der aktuellen Literatur findet man sehr unterschiedliche Definitionen von Projektmanagement. Einige Autoren beschreiben es an Hand von Methoden, bei anderen stehen Verhaltensweisen des Projektleiters im Vordergrund.

Ausführlich und damit allgemeingültig ist die Beschreibung von Wolf (vgl. Wolf, 1997): „Projektmanagement beinhaltet alle Maßnahmen, um ein Vorhaben in einem interdisziplinären Team zum Erfolg zu führen. Diese Maßnahmen umfassen Methoden, Hilfsmittel, Darstellungen, Werkzeuge sowie ziel- und ergebnisorientierte Verhaltensweisen. Am Ablauf des Vorhabens orientiert, gliedern sich die Maßnahmen in Start-, Planungs-, Steuerungs- und Abschlußaktivitäten. Der Projektleiter begleitet mit seinem Team den Gesamtprozeß, bis das Ergebnis vorliegt."

Im Alltagssprachgebrauch der Betriebswirtschaft hat sich eingebürgert, Management als einen sachlich-methodischen Zugang zu beschreiben. Er umfaßt eher rationale Elemente wie Zielfindung, Planung, Controlling und Steuerung eines Arbeitsprozesses.

Projektmanagementprozeß (Abschnitt 11-14)

Systemisch-ganzheitlicher Ansatz (Abschnitt 5)

Wohl wissend, daß auch wir nur eine Krücke zur Beschreibung der Wirklichkeit benutzen, wollen wir uns in diesem Buch diesem Alltagsverständnis anschließen und Projektmanagement auf die formalen Komponenten der Projektgestaltung beschränken (vgl. Abschnitt 11 – 14, die den Projektmanagementprozeß behandeln). Für die umfassendere Funktion haben wir den Begriff der Projektgestaltung gewählt. Sie berücksichtigt alle Prozeßebenen im Projekt in gleichem Maße und beschränkt sich nicht auf die fachlich-formalen Aspekte der Planung und Steuerung (vgl. Abschnitt 5 „Systemisch-ganzheitlicher Projektansatz").

Phasen der Projektarbeit

Jedes Projekt durchläuft von seiner ersten Idee bis zur abgeschlossenen Realisierung einen Projektlebenszyklus, der oft in Phasen der Projektarbeit eingeteilt wird.

Diese Einteilung ist für längere und komplexe Projekte nützlich. Wie in jedem Problemlösungsprozeß helfen die Phasen, den Arbeitsprozeß zu strukturieren. Sie sind ein „Metamodell", um leichter zu beschreiben, was im jeweiligen nächsten Arbeitsschritt zu tun ist und was nicht. So kann mit Hilfe eines Phasenmodells dem Team und dem Auftraggeber in der Analyse der Ausgangssituation leicht verständlich gemacht werden, daß jetzt noch keine Lösungen erarbeitet werden sollen. Im Gegenteil besteht in dieser Phase die Gefahr, durch eine vorschnelle Lösung ein optimales Ergebnis zu blockieren.

Ein weiterer Vorteil besteht darin, Kontrollpunkte bestimmen zu können, an denen vor der Phase definierte Ziele und Zwischenergebnisse überprüft werden und Entscheidungen für die weitere Arbeit getroffen werden können. Das Ende einer Projektphase wird oft dazu genutzt, dem Auftraggeber oder Entscheidergremium (zum Beispiel Lenkungsausschuß) die Zwischenergebnisse zu präsentieren.

Je nach Fachgebiet und Autor unterscheiden sich diese Phasenmodelle ganz erheblich in ihrer Art, Länge und Schwerpunktsetzung. Welches Phasenmodell für den konkreten Einsatz in einem Projekt geeignet ist, hängt wiederum von der Art und Komplexität des Projektes ab. So wird ein Phasenmodell mit einer ausführlichen Akquisitions- und abschließenden Gewährleistungsphase eher im Anlagenbau Verwendung finden als in einem Reorganisationsprojekt. Umgekehrt wird in einem Anlagenprojekt die Analysephase im Unterschied zu einer Organisationsentwicklung eher mager ausfallen.

Zur Illustration möchten wir zwei Phasenmodelle aus sehr unterschiedlichen Arbeitsgebieten zeigen:

Abb. 1: Zwei unterschiedliche Phasenmodelle

Im folgenden werden wir immer wieder darauf hinweisen, daß in jeder Projektphase und auf jeder Prozeßebene geprüft werden muß, welche Verfahren und Aufgaben zur Erreichung des Projektziels wirklich notwendig sind.

2 Prinzipien prozeßorientierter Projektgestaltung

Projekte sind Transformationsprozesse

Projekte sind – genau genommen – eine Vielzahl von Einzelprozessen. In jedem von ihnen wird aus einem vorliegenden und bereits erarbeiteten Input ein Ergebnis geschaffen, sie machen in ihrer Gesamtheit die Kundenzufriedenheit aus.

Transformationsprozesse gestalten (Abschnitt 4)

Diese „Verwandlung" des Inputs unter Einwirkung der Steuerungsgrößen verstehen wir als Transformationsprozeß. So gesehen, muß in jedem Prozeßschritt ein „Wert" geschaffen werden, der den Verbrauch der Projektressourcen wie Geld, Zeit, Ausstattung – vom Auftraggeber zur Verfügung gestellt – erklärt und rechtfertigt. Werden Projekte nicht selbstverständlich als Transformationsprozeß begriffen, führt das zu Blindleistungen, Schnittstellenunklarheiten und in vielen Fällen zu Zeit- und Qualitätsproblemen.

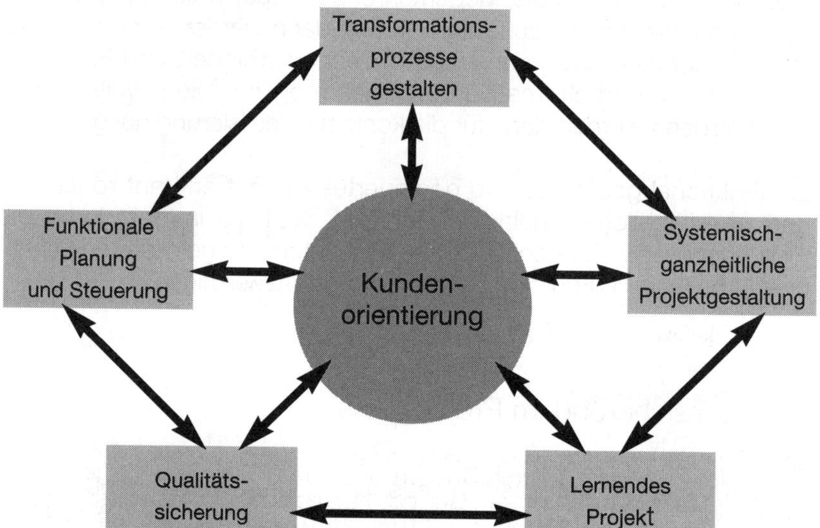

Abb. 2: Prinzipien prozeßorientierter Projektarbeit

Systemisch ganzheitlicher Projektansatz

Die systemisch-ganzheitliche Projektgestaltung beachtet, daß ein Projekt einen Organismus darstellt, der in ständigem Austausch mit und in Abhängigkeit von seiner Umwelt lebt. Bei der Gestaltung des Projektprozesses hat diese Tatsache eine herausragende Bedeutung. Dabei gilt es, die verschiedenen Ebenen des Projektprozesses zu beachten. Die Konzentration auf die traditionellen Prozesse – Produktentstehungsprozeß (die fachliche Arbeit) und den Prozeß der Planung, Steuerung und Kontrolle – reicht nicht aus. Die wiederkehrenden Fehlschläge zeigen, daß der Projektprozeß um die bewußte und professionelle Gestaltung des Teamentwicklungs- und Entscheidungsprozesses ergänzt gehört.

Systemisch-ganzheitlicher Projektansatz (Abschnitt 5)

Funktionale Steuerung: Nur das tun, was nützlich ist

Funktionale Planung und Steuerung von Projekten abstrahiert zunächst von den Inhalten der Projektarbeit und betrachtet vorrangig die Qualität und Funktionalität des Projektprozesses.

Funktionale Planung und Steuerung (Abschnitt 6)

Sie orientiert sich an Metamodellen der Projektarbeit, wie dem Phasenmodell, und stellt sich die wiederkehrende Frage, welche Funktion im nächsten Projektschritt zu leisten ist. Erst dann werden konkrete Inhalte erarbeitet. So werden unnötige Umwege verhindert und Freiräume für Kreativität und alternative Lösungen möglich. Die jeweils besten Lösungsideen werden dann für die konkrete Realisierung ausgewählt.

Ein funktional geplantes und gesteuertes Projekt erkennt routinierte und oberflächliche inhaltliche Beiträge, weil sie immer durch die Prüfung müssen: „Dienen sie der gewünschten und geforderten Funktion?“ (Abschnitt 6 „Funktionale Planung und Steuerung“)

Qualitätssicherung im Projekt

Die in der Projektarbeit erstellten Produkte und Dienstleistungen sollen die Kundenerwartungen erfüllen. Die Qualität eines Ergebnisses kann jedoch kaum besser sein als der Prozeß, der es erschaffen hat. Deshalb ist es notwendig, auch die Qualität der Projektprozesse zu berücksichtigen.

Qualität entsteht im interaktiven Prozeß zwischen dem Projektteam und den Anwendern. Er sollte regelmäßig und präventiv erfolgen, andernfalls ist im späteren Ergebnis nur die „Abwesenheit von Qualität“ zu erkennen (Abschnitt 7 „Qualitätsmanagement im Projekt“).

Qualitätsmanagement im Prozeß (Abschnitt 7)

Projekt als lernende Organisation

Projekte sind soziale Systeme, die ständig lernen und damit Erfahrungen und Wissen generieren. Das Problem ist, daß diese Erkenntnisse oft ungeplant und unreflektiert entstehen und zunächst nur den einzelnen Erfahrungsträgern selbst zur Verfügung stehen.

Ziel sollte es jedoch sein, das entstandene Know-how für das gesamte Projektteam und sogar für die gesamte Organisation verfügbar zu machen.

Das geschieht mit Hilfe einer Systematisierung des Lernprozesses innerhalb des Projektteams durch regelmäßige Reflexionsschleifen innerhalb der Projektarbeit.

Das Projekt als lernende Organisation (Abschnitt 8)

Gleichzeitig werden die im Laufe der Projektarbeit gewonnenen Erkenntnisse so dokumentiert, daß sie schnell und einfach auch für andere Teammitglieder oder Organisationseinheiten zugänglich sind.

Sie erhöhen so die Ausstattung einer Organisation, ähnlich den Patenten, die ein Unternehmen kreiert und sich dann sichert.

3 Kundenorientierung im Projekt

Projekte gelten dann als erfolgreich, wenn die gesetzten Ziele mit der gewünschten Qualität im verabredeten Zeitrahmen und innerhalb der geplanten Kosten erfüllt wurden. Bei dieser Definition stehen die Ziele im Mittelpunkt. Eigentlich müßte aber der Kunde im Fokus des Projektmanagements stehen. Schließlich sind es ja seine Ziele, die erfüllt werden sollen.

Aber so einfach und so selbstverständlich ist es nicht. Denn in vielen Projekten gibt es unzählige Spannungen zwischen den Forderungen des Kunden einerseits und den Vorstellungen des Projektteams andererseits darüber, was genau abzuliefern ist. Für EDV-Projekte großer Unternehmen gibt es die eigens eingeführte Funktion der Koordinatoren, deren Aufgabe es ist, zwischen Kundenbedürfnissen und EDV zu vermitteln. Häufig müssen sie schlicht Übersetzungshilfe leisten, da sich die Beteiligten nicht mehr verstehen.

Da die Kosten oft ins Unermeßliche steigen, wenn die Projektergebnisse nicht den Vorstellungen der Kunden entsprechen, wird das Thema

Claim-Management (Umgang mit den Forderungen der Kunden) im Unterschied zur „Kundenorientierung" in der Fachpresse schon häufiger diskutiert. Auch das ist ein Zeichen dafür, daß Projektmanager ihre Kunden noch stärker in den Mittelpunkt ihrer Arbeit rücken sollten.

Die Aufgabe des Projektteams muß es also sein, das Projekt so zu gestalten, daß alle Aktivitäten im Projekt darauf ausgerichtet sind, Kundennutzen zu stiften. Projekte sind demnach kein Selbstzweck. Sie haben die Aufgabe, Produkte und Dienstleistungen für die späteren Anwender zu erbringen und damit die erwartete und definierte Funktion (Zweck) des Projektes optimal zu erfüllen (vgl. Abschnitt 34 „SystemModell"). Eine Wertschöpfung ist noch nicht alleine dadurch erreicht, daß das Projektteam die nötigen Ressourcen wie Geld, Zeit und Ausstattung vom Auftraggeber zur Verfügung gestellt bekommt. Erst wenn die verabredete Leistung erbracht und der Kunde zufrieden ist, ist betriebswirtschaftlich wie volkswirtschaftlich ein Wert geschaffen worden.

SystemModell (Abschnitt 34)

Dies gilt auch für Projekte, deren Endnutzer die Dienstleistung nicht bezahlen, z.B. in Non-Profit-Organisationen. Der Erfolg eines Organisationsprojekts in einem Arbeitsamt ist daran zu messen, ob es den Arbeitsuchenden – und damit der Gesellschaft – einen Nutzen bringt. Das gleiche gilt für karitative Einrichtungen.

Wer sind eigentlich die Kunden eines Projekts?

Direkte und indirekte Kunden

In vielen Projekten ist es gar nicht einfach festzustellen, wer letztlich der Kunde ist, für den ein Zusatznutzen entstehen soll. Denn die direkten Kunden des Projekts haben selbst Kunden, für die die Leistungen des Projektes von Bedeutung sind. Bauprojekte sehen häufig die Baugesellschaft als ihren Kunden an. Aber mit ihr ist die Kette noch nicht zu Ende. Die Bewohner der gebauten Wohnungen und die Kunden des Unternehmens, in dem die neue EDV-Anwendung eingesetzt wird, sind diejenigen, die am Ende der Wertschöpfungskette stehen. Erst sie entscheiden – wenn sie die vorher kalkulierte Miete bezahlen oder mit den Serviceleistungen des direkten Kunden zufrieden sind –, ob sich das Projekt gelohnt hat.

Auftraggeber und Anwender

Darüber hinaus muß zwischen Auftraggeber und Anwender (Nutzer) unterschieden werden. EDV-Projekte halten die Anwender für ihre alleinigen Kunden und vergessen dabei, daß der Auftraggeber (zum

Beispiel der Vorstand), der schließlich das neue System bezahlt, auch eigene Vorstellungen von der Funktionalität und den damit verbundenen Kosten des neuen Systems hat.

Andere Projekte entwickeln ihre Lösungen wiederum für den Auftraggeber und nicht für den Anwender. Da Auftraggeber und Anwender nicht immer die gleichen Erwartungen haben, gilt es, diesen Klärungsprozeß zu managen, um nicht an diesen Gegensätzen zu scheitern.

Projektinterne Kunden im Projektprozeß

Zuletzt sind beim Thema Kundenorientierung auch noch die Anforderungen der projektinternen Kunden zu betrachten. Das sind die Kollegen, die mit den im Projektprozeß erstellten Leistungen weiterarbeiten müssen. Auch sie haben bestimmte Erwartungen an Art und Qualität der erreichten Zwischenergebnisse, die sich natürlich letztendlich auch daran messen lassen müssen, ob sie Kundennutzen für den Endkunden stiften.

Also sind alle Nahtstellen im Projektverlauf als Kunden-Lieferanten-Beziehung zu verstehen. Jeder, der innerhalb des Projektverlaufs Lieferungen oder Leistungen von jemand anderem bezieht, kann als Kunde bezeichnet werden. Er definiert gemeinsam mit seinem Lieferanten Art, Qualität, Kosten und Zeitpunkt der zu erbringenden Leistung. Aufgabe des Projektleiters ist es, diesen Prozeß der Leistungserstellung zu managen.

Diese strukturelle ökonomische Betrachtungsweise der Beziehungen vom Auftraggeber bis zum Kunden mag auch für die Projektarbeit noch ungewohnt sein. An ihr läßt sich jedoch hervorragend verdeutlichen, wer wem was schuldet, damit die Wertschöpfungskette nicht unterbrochen wird:

Besonders schwierig ist es, diese Beziehungen bei unternehmensinternen Veränderungsprojekten herauszuarbeiten, weil die Projektgruppe und der Auftraggeber gleichzeitig Teil des Systems sind, das es zu verändern gilt.

Bei diesen Projekten wird oft vernachlässigt zu prüfen, wie sich das Projekt auf die externen Kundenbeziehungen des Unternehmens auswirkt. Selbst wenn die Kundenbeziehung scheinbar unberührt bleibt, hat die Projektarbeit eine indirekte Wirkung, da ihre Kosten über die Preise für Produkte und Dienstleistungen gedeckt werden müssen. Damit kommt aber auch noch ein anderer „Kunde" ins Blickfeld, nämlich der Eigentümer, dessen Rendite sinkt, wenn unprofitable Projekte durchgeführt werden.

Wie entsteht der Kundennutzen?

Ausgangspunkt sind immer die Kundenbedürfnisse, die meistens durch ein Problem manifest werden. Manchmal stehen aber auch eine Idee oder eine Vision am Anfang, die vom Kunden selbst entwickelt oder durch Anregung von außen (zum Beispiel durch Werbung oder Akquisition) an ihn herangetragen werden. Kundenbedürfnisse sind nur selten rein sachlicher Natur, sondern haben meistens auch eine psychologisch-emotionale Komponente (zum Beispiel Imagegewinn).

Auftragsklärung und Zielvereinbarung (Abschnitt 11)

Auf Grund dieser Bedürfnisse haben die Kunden eines Projektes ausgesprochene oder unausgesprochene Erwartungen an das Projekt. In der Phase der Auftragsklärung (vgl. Abschnitt 11) gilt es, diese herauszufinden.

Erst dann können im Rahmen der vorgegebenen Bedingungen (wie zum Beispiel das Budget) Anforderungen an das Projekt formuliert werden. Bei der Formulierung der Anforderungen sollte immer deutlich werden, wozu diese letztendlich dienen, das heißt, es muß die Funktion oder der erwartete Nutzen (vgl. Abschnitt 34 „SystemModell") der gewünschten Produkte oder Dienstleistungen beschrieben werden.

Dabei sollte man sich stets bewußt sein, daß der gewünschte Nutzen weder eindimensional ist noch von allen Kundenvetretern gleich beschrieben wird. Er wird immer sachliche und emotionale Komponenten enthalten. Letztere sind oft die wirklich entscheidenden Aspekte, wenn der Kunde das Projektergebnis beurteilt.

Was ist konsequente Kundenorientierung?

Kundenorientierung im Projekt heißt also, nicht nur die Anforderungen der nächsten Projektstufe, sondern die der gesamten Wertschöpfungskette im Auge zu behalten. In vielen Fällen verfügen die Projektbeteiligten über genügend Alltagserfahrungen, um sich die Wünsche und Bedürfnisse der Endnutzer vorstellen zu können. Dennoch ist es gerade für Experten oft schwierig, die zentralen Erwartungen ihrer Kunden herauszufinden. So haben Automobilhersteller lange gebraucht, bis sie erkannten, daß Autos nicht nur schön, schnell und billig, sondern auch wartungsfreundlich sein müssen. Viele Wohnungen und Bürogebäude stehen leer, weil die verständlichen Kundenwünsche im Laufe des Projekts aus den Augen verloren wurden.

Der Blick auf den Kunden mit all seinen Facetten muß während der gesamten Projektarbeit im Mittelpunkt stehen. Jeder Arbeitsschritt sollte daraufhin überprüft werden, ob er zielstrebig zur Erfüllung der Anforderungen der verschiedenen Kunden innerhalb der Prozeßkette beiträgt.

Die nächste Stufe ist immer Abnehmer der bisherigen Leistung. Wenn sie virtuell oder tatsächlich in die Projektentscheidungen einbezogen wird, kommt es seltener zu Lösungen, die mehr dem höheren Ruhm der Projektmitarbeiter als dem Kundennutzen dienen. Kundenorientierung heißt, die Wünsche des Kunden ernst zu nehmen, in seinem Interesse zu handeln und, wenn diese nicht bekannt sind, sich darüber Informationen einzuholen.

Wie man Kundenorientierung im Projekt erzielt

Kundenwünsche sind nicht immer einfach zu ermitteln, insbesondere wenn es entweder sehr viele unterschiedliche Interessen gibt oder wenn es sich in der letzten Stufe um Endverbraucher handelt. Viele Kunden sind sich über ihre Bedürfnisse häufig gar nicht im klaren. Es fällt ihnen darüber hinaus oft schwer, ihre Wünsche in einer Form zu artikulieren, die Projektmitarbeiter verstehen und in ihren Arbeitskontext umsetzen können. Es muß dann mit den Kunden gemeinsam eine „Übersetzung" stattfinden, mit deren Hilfe die Wünsche projektrelevant formuliert werden und letztlich in konkrete Anforderungen einfließen. Dieser mühsamen Aufgabe unterziehen sich Projektmitarbeiter manchmal ungern und lassen es dann ganz bleiben – zum Nachteil des Projekts und der Kunden.

Auftrag klären (Abschnitt 24)

An dieser Stelle ist Beratungskompetenz des Projektleiters und seiner Mitarbeiter gefragt. Sie helfen dem Kunden, durch Fragen herauszufinden, was er wirklich braucht (vgl. Abschnitt 24 „Auftrag klären"). Dabei ist auch die nötige Fachkenntnis der Materie nützlich. Wenn sich die Projektpartner im Fachgebiet sehr gut auskennen, besteht aber auch gleichzeitig die Gefahr, daß dem Kunden fertige oder unpassende Lösungen verkauft werden, die seinen eigentlichen Bedarf nicht befriedigen.

Kundenorientierung heißt jedoch nicht, die Wünsche des Kunden blindlings zu erfüllen. Gerade Endnutzer haben häufig nicht genügend Fachverstand, um feststellen zu können, ob ihnen eine Anforderung wirklich einen (ökonomisch gerechtfertigten) Nutzen bringt. Genauso häufig kommt es heute vor, daß Verbraucher einen Nutzen noch gar nicht erkennen können, der im Projekt vorgedacht wird. In beiden Fällen bedarf es einer kritischen Reflexion darüber, wo die „wahren" Bedürfnisse des Kunden liegen, oder zumindest darüber, ob der

Kunde zur Erfüllung seines Bedürfnisses den dafür zu zahlenden Preis bereit ist zu entrichten. Die wichtigste Grundlage, um Kundenbedürfnisse zu verstehen und herauszufinden, ist ein guter Kontakt und ein vertrauensvolles Verhältnis zwischen Kunde und Projekt.

Dieser Prozeß der Auftragsklärung ist kein einmaliges Ereignis. Da sich die Welt des Kunden und die Erfahrung und Kompetenz des Projektes ständig weiterentwickeln, ist er erst abgeschlossen, wenn das Projekt endgültig beendet ist. Die Kunden müssen also permanent real oder in Gedanken in die Arbeit mit einbezogen werden. Eine Möglichkeit, dies zu tun, beschreiben wir im Abschnitt 28 „Kunden und Anwender einbeziehen". Gerade im fortschreitenden Projekt wird dabei die emotionale Seite der Anforderungen immer wieder aus den Augen verloren. Das führt dazu, daß Projekte in der Phase der Umsetzung scheitern oder immense Schwierigkeiten haben.

Kunden und Anwender einbeziehen (Abschnitt 28)

Eine der größten Herausforderungen der konsequenten Kundenorientierung ist jedoch das Management unterschiedlicher Vorstellungen der verschiedenen Kundengruppen. Diese müssen, wenn es Zielkonflikte gibt, unter Umständen auch in gemeinsamen Gesprächen geklärt werden. Dabei ist es ratsam, sich als Projektteam nicht auf eine Seite zu schlagen, selbst wenn es noch so sehr reizt. Um diese Gefahr überhaupt zu bemerken, sollte man die eigenen Einstellungen kennen und bewußt reflektieren. Eine andere Möglichkeit besteht darin, einen Lenkungsausschuß oder ein anderes Gremium hinzuzuziehen, das die Aufgabe hat, die Projektarbeit zu unterstützen.

Projektorganisation (Abschnitt 21)

4 Transformationsprozesse gestalten

Projekte sind Prozesse, die sich wiederum aus Teilprozessen zusammensetzen.

Ein Prozeß, der zu Beginn über ein oder mehrere unterschiedliche Inputs verfügt und am Ende konkrete materielle oder immaterielle Ergebnisse erzielt, ist die Abfolge einer Kette von Ereignissen und Aktivitäten. Die einzelnen Elemente des Prozesses sind miteinander aufeinanderfolgend oder in Regelkreisen verkettet. Die Richtung des gesamten Prozeßverlaufs ist jedoch, auch wenn er zwischendurch zirkulär verläuft, immer von einem definierten Startpunkt zu einem Ende mit einem konkreten Ergebnis. Jedem dieser Prozeßschritte muß eine Transformation gelingen, in der aus dem definierten Input etwas „Neues" entsteht, das wiederum Input sein kann für den nächsten

Prozeßschritt. Die Steuerungsgrößen wirken dabei auf den Transformationsprozeß. Ihr Einfluß zeigt sich immer im Ergebnis des jeweiligen Prozeßschrittes.

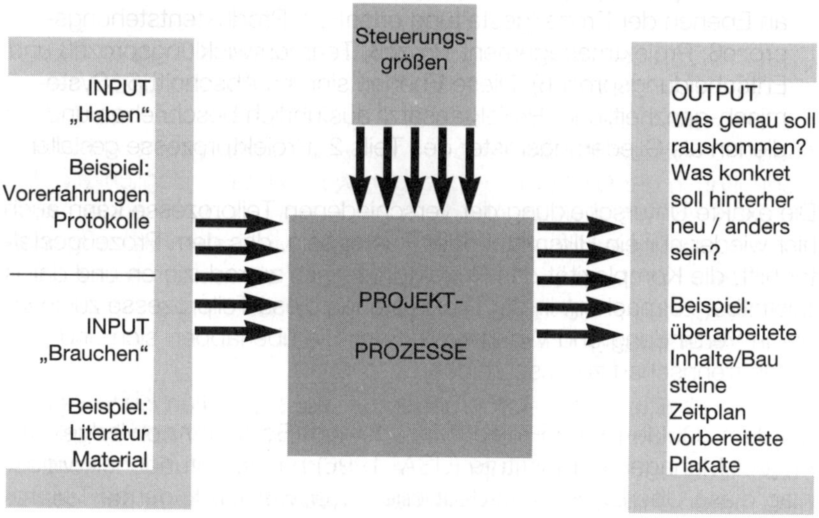

Abb. 3: Transformationsprozeß im Projekt

Kundenorientierung (Abschnitt 3)

Ausschlaggebend für die Qualität des Projektprozesses ist das erzielte Ergebnis, das für den Kunden so wertvoll ist, daß er damit zufrieden ist, den geforderten Preis bezahlt und veranlaßt, auch zukünftig mit diesem Lieferanten zusammenzuarbeiten (vgl. Abschnitt 3 „Kundenorientierung“).

Das Verständnis, daß Projekte Prozesse sind, und die daraus folgenden Konsequenzen sind noch nicht in allen Projekten selbstverständlich. Immer noch arbeiten viele Projektmitarbeiter relativ autonom an ihren Teilaufgaben. Die Vernetzung mit anderen Teilaufgaben wird dabei oft nur am Rande berücksichtigt. Konkrete Vereinbarungen von Standards an den Nahtstellen finden nicht statt.

Jeder Prozeß hat eine Dynamik, die bei der Planung und Steuerung des Prozesses berücksichtigt werden muß. Projektarbeit ist immer innovativ und komplex. Deshalb gibt es im Unterschied zu Linienaufgaben keine eindeutig festgelegte Abfolge der einzelnen Prozeßschritte. Der Entwurf einer sinnvollen Abfolge von Prozeßschritten ist immer ein kreativer Prozeß.

Die Teilprozesse im Projekt lassen sich aus unterschiedlichen Betrachtungswinkeln heraus wie folgt beschreiben:

- aufgabenorientiert (zum Beispiel Planungs-, Controlling- und Logistikprozeß)
- ablauforientiert (Startprozeß, Diagnoseprozeß, Einführungsprozeß, Abschlußprozeß)
- an Ebenen der Prozeßgestaltung orientiert (Produktentstehungsprozeß, Projektmanagement-Prozeß, Teamentwicklungsprozeß und Entscheidungsprozeß). Diese Ebenen sind im Abschnitt 5 „Systemisch-ganzheitlicher Projektansatz" ausführlich beschrieben und dienen als Gliederungsraster des Teils 2 „Projektprozesse gestalten".

Systemisch-ganzheitlicher Projektansatz (Abschnitt 5)

Die exakte Unterscheidung der verschiedenen Teilprozesse kann auch hier wieder nur ein Hilfsmittel oder Raster sein, das dem Prozeßgestalter hilft, die Komplexität des Projektprozesses zu reduzieren und damit gestaltbar zu machen. In der Praxis stehen diese Teilprozesse zueinander in Verbindung und Wechselwirkung. Sie überlappen sich und sind selten trennscharf zu beschreiben.

Ein dem „Guide to the Project Management Body of Knowledge" des Project Management Institute (USA, 1996) nachempfundenes Modell mag diese Überlappung verdeutlichen, hier werden folgende Teilprozesse unterschieden:

- der Startprozeß zu Beginn der Projektarbeit
- der Planungsprozeß
- der Produkterstellungsprozeß
- der Controlling-Prozeß
- der Prozeß des Projektabschlusses.

Wie der nachfolgenden Graphik zu entnehmen ist, überlappen sich diese Prozesse ganz oder teilweise.

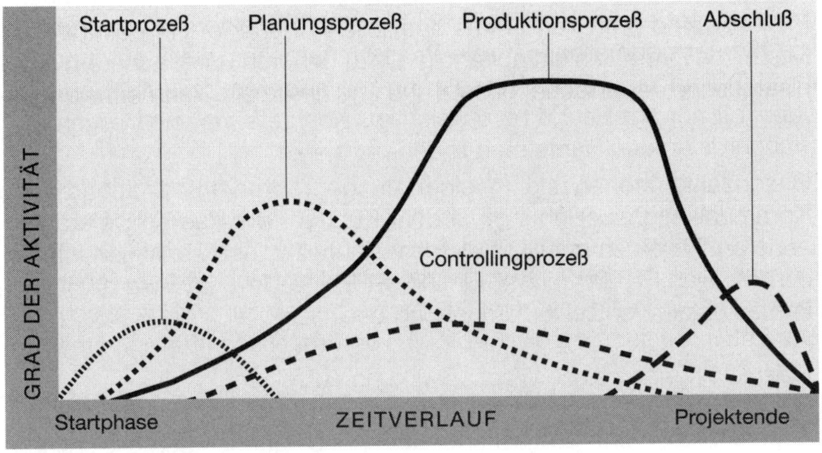

Abb. 4: Überlappende Teilprozesse im Projekt

5 Systemisch-ganzheitlicher Projektansatz

Systematisches Projektmanagement ist heute vielen Projektleitern eine Selbstverständlichkeit. Sie eignen sich ein bestimmtes Projektmanagementverfahren an oder verwenden Handbücher, um die Projektarbeit systematisch zu planen, zu steuern und zu kontrollieren. Unterstützt werden sie dabei von verschiedenen Softwareangeboten, die den Projektplanungs- und Steuerungsprozeß in konkreten, logisch aufeinander folgenden Schritten unterstützen.

Jedes Projekt ist ein komplexer Organismus, in dem viele Bestandteile und Ebenen ineinander wirken, um dann als Ganzes zu funktionieren.

Die systemisch-ganzheitliche Projektgestaltung beachtet neben dem Projektmanagement und der Produktentstehung zwei weitere wesentliche Implikationen:

- die Einbindung des Projektumfeldes (Stakeholder) in die Gestaltung des Arbeitsprozesses
- die integrative Gestaltung der verschiedenen Prozeßebenen der Projektarbeit. Verbesserungsfähig ist in vielen Projekten hauptsächlich die aktive Gestaltung und Einbindung des Teamentwicklungs- und Entscheidungsprozesses. Diese beiden Ebenen der Prozeßgestaltung werden in vielen Projekten fast vollständig vernachlässigt.

Einbindung des Projektumfeldes

Projekte sind auf Grund ihres speziellen Charakters in besonderem Maße von ihrem Umfeld abhängig. Dazu gehören unter anderem organisatorische, technische, gesetzliche und finanzielle Rahmenbedingungen.

Gleichzeitig stehen sie in einer ausgeprägten Informations- und Kommunikationsbeziehung mit dem Kunden, eventuellen Lieferanten, anderen Projekten oder Organisationseinheiten und sonstigen Interessenten. Das Projekt nimmt Einfluß auf seine Umwelt, wird aber auch immer wieder von seiner Umgebung beeinflußt.

Beispiele können diese Wechselwirkung aufzeigen:

- Der Bau einer technischen Innovation, z.B. der Transrapid, muß die gesetzlichen und politischen Rahmenbedingungen berücksichtigen. In vielen Ländern erfordert dies einen aktiven Prozeß der

Auseinandersetzung und Klärung mit Bürgerinitiativen und anderen Vertretern der Öffentlichkeit.

- Das Reorganisationsprojekt eines großen Versicherungsunternehmens wird seine Ideen und Lösungen nur dann erfolgreich umsetzen können, wenn die zuständigen Entscheider dahinterstehen.
- Ein Projekt zur Einführung einer neuen Software zur Kundenbetreuung muß die besonderen Wünsche und Fähigkeiten der Außendienstmitarbeiter berücksichtigen, um sicherzustellen, daß diese die angeschaffte Software auch wirklich nutzen.

Das Umfeld eines Projektes muß in fast allen Phasen und Situationen der Projektarbeit einbezogen und berücksichtigt werden. Um die Wahrnehmung des Projektteams für diese Wechselwirkungen und Anforderungen zu schärfen, kann das Instrument der Umfeldanalyse eingesetzt werden (vgl. Abschnitt 32 „Umfeldanalyse").

Umfeldanalyse
(Abschnitt 32)

Ebenen der Prozeßgestaltung im Projekt

Daß Projektarbeit prozeßorientierte Arbeit ist, geht aus der Projektdefinition hervor. Sie sollte als Prozeßinput einen Auftrag des Kunden beinhalten und als Output ein klares Ergebnis mit einem möglichst hohen Kundennutzen.

Auch für die Projektarbeit gilt, was heute in vielen Unternehmen in der Gestaltung der wichtigsten Geschäftsprozesse selbstverständlich ist: Jeder Arbeitsschritt wird daraufhin untersucht, ob er einen entscheidenden Beitrag zum Kundennutzen, das heißt zu dem erwünschten Projektergebnis, bringen kann. Dies ist nicht immer einfach zu beurteilen, da Projekte im Unterschied zur Linienarbeit grundsätzlich innovativ sind und deshalb sinnvollerweise keine ausdifferenzierten Standardprozesse beschrieben werden können. Dennoch lassen sich vier Grundprozesse der Projektarbeit beschreiben, deren Gestaltung und Zusammenspiel Qualität und Effizienz der Projektarbeit maßgeblich beeinflussen:

Abb. 5: Ebenen der Projektprozeßgestaltung

Der Produktentstehungs-Prozeß

Im Produktentstehungs-Prozeß wird das Projektergebnis erarbeitet. Je nach Projekttyp entstehen in diesem Prozeß das materielle Produkt, die erwünschte Dienstleistung, der Reorganisationsvorschlag oder die Forschungsergebnisse, die der Projektkunde in Auftrag gegeben hat.

Input für diesen Prozeß sind zum Beispiel Vorarbeiten, benötigte Materialien und Informationen. Gesteuert und beeinflußt wird der inhaltliche Prozeß durch die Fachkompetenz der Projektmitarbeiter.

Unserer Erfahrung nach werden viele Projekte ausschließlich auf dieser Ebene gestaltet. Für kleine Projekte ist das oft sinnvoll und erfolgreich, in größeren Projekten wird es häufig nicht der Komplexität gerecht, sich auf den Produktentstehungs-Prozeß zu beschränken.

Der Projektmanagement-Prozeß

In vielen Projekten ist mittlerweile „state of the art“, daß neben der inhaltlich kompetenten Arbeit die Organisation, Planung und das Controlling der Projektarbeit, also der Projektmanagement-Prozeß eine wesentliche Rolle für deren Erfolg spielt.

Ziel der Gestaltung des Projektmanagement-Prozesses ist eine effiziente, kostengünstige Abwicklung des Projekts in der verabredeten Zeit und der gewünschten Qualität. Hierzu gehören auch Risikomanagement und Qualitätssicherung.

Hier ist die klassische Projektmanagement-Kompetenz erforderlich, mit den Analysemethoden, der Aufgaben- und Zeitplanung, den Phasenmodellen sowie den Problemlösungstechniken wie zum Beispiel Teilen der ModerationsMethode.

Der Teamentwicklungs-Prozeß

Im Teamentwicklungs-Prozeß wird die Entwicklung des Projektteams von der Zusammenstellung der Projektgruppe (staffing) über die Teambildung bis hin zur endgültigen Auflösung des Projektteams betrachtet. Thema ist die Zusammenarbeit im Projektteam einschließlich des Projektleiters.

Ziel des Teamentwicklungs-Prozesses ist eine optimal arbeitsfähige Gruppe, die im Sinne einer lernenden Organisation arbeiten kann.

Die Gestaltung des Teamentwicklungs-Prozesses erfordert Kenntnisse über und Fähigkeiten zur Gestaltung von Gruppenprozessen. Hierzu gehören zum Beispiel Gruppenarbeitsmethoden, Beratungskompetenz, Konfliktfähigkeit und Integrationsfähigkeit.

Teamentwicklung (Abschnitt 15)

In vielen Projekten wird dieser Prozeß nicht bewußt gestaltet, sondern dem Zufall überlassen. So scheitern viele Projekte an „zwischenmenschlichen" Faktoren, die oft auf die Sachebene verschoben werden.

Der Entscheidungsprozeß

Mit dem Entscheidungsprozeß sind Beschlüsse gemeint, die im Rahmen der Projektarbeit entweder innerhalb der Linie auf der entsprechenden übergreifenden Hierarchieebene oder in einem Projektsteuerungsgremium gefaßt werden. Dazu gehört auch der Projektauftraggeber. Die Art und Weise, wie Entscheidungen zustande kommen, ist jedoch Bestandteil des Teamentwicklungs-Prozesses.

Gegenstand des Entscheidungsprozesses sind die permanente Auftragsklärung und -verfeinerung, die rechtzeitige und ausreichende Ressourcenbereitstellung, Projektcontrolling auf „höherer" Ebene (zum Beispiel „Go-" oder „No-go"-Entscheidungen nach jeder Projektphase), Projektcoaching und eine ausreichende Unterstützung für die notwendige Projektpolitik im Kontext der Gesamtorganisation.

Entscheider (Abschnitt 22)

Der Entscheidungsprozeß sollte nicht ausschließlich von den „Entscheidern" gestaltet werden, sondern muß notwendigerweise auch bewußt von „unten" durch den Projektleiter unterstützt und eingefordert werden (vgl. Abschnitt 22 „Entscheider: Rolle, Funktion, Selbstverständnis").

Die Gestaltung des Entscheidungsprozesses erfordert neben der umfassenden Kenntnis der Gesamtstrategie und Vision einer Organisation klare eigene Ziele, eine gute Kenntnis des Projektumfeldes sowie Grundkenntnisse und ein gutes Urteilsvermögen über die anderen drei Prozesse im Projekt.

Das Zusammenspiel der vier Prozeßebenen

Unserer Erfahrung nach ist es notwendig, bei der Führung eines Projektes alle vier Prozeßebenen professionell zu gestalten und in Einklang zu bringen. Wenn Projektarbeit nicht optimal läuft, liegt das oft daran, daß

- eine oder mehrere der vier Prozeßebenen nicht oder nicht ausreichend beachtet wurden. So scheitern zum Beispiel viele Projekte daran, daß sie den Entscheidungsprozeß aus dem Auge verlieren und nach langer und mühsamer Projektarbeit Ergebnisse abliefern, die in der mittlerweile fortgeschrittenen Arbeitssituation des Kunden nicht mehr brauchbar sind. Unzählige Softwares wurden auf diesem Weg für die „Schublade" produziert;
- die vier Prozeßebenen zwar beachtet werden, aber nicht

synchronisiert ablaufen. Viele Projektmanager können zum Beispiel ein Lied von Netzplänen singen, die erst im nachhinein gepflegt werden.

Wer gestaltet die einzelnen Projektprozesse?

Die professionelle Gestaltung und Synchronisation aller vier Prozeßebenen ist die zentrale Führungsaufgabe des Projektleiters, der notwendigerweise im Entscheidungsprozeß „von oben" unterstützt werden sollte. Hier werden große Anforderungen an den Projektleiter gestellt: Er muß Fachmann, Manager, Teamgestalter und Politiker zugleich sein. Das kann zuweilen – zumindest bei jungen Projektleitern – eine Überforderung darstellen.

Es sollte deshalb überlegt werden, welche Verantwortung geteilt oder delegiert werden kann. Fachliche Unterstützung durch Experten ist in den meisten Projekten zu finden. Daß sich Projektleiter Spezialisten für den Projektmanagement-Prozeß oder den Teamentwicklungs-Prozeß ins Team holen, ist nach wie vor eher selten der Fall, aber dennoch empfehlenswert.

Auch ein guter Prozeßbegleiter oder Berater kann dazu beitragen, alle vier Prozesse abgestimmt und mit optimaler Gewichtung zu gestalten.

6 Funktionale Planung und Steuerung

Viele Projektleiter wissen genau über den inhaltlichen Arbeitsfortschritt ihres Projektes Bescheid. Es gelingt ihnen jedoch nicht immer, das Projekt als Gesamtprozeß zu betrachten und seinen Stand und Fortschritt richtig einzuschätzen.

Funktionales Denken ist eine konsequente Umsetzung prozeßorierentierter Projektarbeit. Die vier Prozeßebenen – Produktentstehung, Projektmanagement, Teamentwicklung und Entscheidungsfindung – werden in Teilfunktionen gegliedert, die als Meßgröße dafür dienen, ob sich das Projekt auf dem richtigen Weg befindet. Jeder geplante Schritt im Projekt wird konsequent daraufhin untersucht, ob er einen Beitrag zum Erreichen des Projektzieles und zum Nutzen für den Kunden leistet und wenn ja, welchen. Beim funktionalen Denken, Planen und Steuern eines Projektes ist es notwendig, eine Metaebene in die Betrachtung des Projektfortschrittes einzuziehen, die von Inhalten und Ergebnissen abstrahiert und sich auf formale (Teil-)Ziele und Aspekte konzentriert.

Hier bietet sich zur Erläuterung der Vergleich mit einer Autofahrt zu einem bisher unbekannten Ziel an: Mit Hilfe einer vorher bekannten Orientierungshilfe wie zum Beispiel einer Straßenkarte und durch den Vergleich der Karte mit konkret wahrnehmbaren Punkten auf seiner Reise (zum Beispiel Ortsschilder) erhält der Autofahrer Informationen über seinen Reisefortschritt und die weitere Reiseroute. Damit kann er abschätzen, wo genau er sich befindet und wie lange seine Reise voraussichtlich noch dauern wird.

Projektprozesse gestalten (Teil 2)

Im Projekt bedeutet das, die Ereignisse und inhaltlichen Ergebnisse im Projekt immer wieder zu reflektieren und mit den Modellen der prozeßorientierten Projektarbeit (vgl. Teil 2 „Projektprozesse gestalten") abzugleichen. So können zum Beispiel verstärkte Konflikte im Projekt in einer bestimmten Phase der Teamentwicklung (Konfrontationsphase) ein wichtiger Hinweis darauf sein, daß sich die Projektarbeit auf dem richtigen Weg befindet. Oder konstruktive Kritik der Entscheider in einem Review kann deutlich machen, daß das Projektteam mit seinen Vorschlägen einen wichtigen Punkt getroffen hat.

Funktionales Denken unterscheidet sich deutlich vom linearen Denken. Während man sich bei einer linearen Prozeßentwicklung in erster Linie die Frage stellt, welche Wirkung A auf B hat, geht man beim funktionalen Denken von B aus und fragt sich, was A leisten muß, um bei B eine bestimmte Wirkung zu erzielen.

Für das Design eines Projektprozesses bedeutet das, vom gewünschten Endergebnis der unterschiedlichen Prozeßebenen auszugehen und sich zu fragen, welchen Beitrag die jeweils vorhergehenden Schritte dazu leisten müssen.

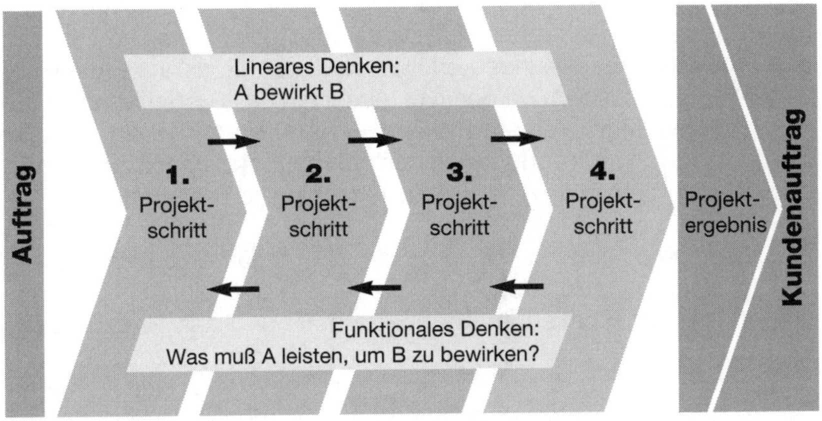

Abb. 6: Lineares und funktionales Denken im Projektprozeß

Was wird durch funktionale Prozeßplanung und -steuerung möglich?

Funktionales Denken hilft dem Projektteam und seinem Leiter, von den Inhalten zu abstrahieren und dadurch den Arbeitsprozeß zielorientiert zu steuern, ohne sich dabei zu verzetteln. Wem diese Art zu arbeiten vertraut ist, dem fällt es auf der funktionalen Ebene viel leichter, den nächsten Schritt zu vereinbaren, als sich über Inhalte zu streiten und dabei das Ziel aus dem Auge zu verlieren. Damit wird Freiraum für wirkliche Kreativität geschaffen und die Selbstverantwortung der verschiedenen Projektbeteiligten gefördert.

Das Prinzip, sich zuerst zu fragen, welche Funktion der nächste Arbeitsschritt erfüllen soll, bevor man über den konkreten Inhalt nachdenkt, hat sich schon beim Moderieren von Arbeitsgruppen und beim Gestalten von Problemlösungsprozessen bewährt. Geübten Moderatoren fällt diese Art zu denken und zu arbeiten viel leichter.

Funktionale Prozeßplanung und -steuerung erlauben es, sich von schematischen und unbeweglichen Standardabläufen zu verabschieden, da eine Reflexion der einzelnen Schritte die gewünschte Sicherheit gibt.

Wie geht funktionale Prozeßplanung und -steuerung?

Funktionale Prozeßplanung und -steuerung erfordern einen vorläufigen, aber klar definierten Auftrag.

SystemModell (Abschnitt 34)

Funktionales Denken beginnt bei der Definition des gewünschten Projektergebnisses. In dieser Phase wird festgelegt, welche Funktion das Projekt für seine Kunden erfüllen soll, bevor konkrete Ergebnisse oder Produkte definiert werden (vgl. Abschnitt 34 „SystemModell"). So ist es viel günstiger, einem Projekt den Auftrag zu geben, für eine sichere Wärmeversorgung in einem Gebäudekomplex zu sorgen, anstatt es zu beauftragen, eine neue Ölheizung zu besorgen.

Zu Beginn ist es äußerst hilfreich, sich an Standardprozessen auf der funktionalen Ebene zu orientieren, wie zum Beispiel einem Projektphasenmodell, den Phasen im Gruppenprozeß und den Phasen eines Entscheidungsprozesses, und auf der jeweiligen Prozeßebene die Frage nach dem funktionalen Beitrag zum Projektergebnis zu stellen. Durch diese Art von Prozeßgestaltung wird es möglich, Arbeitsprozesse mit dem gesamten Team auf der Metaebene zu betrachten. Nur so kann ein kontinuierlicher Reflexions- und Lernprozeß in Gang gesetzt werden.

7 Qualitätsmanagement im Projekt

Jedes Projektergebnis wird sich daran messen lassen müssen, ob es die gestellten Anforderungen in bezug auf Zeit, Kosten und Qualität eingehalten hat. Die ersten beiden Kriterien sind leicht zu messen, so daß Abweichungen schnell erkannt und die entsprechenden Maßnahmen eingeleitet werden können. Dafür gibt es umfangreiche Instrumente, die auch Software-unterstützt anzuwenden sind.

Die Qualität ist weniger leicht zu definieren und zu beurteilen. Dennoch wird sie auch in der Projektarbeit in Zeiten engerer Märkte und erhöhtem Kostendruck zum entscheidenden Wettbewerbsfaktor. Gerade in Großprojekten des Anlagenbaus gibt es inzwischen in vielen Sektoren eine Nachweispflicht der Qualitätssicherung auch für Projekte (zum Beispiel nach den ISO-Standards).

Diese Notwendigkeit wird verstärkt durch die enge Verknüpfung der Projekte mit ihren Lieferanten, Kunden und Mutterorganisationen. In vielen Unternehmen Europas wird überlegt, wie unter dem Stichwort Total Quality Management (TQM) die Qualität der Produkte und Prozesse zum Leitgedanken für Management und Mitarbeiterschaft werden kann. Sie bewerben sich um Qualitätspreise, wie zum Beispiel den European Quality Award (EQA), und unterziehen sich regelmäßigen Qualitätsaudits und -assessments, um dauerhaft besser zu werden. Dies kann auch auf die Projektarbeit nicht ohne Wirkung bleiben. Im Gegenteil: Viele Projekte werden gegründet, um Qualitätsmanagement einzuführen oder Maßnahmen zu erarbeiten, die die Qualität der im Unternehmen erstellten Produkte und Dienstleistungen erhöhen.

Qualitätssicherung im Projekt kann definiert werden als die Anwendung von Fähigkeiten und Methoden sowie die Gestaltung von Prozessen mit dem Ziel, die Kundenerwartungen effektiv zu erfüllen oder zu übertreffen. Sie umfaßt die Qualitätsplanung, -prüfung und -lenkung.

Qualitätssicherung sollte eher präventiv sein und nicht erst in den Stadien der Zwischen- oder Endabnahme stattfinden. Hier kann nur die Abwesenheit von Qualität festgestellt werden. Ein Beispiel aus der Halbleiterfertigung kann diese Notwendigkeit verdeutlichen: Ein fehlerhafter Chip, der in der allerersten Bearbeitungsstufe aussortiert werden kann, kostet lediglich Pfennige. Wenn er schon mit anderen Bauelementen auf einer Platine eingebaut ist, wird es erheblich teurer, die ganze Platine wegzuwerfen. Die fehlerhafte Platine, die in einem PC ihr Unwesen treibt, verursacht neben den Anfahrtskosten und Arbeitsstunden des Technikers noch eine Menge Leerzeit und Ärger beim Kunden. Wenn der PC aber erst Teil einer größeren Anlage ist und der Fehler nicht sofort entdeckt worden ist, können schnell sehr hohe Gewährleistungskosten entstehen.

Um wirklich erfolgreich zu sein, sollte man sowohl die Qualität der Produkte als auch die der Prozesse, die dieses Produkt generieren, sichern. Erst durch die Gestaltung qualitativ hochwertiger Projektprozesse entsteht eine hohe Produktqualität.

Kundenorientierung (Abschnitt 3)

Systemisch-ganzheitlicher Projektansatz (Abschnitt 5)

Bereits an dieser Stelle ist die Vernetzung des Themas Qualität mit den anderen Kriterien prozeßorientierter Projektarbeit zu erkennen. Um erfolgreiche Qualitätssicherung zu betreiben, müssen die Anforderungen des Kunden klar (vgl. Abschnitt 3 „Kundenorientierung im Projekt") und die Prozesse definiert sein (vgl. Abschnitt 5 „Systemisch-ganzheitlicher Projektansatz"). Die Beurteilung des Projektes sollte systemisch-ganzheitlich erfolgen, das heißt, das Umfeld mit einzubeziehen, die unterschiedlichen Ebenen des Projektprozesses zu beachten und die Planung und Steuerung funktional, also effizient zu gestalten, nicht um der Instrumente willen, die man eben einzusetzen hat, weil das so üblich ist.

Die Qualitätssicherung liegt in der Verantwortung der Projektleitung, wenn nicht sogar des zuständigen Entscheidergremiums. Erst dann erhält sie auch im Bewußtsein der Mitarbeiter den Stellenwert, der ihr aufgrund ihrer Bedeutung für den Endkunden zusteht. Sie ist in erster Linie eine Frage von Haltung, Einstellung und Sorgfalt aller am Projekt beteiligten Mitarbeiter.

In vielen Organisationen gibt es bereits etablierte Verfahren der Qualitätssicherung wie zum Beispiel ISO-Zertifizierung oder Assessments nach dem EFQM-Modell, die sich relativ gut auf Projektarbeit übertragen lassen. Das EFQM-Modell der European Foundation to Quality Management (ein Zusammenschluß europäischer Unternehmen mit dem Ziel, das Qualitätsmanagement in Europa zu fördern) ist ein sehr umfangreiches und ganzheitliches Bewertungsverfahren für Unternehmen oder ihre Teileinheiten. Wenn es in einem Unternehmen bereits verwendet wird, sollte die Qualitätssicherung eines Projektes damit korrelieren.

Die verschiedenen Bewertungskriterien lassen sich hervorragend auf die einzelnen Gestaltungsbereiche der Projektarbeit übertragen. Sie werden unterschieden nach Befähigerkriterien und Ergebniskriterien. Diese Aufteilung ist sinnvoll, da sie zwei Seiten einer Medaille berücksichtigt, die im Idealfall einander bedingen. Befähiger ermöglichen durch einen hohen Standard im jeweiligen Bereich (Führung, Mitarbeiterorientierung, Strategie und Politik, Ressourcen und Prozesse) Spitzenresultate bei den Ergebniskriterien (Mitarbeiterzufriedenheit, Kundenzufriedenheit, gesellschaftspolitische Verantwortung und Geschäftsergebnisse).

Das Kriterium „Führung" bezieht sich auf die Arbeitsweise der Projektleitung und die Führungsqualität des Entscheidergremiums, die Mitarbeiterorientierung auf die Qualität der Beteiligung, das Kriterium Ressourcen auf einen bewußten und sorgfältigen Umgang mit Ressourcen.

Die Ergebnisse werden nicht nur in bezug auf die konkreten Geschäftsergebnisse, also die Frage „Stimmen Zeit, Kosten und Qualität der abgelieferten Produkte?" beurteilt, sondern auch bezüglich der Zufriedenheit von Kunden und Mitarbeitern sowie der gesellschaftlichen Verantwortung, die im Zuge der Projektarbeit übernommen wird.

Auch in diesem Modell stellen gut organisierte Prozesse im Projekt die Verbindung zwischen Befähigern und Ergebnissen her.

Für jedes Kriterium müssen konkrete Fragen entwickelt werden, die helfen, den jeweiligen Standard punktgenau zu ermitteln und damit zukünftige Verbesserungsmaßnahmen konkret meßbar zu machen.

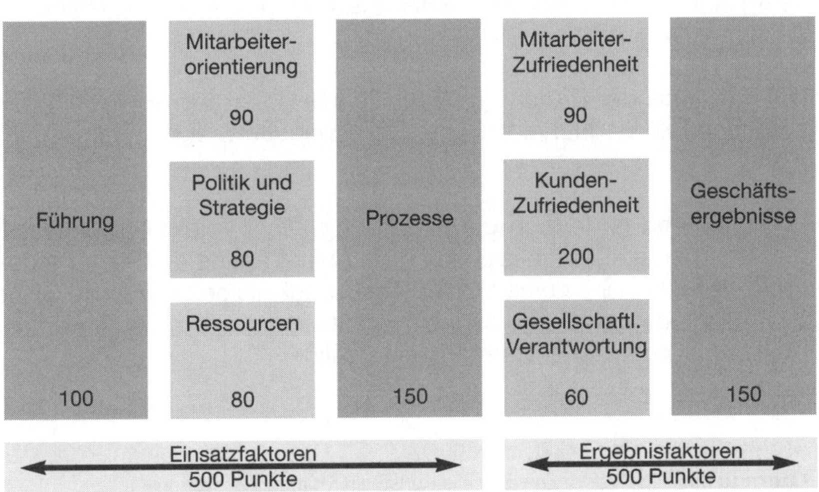

Abb. 7: EFQM-Bewertungskrtiterien

Qualitätssicherung im Projekt betrifft alle Prozeßebenen der Projektarbeit und verläuft in drei Phasen: Planen, Überprüfen und Steuern, die sich in der Praxis überlappen.

Transformations-prozesse gestalten (Abschnitt 4)

In der Phase der Planung werden Qualitätsziele definiert, die sich auf das (Zwischen-)Produkt und die Qualität der Prozesse beziehen. In vielen Projekten finden sich die Standards in Pflichtenheften wieder. Hinzu kommen noch neue Standards, die sich im Laufe der Projektarbeit, z.B. an den Nahtstellen zwischen Teilfunktionen, ergeben und in der Regel zwischen den beteiligten Personen ausgehandelt werden (vgl. Abschnitt 4 „Tranformationsprozesse gestalten").

Dabei stellt sich natürlich die Frage, wie „perfekt" das alles sein muß. Die Antwort ist einfach und doch nicht leicht umzusetzen: Letztlich muß der Kunde zufrieden sein, und Aufwand und Nutzen müssen in einem angemessenen Verhältnis zueinander stehen. Dazu ist es hilfreich, kritische Risikofaktoren herauszuarbeiten und diese in bezug auf ihre Wirkung auf das Endergebnis zu bewerten. Unserer Erfahrung nach ist dieser Schritt am besten im ganzen Team zu bewältigen, da erst hier die unterschiedlichen Erfahrungen zusammenfließen. In großen Projekten kann es sinnvoll sein, der Planungsphase ein Benchmarking voranzustellen.

Nächster Schritt ist die Überprüfung der verabredeten Ziele und Standards. Die Vorgehensweise ist dabei in starkem Maß von der Art des jeweiligen Projektes abhängig. Die Überprüfung kann in einer Simulation, ausgeklügelten Meßverfahren, Zwischen- oder Endabnahmen durch den Kunden oder einfach in einer gemeinsamen Reflexion im Team stattfinden, wenn die Qualität des Teamprozesses, das heißt der Zusammenarbeit, überprüft werden soll.

Das Ergebnis der Prüfung mündet dann – sofern es Abweichungen zwischen Soll und Ist gibt – in entsprechenden Steuerungsmaßnahmen.

Entscheidend ist jedoch die Einstellung aller Projektmitarbeiter zu diesem Thema. Qualitätssicherung darf nicht alleine die Aufgabe des Projektleiters oder eines einzelnen Teammitglieds sein. Es ist im Sinne von Total Quality Management ein umfassender und allgegenwärtiger Bestandteil prozeßorientierter Projektarbeit.

Literaturtip: R. Pirsing: Zen oder die Kunst, ein Motorrad zu warten

8 Kontinuierliche Verbesserung der Projektarbeit: Das Projekt als lernende Organisation

Eine konsequente und notwendige Fortsetzung der Qualitätssicherung ist die kontinuierliche Verbesserung der Projektarbeit (KVP = kontinuierlicher Verbesserungsprozeß). Voraussetzung dafür ist eine ständige Lernbereitschaft der Projektmitglieder, die natürlich abhängig ist von der persönlichen Haltung zum Thema und von der Kultur innerhalb der Organisation.

Es gibt zwei gute Gründe zu lernen (vgl. Argyris, 1997):

- eine notwendige Anpassung an die Veränderungen im Umfeld des Projektes. Dazu gehören Anforderungskorrekturen durch den Auftraggeber oder Reaktionen auf Veränderungen der Marktsituation. Für ein stark im Umfeld vernetztes System ist Lernen einfach überlebensnotwendig;
- die Entwicklung neuer Ideen und Möglichkeiten, die das Überleben einer Organisation auch mittelfristig und langfristig sichern: eine der zentralen Aufgaben, für die die Arbeitsform Projekt gewählt wird.

Systemisch-ganzheitlicher Projektansatz (Abschnitt 5)

Beide Arten zu lernen erfordern eine regelmäßige Reflexion der eigenen Projektarbeit. Dabei werden die Anforderungen aus dem Projektumfeld, die eigenen Projektziele und die Standards überprüft. Das bedeutet eine Beurteilung der Qualität auf den verschiedenen Ebenen des Projektprozesses (vgl. Abschnitt 5 „Systemisch-ganzheitlicher Projektansatz“) und das Ableiten von Maßnahmen. In der Umsetzung bewirken sie einen Lernprozeß bei den Projektmitgliedern und deren Umfeld.

Die Frage, ob und wie Menschen und Organisationen lernen können, hängt einerseits von der Persönlichkeit der einzelnen Teammitglieder ab, andererseits aber auch von der Organisationskultur, in der das Projekt angesiedelt ist.

Die Intensität des Lernens und die Frage, ob es eine gemeinsame Lernerfahrung im Team gibt, werden beeinflußt von der systematischen Organisation des Lernprozesses. Ein effektiv organisierter Lernprozeß benötigt:

- eine Atmosphäre, in der ungeklärte Fragen und Fehler als Lernchance gesehen werden, ohne daß dieser Grundsatz zum Lippenbekenntnis verkommt,
- definierte Ziele und Standards und deren regelmäßige Reflexion und Überprüfung,

- ein regelmäßiges Erarbeiten von Verbesserungsmöglichkeiten und deren konsequente Umsetzung.

Lernen heißt immer auch, die eigenen und gemeinsamen Werte zu hinterfragen. Es bedeutet, neben den inhaltlichen Lernerfahrungen auch neue Regeln im Umgang, zum Beispiel mit Zeit, Planung, Entscheidungsfindung und Informationsverhalten, zu lernen und damit die bisher gültigen Regeln zu verlernen. Dies ist für viele Mitarbeiter, die seit Jahren den gleichen Arbeitsstil pflegen, nicht immer einfach.

Mittel, um diesen Lernprozeß zu organisieren und zu systematisieren, sind:

- regelmäßige Reflexion innerhalb der täglichen Projektarbeit wie z.B. externe Projektaudits (in denen die Qualität der Projektarbeit extern beurteilt wird) oder Reviews (interne Veranstaltungen zur Überprüfung der erreichten Ziele und des bisherigen Arbeitsfortschrittes). Ein Beispiel für eine moderierte Erfahrungssicherung finden Sie im Abschnitt 30 „Erfahrungen sichern und nutzen".

Erfahrungen sichern und nutzen (Abschnitt 30)

- Ein systematisches Wissensmanagement beinhaltet die Dokumentation und Verbreitung der gewonnenen Erfahrungen. Es sollte einzelnen Projektmitgliedern einen unkomplizierten Zugang zu den entsprechenden Informationen und den dazugehörigen Personen erlauben.

Feedback (Abschnitt 40)

- Regelmäßiges Feedback innerhalb des Projektteams erlaubt den beteiligten Personen soziales Lernen (vgl. Abschnitt 40 „Feedback").
- Die systematische Einführung des PTCA-Problemlösezyklus (Deming-Rad) in die täglichen Arbeitsabläufe ist eine große Unterstützung, Projektarbeit prozeßorientiert zu gestalten.

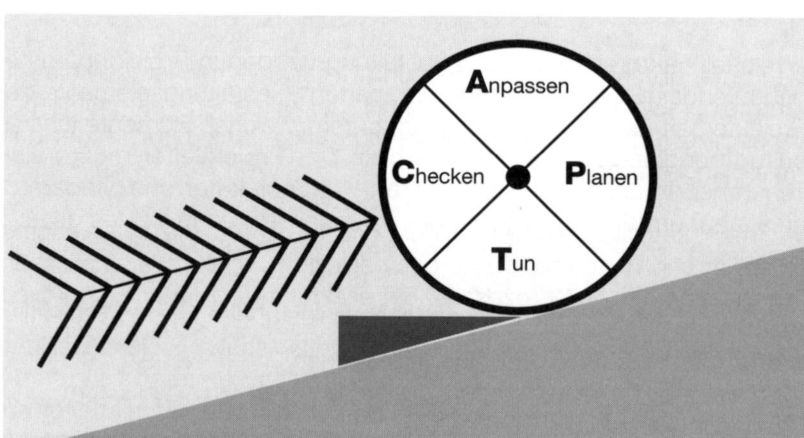

Abb. 8: Der PTCA-Zyklus als Grundlage ständiger Verbesserung

Der PTCA-Problemlösungszyklus verläuft in mehreren Phasen:

- Planen: Die Planungsphase umfaßt alle Schritte eines Planungsprozesses, von der Analyse über die Zieldefinition bis zur Maßnahmenentwicklung und konkreten Aufgabenbeschreibung.
- Tun: Hier werden die geplanten Maßnahmen durchgeführt.
- Checken: Die durchgeführten Maßnahmen werden im Verhältnis zu den vorher gesetzten Zielen überprüft.
- Anpassen: Notwendige Korrekturen werden vorgenommen. Wenn sie allgemeingültig sind, werden sie für die Zukunft als Arbeitsstandard verwendet.

In turbulenten Zeiten ist es hilfreich, sich als lernende Organisation nicht mehr nur auf konkrete Inhalte zu konzentrieren, die erlernt oder verlernt werden müssen, sondern auf die Gestaltung von Prozessen innerhalb und außerhalb der Projektarbeit. Durch die Abstraktion der Lernfähigkeit auf die übergeordnete Metaebene des „Wie?“ kann sich ein Projektteam oder eine Organisation immer wieder auf neue Inhalte einstellen, ohne den Lernprozeß jedes Mal von vorne beginnen zu müssen. In der Projektarbeit, die sich ja per definitionem immer wieder neuen Inhalten widmet, ist das der entscheidende Erfolgsfaktor.

Erfahrungen sichern und nutzen (Abschnitt 30)

Außerdem ist es wichtig, Erfahrungen, die ein Projektteam während der Zusammenarbeit gewonnen hat, zu bewahren und dieses Wissen auch im Unternehmen weiterzugeben (vgl. Abschnitt 30 „Erfahrungen sichern und nutzen“).

9 Prozeßbegleitung und Prozeßberatung

„Weiche“ Faktoren der Prozeßgestaltung werden in Projekten immer bedeutender. Deshalb müssen die „harten“ Gestaltungselemente der Projektarbeit (technical engineering) durch „weiche“ Elemente (social, cultural engineering) ergänzt werden. Der Projektleiter müßte sich zunehmend auch als Teamgestalter, Kommunikator und Moderator betätigen, um der Vielfalt der Anforderungen seines Projektes gerecht zu werden.

Die hieraus resultierenden zusätzlichen Belastungen für den Projektleiter werden durch eine Funktionstrennung zwischen Projektleiter und Prozeßbegleiter reduziert. Der Prozeßbegleiter kümmert sich um die Gestaltung des Projektprozesses, so daß sich der Projektleiter auf seine originären fachlichen Aufgaben, seine Führungsfunktion und die politische Verankerung seines Projektes im Umfeld konzentrieren kann.

Durch diese Funktionstrennung kann die Qualität und Wirtschaftlichkeit eines Projektes erhöht und die Zufriedenheit der Projektmitarbeiter gesteigert werden.

Prozeßorientierte Projektarbeit beschränkt sich nicht mehr nur auf den Einsatz der klassischen, eher technisch orientierten Methoden der Projektgestaltung (Projektmanagement-Prozeß). Sie berücksichtigt im gleichen Maße Anforderungen des Teamentwicklungs- und Entscheidungsprozesses, um

- Projekte effizienter und damit wirtschaftlicher zu gestalten und
- einen Beitrag zur Zufriedenheit der Projektmitarbeiter als der wichtigsten Ressource von Unternehmen zu leisten.

Projektleiter haben in ihren Projekten viele Rollen:

- fachliche, inhaltliche Arbeit (inhaltlicher Prozeß): In erster Linie sind sie meist immer noch Experten für die Inhalte;
- planen und strukturieren (Projektmanagement-Prozeß): Gleichzeitig sind sie in den meisten Fällen Fachleute für Methoden der Projektarbeit. Sie erstellen Projektstruktur- und Netzpläne, teilen Ressourcen zu und planen und kontrollieren die Kosten eines Projektes;
- Team entwickeln und führen (Teamprozeß gestalten): Ansprechpartner und Vorgesetzter für meist nicht direkt unterstellte Mitarbeiter;
- Politik- und Informationsmanagement (Entscheidungsprozeß): Verantwortliche, ohne direkten Zugriff auf die Linie, zur internen und externen Absicherung des Projektes.

Angesichts dieser hohen, oft widersprüchlichen Anforderungen sowohl im technischen als auch im sozialen Bereich sind Projektleiter von komplexen Projekten oft überlastet. Ihr Fortbildungsbedarf steigt, da sie in dieser Situation immer breiter angelegte Fähigkeiten entwickeln müssen.

Funktions- und Rollensplitting als Grundlage für effiziente Prozeßsteuerung

Für viele Projektleiter hätte das oben beschriebene Profil eine deutliche Umorientierung vom Ingenieur oder Fachexperten hin zum Prozeßgestalter zur Folge. Das liegt meist weder im Interesse des jeweiligen Projektleiters noch im Interesse des Unternehmens. Einerseits müßte es eine oft umfangreiche Fortbildung finanzieren, und andererseits könnte es das wertvolle, bisher erworbene Know-how seines Mitarbeiters nur noch in zeitlich geringerem Umfang für das jeweilige Projekt nutzen. Das kann vermieden werden, wenn Projektleiter und ihre Teams durch interne oder externe Prozeßbegleiter unterstützt werden.

Der Prozeßbegleiter berät, moderiert und qualifiziert das Projekt. Das entlastet den Projektleiter, der sich auf seine originären fachlichen Aufgaben, seine Planungsfunktion, die Führung der Mitarbeiter und das politische Ankoppeln seines Projektes an das Umfeld konzentrieren kann.

Projektleiter und Prozeßbegleiter nehmen ihre Aufgaben in enger Abstimmung und im ständigen Austausch mit dem Projektteam wahr. Die Gesamtverantwortung für das Projekt sollte jedoch beim Projektleiter liegen.

Aufgaben des Projektleiters:	Aufgaben des Prozeßbegleiters :
■ Auftragsklärung mit dem Auftraggeber ■ regelmäßige Rückkoppelung mit dem Auftraggeber ■ als Experte für das jeweilige Fachgebiet. Vertreten und Verantworten der im Projektteam erarbeiteten Ergebnisse (fachliche Führung) ■ Projektplanung und -organisation ■ Projektsteuerung ■ Personalführung ■ Repräsentation des Projektes im Umfeld ■ Controlling, soweit diese Funktion nicht an anderer Stelle erfüllt wird	■ Beratung in der Phase der Auftragsklärung bei der Gestaltung von Präsentationen und anderen Rückkopplungsprozessen bei der Projektorganisation bei der Projektplanung bei der Wahl des Controllingverfahrens bei der Projektsteuerung ■ Moderation Projektstart Statusmeetings Reviews Präsentationen Teamentwicklung ■ Qualifikation von Projektleiter und Projektteam methodische Kompetenz soziale Kompetenz

Abb. 9: Aufgaben von Projektleiter und Prozeßbegleiter

Chancen und Risiken der Rollentrennung

Bei der Einführung von Projektbegleitung ist oft mit anfänglichen Schwierigkeiten zu rechnen. Betroffene Projektleiter fürchten auf den ersten Blick die „Kontrolle“ durch den Prozeßbegleiter. Sie sehen sich in ihrer Kompetenz beschnitten und fürchten eine Einmischung in die Gestaltung des Projektes. Viele Projektleiter haben (noch) nicht erkannt, welchen Stellenwert die „weichen“ Faktoren in ihren Projekten mittlerweile einnehmen und welchen Nutzen es hat, sie in der Projektgestaltung zu berücksichtigen. Hier hat sich herausgestellt, daß sich am ehesten Projektleiter Unterstützung holen, die schon langjährige Erfahrung in der Abwicklung von komplexen Projekten haben.

Andererseits befürchten die Unternehmen, daß die Projektkosten durch die zusätzliche Funktion letztlich steigen, anstatt zu fallen. Dabei wird oft übersehen, daß die Funktionstrennung nur für Projekte mit einer relativ hohen Komplexität (zum Beispiel hinsichtlich Vernetzung, Mitarbeiterzahl, Konfliktpotential) sinnvoll ist.

Projekte mit einer Trennung der Funktionen Projektleitung und Prozeßbegleitung werden aber in der Regel schneller und effizienter abgewickelt. Die Zufriedenheit der Mitarbeiter steigt.

In vielen Fällen wird durch die Funktionstrennung ein Beitrag zur Vermeidung bzw. Bewältigung von Projektkrisen geleistet. Da der Prozeßbegleiter ständig die Metaebene im Auge behält, kann somit gewährleistet werden, daß

- regelmäßige, effiziente Rückkoppelung mit dem Umfeld (zum Beispiel durch Gespräche, Workshops) stattfindet,
- rechtzeitig die „weichen“ Faktoren eines Projektes wie beispielsweise Identitäts- und Teambildung berücksichtigt werden,
- Konflikte kompetent und gewinnbringend bearbeitet werden,
- Synergien genutzt werden,
- Planung als kontinuierlicher Prozeß betrachtet und abhängig von ihrer Funktion und Effizienz gestaltet wird.

Der Projektleiter wird durch den Prozeßbegleiter sowohl zeitlich als auch inhaltlich entlastet. Er kann sich auf seine wesentlichen Aufgaben konzentrieren und, wenn es notwendig wird, auch mit seinen Mitarbeitern und seinem Umfeld als Betroffener auseinandersetzen, ohne gleichzeitig den Prozeß der Auseinandersetzung gestalten zu müssen. Die Akzeptanz des Prozeßbegleiters steigt, da er sich inhaltlich „neutral“ verhält.

Aus Unternehmenssicht würde sich der Einsatz von Prozeßbegleitern lohnen, da Projekte ein gewaltiges Rationalisierungspotential bilden, das bisher in vielen großen Unternehmen zu wenig in den Blick der Kostenrechner gerückt ist. Das liegt zum einen daran, daß Projekte oft nicht direkt in der Kostenrechnung erscheinen, zum anderen aber auch daran, daß man glaubt, Projekte aufgrund ihres besonderen Charakters der Einmaligkeit nicht vergleichen und damit messen zu können.

Durch eine Prozeßbegleitung ist es eher möglich, einen Standard für die Prozeßgestaltung von Projekten festzulegen, der durch das Übertragen von Projekt zu Projekt einem ständigen Verbesserungsprozeß unterzogen ist. Der Prozeßbegleiter überträgt seine Erfahrungen schneller auf ein anderes Projekt, als das sonst üblich ist. Die flexible Anpassung des Standards an die speziellen Erfordernisse des Projektes und seines Umfelds muß jedoch gewährleistet sein.

Qualifikation von Prozeßbegleitern

Prozeßbegleitung kann durch interne oder externe Mitarbeiter oder Berater erfolgen.

Als Prozeßbegleiter eignen sich Menschen, die

- Strukturierungskompetenz,
- Fähigkeiten zum vernetzten Denken,
- Fähigkeiten zur Reflexion auf der Metaebene,
- ein hohes Maß an Selbstreflexion (Selbsterfahrung),
- Freude und Einfühlungsvermögen im Umgang mit Menschen,
- keine Scheu vor Konflikten,
- Erfahrungen in der Projektarbeit

besitzen.

Der Beruf des Prozeßbegleiters entwickelte sich bislang überwiegend aus der Praxis der Projektarbeit. Unterstützt wird die Professionalisierung durch eine Reihe von Fortbildungsmaßnahmen wie zum Beispiel Moderation, Kommunikation und Gesprächsführung, Prozeßplanung im Projekt, systemische Beratung und berufsbezogene Selbsterfahrung, vor allem in Gruppen. Um Projekte effizient und wirksam zu unterstützen, wäre es gut, die Funktion des Prozeßbegleiters im organisatorischen Umfeld der Projekte anzusiedeln.

Eine Funktionstrennung von Projektleitung und Prozeßbegleitung verlangt feines Fingerspitzengefühl. Es empfiehlt sich darum, eher mit Projekten anzufangen, die dieser Art von Unterstützung gegenüber aufgeschlossen sind und als „gute Beispiele“ auf andere Projekte wirken können.

10 Rolle der externen Berater im Projekt

Worum geht es bei diesem Thema?

Definition und Abgrenzung

Externe Berater sind Fachleute, die entweder freiberuflich oder als Mitarbeiter eines Beratungsunternehmens ihre Kompetenz oder Arbeitskraft zeitweise dem Projekt zur Verfügung stellen.

In einigen großen Organisationen, Unternehmen und Konzernen gibt es „interne Unternehmensberatungen". Sie können die Rolle des externen Beraters übernehmen, wenn sie organisatorisch außerhalb des Machtgefüges stehen und weder eigene inhaltliche Interessen verfolgen noch von der Unternehmensleitung mit bestimmten inhaltlichen Aufträgen, die im Zusammenhang mit dem Projektauftrag stehen, versehen sind. Wenn sie diese Unabhängigkeit nicht besitzen, sollten sie als eine eigene Interessenpartei, das heißt als Mitglied des Projektteams oder eines Entscheidergremiums, mitwirken.

Verschiedene Rollen und Funktionen der externen Berater

Externe Berater können sehr verschiedene Aufgaben in einem Projekt erfüllen:

- Sie können als fachliche Experten und Gutachter fungieren und bringen dann entweder Expertenwissen oder Expertenurteile auf einem Gebiet ein, das im Projekt auf andere Weise nicht zur Verfügung steht.
- Sie können als freie Mitarbeiter die Arbeitskapazität erweitern und durch spezifische Methodenkenntnis ergänzen. Das kommt sehr häufig in Softwareprojekten vor. Sie brauchen nicht das hohe Maß an Unabhängigkeit, das in der oben gegebenen Definition gefordert wird.
- Prozeßbegleiter oder -berater übernehmen die Projektorganisation und -planung wie auch die sozialen, psychologischen und politischen Aspekte des Geschehens. Gelegentlich stehen sie auch nur Teilen des Projekts, etwa dem Projektteam, oder den Steuerungsgremien als Berater zur Verfügung. Sie können ihre Funktion nur ausüben, wenn sie sowohl inhaltlich als auch den beteiligten Personen gegenüber neutral sind (vgl. Abschnitt 9 „Prozeßbegleitung und -beratung").

Prozeßbegleitung und -beratung (Abschnitt 9)

- Durch seine Unabhängigkeit ist der externe Berater für die Rolle des Projektcontrollers gut geeignet. Diese Funktion einem Externen zu übertragen hat den Vorteil, daß sie explizit besetzt ist und nicht von einem anderen nebenbei erledigt, und damit häufig vernachlässigt wird. Er muß allerdings einen unabhängigen Zugang zu den Personen und Gremien haben, damit sie aus seinen Informationen Konsequenzen ziehen können. Controller sind selten beliebt. Warum diese Funktion also nicht einem Externen übertragen, der die Organisation nach Projektende wieder verläßt?

- Als Innovatoren können sie sowohl auf der fachlichen wie auf der sozialen und psychologischen Ebene wirksam sein. Auf der fachlichen Ebene konfrontieren sie das Projekt mit blinden Flecken und neuesten Entwicklungen und tragen so dazu bei, daß sich das Projekt im „state of the art" bewegt. Auf der sozialen und psychologischen Ebene sprechen sie Wahrheiten aus, die auf Grund des Machtgefüges oder aus gruppendynamischen Gründen von anderen nicht ausgesprochen werden können. (Sie nehmen in dieser Funktion die Rolle des Narren in der höfischen Gesellschaft ein.) Innovatoren können auch auf beiden Ebenen fungieren. Zur Erfüllung dieser Funktion ist die Unabhängigkeit des Beraters unabdingbar.
- Als Coach stehen sie einzelnen Führungskräften im Projekt (Projektleiter, Steuerungsgremium usw.) zur Verfügung, mit dem sie Aktionen vorbereiten und/oder reflektieren. Diese Tätigkeit kann von der fachlich-methodischen Beratung bis zur psychotherapeutischen Unterstützung reichen. Wenn ein Coach einer Person im Projekt zugeordnet ist, sollte er kein anderes Mitglied des Projektes mehr beraten (Gefahr des Parteienverrats). Wenn diese Aufgabe für mehrere Personen oder für eine Gruppe übernommen wird, spricht man eher von Supervision.
- Führung auf Zeit: Wenn in einem Projekt der Projektleiter noch fehlt oder das nötige Know-how intern nicht vorhanden ist, kann es von einem externen Berater geleitet werden. Die Rolle des externen Projektleiters ist allerdings, da sie organisatorisch nicht verankert ist, mit besonderen Hürden verbunden. Um die nötige Akzeptanz und Durchsetzungsfähigkeit zu gewährleisten, erfordert sie in besonderem Maße eine sorgfältige Rollenklärung und intensive Unterstützung durch die Leitung.
- In Organisationen, die mit der Projektarbeit erst beginnen oder neue Arbeitsweisen in Projekten einführen wollen, spielen die Externen häufig die Rolle des Lehrmeisters. Das heißt, sie zeigen, wie es gemacht wird, bilden andere Personen in diesem Know-how aus und ziehen sich wieder zurück, wenn die Funktion intern übernommen werden kann. Diese Rolle kann ihnen auch zukommen, wenn sich eine Organisation einem neuen Thema zuwendet, das dann von dem Externen auf Zeit besetzt ist, bis es intern getragen wird. Diese Funktion auf Zeit erlaubt es der Organisation, ein Thema „auszuprobieren", bevor sie sich endgültig für seine Behandlung entscheidet.

Chancen und Gefahren

Externe Berater können wegen ihrer Erfahrungen, ihres Fachwissens und ihrer Unabhängigkeit eine wertvolle Bereicherung eines Projekts darstellen. Auf Grund ihrer Erfahrungen in anderen Organisationen können sie auf Betriebsblindheit aufmerksam machen. Damit sie diese Funktion ausüben können, müssen aber auch sie die Chance haben, in jedem Projekt, das sie begleiten, zu lernen. Der gegenwärtige Auftraggeber profitiert ja auch von dem Wissen, das der Berater in früheren Aufträgen gesammelt hat.

Ein wichtiger Vorteil des Beraters besteht darin, daß er kommt, wenn man ihn braucht, und wieder geht, wenn man ihn nicht mehr braucht. Das hat nicht nur Vorteile im Rahmen enger Stellenpläne, in denen er keinen Platz besetzt. Durch diese Arbeit auf Zeit bleibt er auch frisch und nutzt sich im Unternehmen nicht ab. Auch große Unternehmensberatungen wechseln ihre Berater bei Dauerkunden immer wieder aus, damit sie einen unverstellten Blick auf die Aufgabe und die Organisation behalten. Diese Funktion kommt aber nur dann voll zum Tragen, wenn der Berater gleichzeitig in der Lage ist, das Besondere an seinem gegenwärtigen Auftraggeber zu erkennen und zu würdigen, und nicht bei jedem Auftrag stur in gleicher Weise vorgeht.

Die Anwesenheit auf Zeit ist allerdings nicht nur von Vorteil. Der Nachteil besteht darin, daß der Berater die Folgen seiner Beratung meist nicht zu tragen hat. Wie der Architekt, der nicht in dem Haus leben muß, das er entworfen hat, muß auch der externe Berater die Strukturen, die er empfohlen hat, nicht selbst erleiden. Das macht ihn in der Beratung zwar unabhängiger, aber auch verantwortungsloser. Er muß deshalb strikt darauf achten, seinem Klienten keine Lösungen „unterzujubeln", die intern nicht getragen werden. Hier liegt eine der Ursachen für viele „Beratungsruinen".

Da der externe Berater hierarchisch nicht eingeordnet ist, hat er es leichter, die Ebenen zu überspringen: Er kann ebenso mit dem Vorstand sprechen wie mit dem Sachbearbeiter. So kann er quer durch die Organisation überzeugen und Themen mit seiner Autorität durchsetzen, wo den Internen Eigeninteressen unterstellt werden oder der Sachverstand abgesprochen wird. Diese Rolle kann für das Team sehr fruchtbar sein, wenn es dem Berater gelingt, diese Funktion auszuüben, ohne Mißtrauen zu erzeugen. Er muß deshalb peinlich auf seine Glaubwürdigkeit bedacht sein. Seiner Glaubwürdigkeit kann er am ehesten schaden, wenn der Eindruck entsteht, daß er eigene Interessen verfolgt, daß er vertrauliche Informationen, zu denen er im Zuge seiner Beratung Zugang erhält, weitergibt oder daß er verdeckte Aufträge ausführt.

Ein Externer kann durch seine fachliche und/oder methodische Kompetenz dem Projekt über manche Schwierigkeiten hinweghelfen, er kann aber auch unzureichende Führung zudecken. So kommt es vor, daß der Externe das Projekt mit immer neuen Themen in Atem hält und ihm damit die Auseinandersetzung über Weg und Ziel im Team erspart. Im besten Fall wird ihn der Projektleiter als Konkurrenz empfinden, ihn beiseite drängen und die Führung selbst übernehmen. Schlechter ist es, wenn ihm der Projektleiter das Feld überläßt. Spätestens bei der Implementierung wird diese Führungsschwäche offenbar, und dann wird entweder das Projekt nicht umgesetzt, oder der Externe übernimmt eine Daueraufgabe – und verliert damit seine Unabhängigkeit.

Last but not least sind Berater, ob sie wollen oder nicht, immer Partei in Veränderungsprozessen, denn sie ziehen ihren Erfolg daraus, daß Veränderungen in Angriff genommen und umgesetzt werden. Ein Berater, der nichts verändert, ist erfolglos. Berater sind deshalb die „natürlichen Feinde“ der Bewahrer. Diesen Konflikt können Sie nicht lösen, Sie können ihm aber mit Aufmerksamkeit begegnen (vgl. Abschnitt 19 „Würdigung und Wertschätzung“).

Würdigung und Wertschätzung (Abschnitt 19)

Worauf ist zu achten?

- Die jeweilige Rolle des Beraters und die Funktion, die er im Projekt ausüben soll, müssen klar vereinbart sein. Eine nicht definierte Rolle führt meist zu Unbehagen auf beiden Seiten und zu Konflikten. Rolle und Funktion müssen aber nicht nur geklärt, sie müssen auch kontrolliert werden. Für den Berater muß klar sein, wofür er gebraucht wird und wofür nicht. Anderenfalls neigen Berater leicht dazu, ihre Rolle auszudehnen und in Revieren zu wildern, in denen sie nichts zu suchen haben.
- Auch externe Berater müssen geführt werden. Sie stehen nicht außerhalb der Ordnung des Projekts. Da sie der Linienorganisation nicht angehören, müssen sie mit ihrer Sonderstellung besonders sorgfältig umgehen. Tun sie das nicht, dann sind – ebenso wie bei Internen – klärende Gespräche oder notfalls Sanktionen notwendig.
- Während der Beratung ist der externe Berater dem Auftraggeber zur vollen Loyalität verpflichtet. Verletzt er diese, indem er Informationen hinausträgt oder verdeckte Interessen verfolgt, ist das Vertrauensverhältnis meist so nachdrücklich gestört, daß nur noch die Auflösung des Beratungsvertrags bleibt.
- Eine besonders schwierige Frage ist die Beurteilung der Beraterqualität. Da das Beratungsgeschäft sehr personenbezogen ist, geben formale Ausbildung und Referenzlisten keine ausreichende Auskunft. Wichtig ist festzustellen, ob ein Anfangsvertrauen zu dem Berater besteht, und dann zunächst

keine langfristigen Bindungen einzugehen. Erst wenn sich Berater und Auftraggeber einigermaßen kennen, sollten längerfristige Verträge abgeschlossen werden.

- Das leidigste Kapitel, das zu Mißtrauen und Tratsch Anlaß gibt, ist wohl das Beraterhonorar. Es ist nicht möglich, absolute Werte für ein angemessenes Entgelt zu nennen. Aber folgende Überlegung kann weiterhelfen: Schätzen Sie ein, mit welcher Position in Ihrem Unternehmen Sie einen Berater nach Qualität, Einfluß, Erfahrung usw. gleichstellen würden. Nehmen Sie dessen Jahreseinkommen, teilen Sie es durch die sinnvoll möglichen Beratungstage (in der Regel zwischen 80 und 120 im Jahr). So bekommen Sie einen Ausgangswert für das Tageshonorar. Dieses müssen sie anteilig erhöhen um die geldwerten Leistungen, die die Vergleichsperson vom Unternehmen erhält (zum Beispiel Arbeitsplatzkosten, Sekretariat, Assistenten, Hilfskräfte und Steuerberater, Weiterbildung, Fachbücher, betriebliche Altersversorgung und andere freiwillige Sozialleistungen, Arbeitgeberanteil für die Sozialversicherung, Kündigungsschutz usw.). Einen Abschlag können Sie für die größeren Freiheiten und die besseren steuerlichen Absetzmöglichkeiten (zumindest bei Freiberuflern) ansetzen. Der Tagessatz, den Sie dabei herausbekommen, ist ein verläßlicher Hinweis darauf, was der Berater Ihnen wert ist. Ob sein Marktwert darüber oder darunter liegt, hängt von dieser Rechnung nur bedingt ab (vgl. Schrader, Gottschall, Runge, 1984, S. 174-176).

Teil 2

Projektprozesse gestalten

Um ein Projekt erfolgreich durchzuführen, reicht es nicht, ausschließlich die Fachaufgabe im Blickfeld zu haben. In diesem Teil stellen wir dar, welche weiteren Prozesse im Auge behalten und gestaltet werden müssen. Wie im Abschnitt „Systemisch-ganzheitlicher Ansatz“ ausführlich dargestellt, besteht der Projektmanagement-Prozeß aus vier Teilprozessen: 1. der Produktentstehung, 2. dem Projetktmanagement, 3. der Teambildung und 4. der Entscheidungsfindung. Der Produktentstehungs-Prozeß ist abhängig von den inhaltlichen Zielen des Projekts. Er wird deshalb unter fachspezifischen Gesichtspunkten gestaltet. In diesem Buch, das den Prozessen in und den Funktionen von Projekten gewidmet ist, verzichten wir deshalb auf die Darstellung dieser Prozeßebene.

11 Auftragsklärung und Zielvereinbarung

Worum geht es bei diesem Thema?

Man sollte eigentlich meinen, ein Projekt ohne Ziel sei kein Projekt. Und man sollte erwarten, daß der Kunde sagt, was er will, und daß das Projekt versucht, die gesetzten Ziele möglichst genau zu erfüllen.

Leider sieht die Realität meist anders aus! Unsere Erfahrung bei der Begleitung von Projekten in kritischen Situationen zeigt, daß es in 80% aller Fälle keinen Auftrag gab, der in jeder Situation des Projektes von Auftraggeber, Anwender und Kunden gemeinsam getragen wurde und damit ständige Basis für die konkrete Arbeit war. Wenn es überhaupt Verträge gab, wurden diese oft unterschiedlich interpretiert. Oft kannten die Mitarbeiter eines Projektes diese Vereinbarungen nicht einmal.

Hinzu kommt, daß die Welt des Kunden nicht stehenbleibt. Der Kontext, in dem der Auftrag einmal entstanden ist, ändert sich. Der Markt des Kunden bietet neue Herausforderungen, Ressourcen werden knapp, und die technische Entwicklung schreitet voran. Außerdem wächst beim Kunden und beim Projektteam die Erkenntnis über den Gegenstand der Projektaufgabe, so daß neue Vorstellungen entstehen und alte Anforderungen nur noch bedingt Gültigkeit haben.

Da viele Projektteams davon ausgehen, daß die Verantwortung für den Auftrag ausschließlich beim Kunden liegt, betrachten sie die Klarstellung nicht als ihre Aufgabe. Wenn er unklare Ziele formuliert, darf er nicht unzufrieden sein mit dem, was er bekommt!

Um weiterhin konkurrenzfähig zu bleiben, ist es jedoch nötig, den Kunden zu hundert Prozent zufriedenzustellen. Selbst wenn die „Schuld" für den „falschen" Auftrag nachweisbar beim Kunden läge, ändert das nichts an seiner möglichen Unzufriedenheit. Wenn jemand seinen Urlaub an einem seiner Empfindung nach wunderbaren Ort verbringt, den er ursprünglich nicht gebucht hat, wird er sehr viel zufriedener mit seinem Reisebüro sein, als wenn er einen Urlaubsort bereist, den er sich zwar ausgesucht hat, der aber nicht seinen persönlichen Bedürfnissen entsprochen hat.

Kundenorientierung **(Abschnitt 3)**

Um wirklich kundenorientiert zu sein, müssen viele Projektteams ihre Strategie wechseln: Sie müssen vom bloßen Erfüller von Zielen zum Detektiv für die wirklichen Bedürfnisse und zum Dienstleister des Kunden werden (vgl. Abschnitt 3 „Kundenorientierung im Projekt").

Letztlich muß das Projekt dazu beitragen, daß der Kunde seine impliziten oder expliziten Geschäftsziele erreicht.

Auftragsklärung ist eine permanente Aufgabe

Unklare und nicht aktuelle Aufträge vermeidet man am besten dadurch, daß die Auftragsklärung mit großer Sorgfalt durchgeführt und während des gesamten Projektzyklus angepaßt und fortgeschrieben wird.

Das Ziel der Auftragsklärung besteht darin, durch genaue Fragen und Analysen die wirklichen Bedürfnisse des Kunden herauszufinden und dem Kunden mit seiner fachlichen Kompetenz dabei zu helfen, den konkreten Auftrag zu formulieren. Das Projekt übernimmt damit ebenfalls Verantwortung für die Stimmigkeit der getroffenen Vereinbarungen. Dazu ist es notwendig, die Perspektive zu wechseln und aus der Rolle des bloß für den Inhalt Verantwortlichen in die des Beraters des Kunden zu schlüpfen.

Das geht nicht ohne einen guten dauerhaften Kontakt oder sogar Teamarbeit mit dem Kunden. In großen und komplexen Projekten empfehlen wir, sich mit Vertretern des Auftraggebers und der zukünftigen Anwender für einige Tage zurückzuziehen. Diese Zeit dient neben dem Kennenlernen und ersten Schritten zur Teambildung ausschließlich dazu, die Ausgangssituation zu klären und den Projektauftrag zu formulieren (vgl. Abschnitt 28 „Kunden und Anwender einbeziehen"). Das gibt dem Team die Gelegenheit, die Situation des Kunden so gut zu verstehen, daß es zum Experten für die bewußten und unbewußten Bedürfnisse des Kunden wird und diese im Projektverlauf optimal erfüllen kann.

Kunden und Anwender einbeziehen (Abschnitt 28)

Vielleicht werden Sie sich jetzt fragen, ob dieser beschriebene Aufwand nicht zuviel des Guten sei. Unsere Erfahrung zeigt, daß die hier investierte Zeit gut investiert ist. Anderenfalls besteht die große Gefahr, zeitraubende Blindleistungen zu produzieren oder einen unzufriedenen Kunden zu hinterlassen. Das ist unter dem Strich sehr viel teurer.

Zur Verdeutlichung diese kurze Geschichte:

Die Waldarbeiter

Zwei Wanderer gehen durch den Wald und treffen auf eine Gruppe Holzfäller, die fleißig und mit einem Lied auf den Lippen Bäume

fällten. Vor ihnen lagen bereits zehn gefällte Stämme. „Da habt ihr ja viel geschafft," bemerken die Spaziergänger, „wann habt ihr denn angefangen?" „Vor zwei Stunden," lautete die Antwort. Die Spaziergänger nickten anerkennend, wechselten noch ein paar freundliche Worte mit den Arbeitern und setzten ihren Weg fort.
Kurz darauf trafen sie auf eine zweite Gruppe Waldarbeiter, die sehr viel mehr Mühe bei der Arbeit hatten. Dennoch waren auch hier bereits zwei gefällte Bäume zu sehen. Neugierig wurden auch sie gefragt: „Wie lange seid ihr denn schon bei der Arbeit?" Die Antwort, daß sie vor zwei Stunden mit der anderen Gruppe angefangen hätten, versetzte die beiden Wanderer in Erstaunen: „Wie, die haben schon zehn Stämme und ihr erst zwei, obwohl es uns so vorkommt, als würdet ihr sehr viel härter arbeiten?"- „Na ja,..." antworteten die Waldarbeiter, „die haben auch scharfe Äxte und unsere sind stumpf!" - „Und warum schärft ihr eure Äxte nicht?" wunderten sich die Spaziergänger. Die Anwort lautete: „Dafür haben wir keine Zeit. Wir sind sowieso schon im Rückstand und müssen Bäume fällen".

(Autor unbekannt)

Sich die Zeit nehmen für eine präzise Auftragsklärung kann mit dem „Äxteschärfen" aus dieser Geschichte verglichen werden. Sie führt mit vergleichsweise wenig Aufwand dazu, daß später sehr viel effizienter gearbeitet wird – selbst dann, wenn sie im Moment als bremsend erscheint.

Hinzu kommt, daß es in jedem Projekt auch interne Geschäftsziele und Prioritäten gibt, die ebenfalls in die Auftragsklärung einfließen müssen.

Zielvereinbarung im Projekt

Planung im Projekt (Abschnitt 12) Methoden der Projektplanung (Abschnitt 36)

Der gemeinsam formulierte und verstandene Auftrag wird dann zur Grundlage der darauffolgenden Projektplanung (vgl. die Abschnitte 12 „Planung im Projekt" und 36 „Methoden der Projektplanung"), von der wiederum die Zielvereinbarung innerhalb des Projektes abhängt.

Die Zielvereinbarung mit den Projektmitarbeitern sollte dabei so konkret wie möglich sein. Sie beinhaltet eine genaue Beschreibung der gewünschten Ergebnisse. Dabei sollten der Zeit- und Kostenrahmen sowie die gewünschte Qualität der Ergebnisse möglichst klar formuliert sein.

Ziele sollten „KREOL“ formuliert werden, d.h.:

- **K**onkret sein, den
- **R**ahmen beschreiben, der vorgegeben ist
- **E**rreichbar sein, d.h. realistisch und mit den zur Verfügung stehenden Ressourcen
- **O**perational, d.h. meßbar sein (Zeit, Kosten, Qualität)
- **L**ösungsneutral sein, d.h. so offen formuliert, daß inhaltlicher Freiraum für die zu erarbeitende optimale Lösung vorhanden ist.

Wie bei der Projektplanung gilt auch hier: Je kurzfristiger die Zielvereinbarung, desto detaillierter muß sie erfolgen. Mittelfristig muß die Zielvereinbarung so flexibel sein, daß neue Erkenntnisse aus der Zusammenarbeit mit dem Kunden berücksichtigt werden.

Auftrag klären (Abschnitt 24)

Diese prozeß- und kundenorientierte Zielvereinbarung und Arbeitsweise bedeuten für viele Mitarbeiter einen Lernprozeß.
Das konkrete Vorgehen bei der Auftragsklärung ist ausführlich im Abschnitt 24 „Auftrag klären“ beschrieben.

Werkzeuge und Methoden (Teil 4)

Zusätzliche wichtige Hinweise zum Thema Auftragsklärung finden Sie im Teil 4 „Methoden und Werkzeuge“: Abschnitte 33 „KontextModell“, 32 „Umfeldanalyse“, 34 „SystemModell“ und 38 „Systemisch fragen“.

12 Planung im Projekt: Möglichkeiten und Unmöglichkeiten

Es ist unbestreitbar, daß zielgerichtetes menschliches Handeln, das sich in Gruppen vollzieht, geplant werden muß. Gleichwohl bedeutet Planen immer auch die Einschränkung von Spontaneität und Flexibilität. Es kann also des Planens zuviel, aber auch zuwenig getan werden.

Warum ist das ein Thema?

Grundbegriffe der Projektarbeit (Abschnitt 1)

Per definitionem behandeln Projekte komplexe Probleme in einer komplexen Form (vgl. Abschnitt 1 „Grundbegriffe der Projektarbeit“). Planung ist der Versuch eines Zukunftsentwurfs, durch den diese Komplexität übersichtlich und handhabbar gemacht werden soll. In dieser Definition der Planung werden zugleich ihre Chancen und ihre Grenzen sichtbar:

Die Chancen bestehen darin, daß durch Planung dem Projekt eine zeitliche, organisatorische und ökonomische Struktur gegeben wird. Struktur ist die Voraussetzung für koordiniertes Handeln. Wie eine Straßenkarte zeigt sie die Pfade der Kommunikation und setzt dabei der Individualität ihre Grenzen, aber gleichzeitig definiert sie auch die Freiräume, innerhalb derer sich jeder bewegen kann. Dadurch schafft sie die Rahmenbedingungen für die Entfaltung von Engagement und Kreativität.

Die Planung macht auch deutlich, über welche Inhalte wann mit wem gesprochen werden kann und muß. Gerade in Projekten, in denen nicht alle Beteiligten immer anwesend sind, sorgt eine gute Planung dafür, daß jeder weiß, wann er wo zu sein hat, worum es dann geht und was er dazu beitragen soll. Das gleiche gilt für den Zeitpunkt, wann welche Entscheidungen getroffen werden müssen. Schließlich werden durch die Planung auch Naht- und Schnittstellen sichtbar, über die andere Projekte, Projektteile oder die Außenwelt eingebunden werden.

Die Grenzen der Planung liegen darin, daß sie als Zukunftsentwurf eine Fiktion darstellt, eine Annahme darüber, was passieren kann und soll. Vereinfacht läßt sich sagen: „Planungen sind notwendig, um zu wissen, wovon man abweicht." Ihre handlungsleitende Funktion behält sie nur dann, wenn sie regelmäßig an der Wirklichkeit überprüft und korrigiert wird. Diese „Virtualität der Planung ist nicht nur relevant für die Projektmitarbeiter, die ständig im Projekt arbeiten und deshalb die Abweichungen leichter erkennen können. In besonderer Weise müssen Auftraggeber und (andere) Mitglieder der Lenkungs- und Entscheidungsgremien darauf aufmerksam gemacht werden. Das geschieht unter anderem dadurch, daß in allen Sitzungen der neueste Stand der Planung, einschließlich der Korrekturen, vorgestellt wird.

Abweichungen des Projekts von der Planung müssen keine Planungsfehler sein. Nur zu leicht werden Verschiebungen den Planern angelastet, häufig ohne den eigenen Anteil daran zu berücksichtigen, der zu Terminverschiebungen und Ressourcenüberschreitungen geführt hat. Dabei wird leicht die simple Tatsache übersehen, daß die Vergangenheit nicht planbar ist, daß es also lediglich darum geht, die Zukunftsplanung anzupassen. Die viel geübte „Suche nach dem Schuldigen" ändert nichts an den Abweichungen des Ist vom Soll. Das Wissen um die Vorläufigkeit der Planung, das Denken in Prozessen und die Flexibilität in der Projektsteuerung sind geeignet, unfruchtbare Diskussionen zu vermeiden.

Gerade in großen Projekten, die eigene Planer beschäftigen, besteht die Gefahr, die Planung zum Gesetz zu erheben. Planeinhaltung wird dann die vorherrschende Projektaufgabe, hinter der die Qualität der Arbeit und die prozeßorientierte Projektsteuerung zurücktreten. Die Planwirtschaften sozialistischer Prägung, die sich vollständig an Plänen orientierten – die ja auch durch Parteitagsbeschlüsse zu Gesetzen erhoben worden waren –, haben gezeigt, zu welchen grotesken Entwicklungen die Plangläubigkeit führen kann. Auch Projekte in marktwirtschaftlich organisierten Gesellschaften sind davon nicht immer frei.

So scheint die richtige Mitte zwischen rigider Planung und spontanem Chaos eine Gratwanderung zu sein. Die Maxime „Soviel Planung wie nötig, soviel Freiräume wie möglich" kann jedoch verwirklicht werden, wenn man Planung funktional einsetzt. Das heißt, sich ständig zu fragen, welchen Zielen die Planung dient, welche Funktion sie zu erfüllen hat, ob sie schon ein Eigenleben entwickelt hat, das nur noch bedingt mit dem Projektverlauf zu tun hat, oder ob sie schon zum Selbstzweck oder zum Disziplinierungsinstrument degeneriert ist.

Planung ist ein Hilfsmittel für alle Beteiligten, sie muß ihnen nützlich und zugänglich sein, dann wird sie auch als Unterstützung angenommen, und die Projektbeteiligten sind dann im allgemeinen auch bereit, ihre Daten zur Verfügung zu stellen oder selbst in die Formulare oder Computerprogramme einzugeben.

Planung in prozeßorientierter Projektarbeit ist ein Instrument, das es erlaubt, den jeweiligen Stand festzustellen und Veränderungen einzubeziehen, ohne das Ziel aus den Augen zu verlieren. Im Sinne der systemischen Organisationstheorie steckt so verstandene Planung klare Grenzen ab. Im Gegensatz dazu werden bei dem Verzicht auf Planung die Grenzen diffus, das heißt, Kompetenzen und Ressourcen sind unklar und erfordern ein Übermaß an ständiger Konfliktbearbeitung. Rigide Planung hingegen macht die Grenzen starr, führt also zu Formalismen und Machtkonflikten.

Wie kann es gehen?

Bevor die zu planenden Prozesse bestimmt, Planungsinstrumente ausgewählt und die Daten dafür fixiert werden, muß geklärt werden, welche Funktion die Planung haben soll, daß heißt, welchem Ziel und welchen Funktionsgruppen sie dienen soll:

- der Entscheidungsvorbereitung
- der Prozeßstruktur
- der Wirtschaftlichkeit des Ressourceneinsatzes

- der Kooperation innerhalb des Projekts und/oder über seine Grenzen hinaus.

Die ausgewählten Ziele sollen mit dem kleinstmöglichen Aufwand erreicht werden, wobei zu beachten ist, daß Aufwand sowohl in der Einrichtung als auch in der Pflege eines Planungssystems auftritt. Letzterem Gesichtspunkt ist die größere Aufmerksamkeit zu widmen.

Auftragsklärung und Zielvereinbarung (Abschnitt 11)

Voraussetzung für eine Planung ist zumindest eine grobe Kenntnis über Ziele und Aufgaben des Projekts. In der Regel liefert eine sorgfältige Auftragsklärung (vgl. Abschnitt 11 „Auftragsklärung und Zielvereinbarung") schon dieses Mindestgerüst an Daten.

Die Planungstiefe, das heißt die Genauigkeit, mit der geplant wird, nimmt mit zunehmender zeitlicher Entfernung ab. Für die allernächste Zeit kann in Stunden und Tagen geplant werden, mittelfristig sind es dann Wochen und Monate, langfristig Jahre, in denen Festlegungen getroffen werden. Das gleiche gilt für die Dimensionen Personaleinsatz, Geld, Datenmengen und -struktur usw. Häufig ist es aber notwendig, Gremiensitzungen und andere Außenkontakte weit im voraus genau zu fixieren, damit Termine freigehalten werden können. Das bedeutet nicht, daß die dazwischen liegenden Schritte auch in Stundeneinheiten geplant werden müssen.

Einsatz von EDV-Tools (Abschnitt 13)

Dieser Gesichtspunkt ist z.B. bei der Auswahl von Planungssoftware zu berücksichtigen. Manche Programme lassen einen Wechsel der Größenordnungen von Dimensionen auf der Zeitachse nicht zu und vermitteln dadurch den Schein einer nicht gerechtfertigten Planungsgenauigkeit (vgl. Abschnitt 13 „Einsatz von EDV-Tools in der Projektarbeit").

Darüber hinaus ist die Planungstiefe auch abhängig von Erfahrung und Kompetenz der Projektmitglieder: Je größer jene sind, desto weniger detailliert muß die Planung sein.

Wenn die Planung auf die Dauer ihre Funktion behalten soll, muß sie an Veränderungen angepaßt werden. Das bedeutet zum einen, daß die notwendigen Daten regelmäßig eingegeben werden müssen. Die Sorgfalt aller Projektbeteiligten bei der Pflege des Planungssystems hängt jedoch davon ab, wieweit sie selbst von ihm profitieren, das heißt, wieweit sie ihrer eigenen Arbeit nützt und nicht als Kontrollinstrument benutzt wird.

Zum anderen muß die Planung regelmäßig in den Projekt- und Gremiensitzungen überprüft werden. Zumindest müssen sich die

Betroffenen darauf verlassen können, daß sie rechtzeitig über Veränderungen in der Planung informiert werden.

13 Einsatz von EDV-Tools in der Projektarbeit

Probleme beim Einsatz

Die rasante Entwicklung im Bereich von PC-Hard- und PC-Software hat auch vor der Projektarbeit nicht haltgemacht: Inzwischen gibt es eine Vielzahl von Programmen, mit denen Übersicht über die Projektarbeit hergestellt wird und Daten erfaßt und verarbeitet werden.

So hilfreich diese Werkzeuge auf den ersten Blick scheinen mögen, so genau muß man sich ihre Wirkung auf die Qualität und Effizienz derArbeit und Kommunikation im Projekt ansehen. Jedes Programm hat seine innere Logik, erfordert bestimmte Daten zu einem bestimmten Zeitpunkt in einem bestimmten Genauigkeitsgrad. Je inflexibler das Programm ist, desto mehr zwingt es dem Projekt seine Logik und seine Anforderungen auf.

Wie alle bürokratischen Instrumente tendieren auch elektronische Projektplanungstools dazu, ein Eigenleben zu entwickeln. So müssen in vielen Fällen aus Systemgründen Details eingegeben werden, die für die spätere Vollständigkeit zwar notwendig, aber für den momentanen Arbeitsprozeß keinen Fortschritt bringen. Das führt gerade in Zeiten von Arbeitsengpässen zu recht unerquicklichen offenen oder latenten Konflikten im Projekt: Diejenigen, die die Daten der Kollegen für ihre eigene Projektarbeit brauchen, beklagen sich darüber, daß die anderen ihre Eintragungen nachlässig durchführen, die anderen fühlen sich unerträglich diszipliniert.

Dahinter steht eine einfache psychologische Tatsache: Menschen sind bereit, sich vor allem dann freiwillig einer Disziplin zu unterwerfen, wenn sie nicht nur den Sinn der Tätigkeit einsehen, sondern wenn sie auch einen Nutzen davon haben. In nicht-hierarchischen Teams, in denen jedes Mitglied jedes andere einsetzen kann, funktionieren Terminkalenderprogramme hervorragend, wenn sie den Zweck erfüllen, der von ihnen erwartet wird. Termine werden schon im eigenen Interesse sorgfältig eingetragen. Wenn jedoch die Begründung für die Einführung eines Zeiterfassungsprogramms lediglich lautet, das werde von Controlling so verlangt, dann sind die Eintragungen meist weder aktuell noch zuverlässig.

Nicht nur diese bürokratische Disziplinierung blockiert die Zusammenarbeit im Projekt. Projektplanungsprogramme, die die Zukunft eines Projektverlaufs strukturieren, haben in der Regel einen kontinuierlichen Genauigkeitsverlauf: Die Zeitdimension ist die gleiche, ob ich eine Aktivität für die nächste Woche oder für ein dreiviertel Jahr später eintrage. Das täuscht eine Genauigkeit vor, die tatsächlich nicht existiert und bei Projektbeginn auch gar nicht hergestellt werden kann (vgl. Abschnitt 26 „Projektstatus feststellen"). Sie wiegt die Projektbeteiligten einschließlich der Entscheider in einer Sicherheit über den ungestörten und kontinuierlichen Verlauf des Projekts, die zu Fehlschlüssen führen und einschläfernd wirken kann, denn Menschen können mit Unsicherheiten länger leben als Computerprogramme. Unsicherheiten lähmen nicht nur, sie erhöhen auch Kreativität und Flexibilität. Gewiß, es gibt inzwischen Programme, die sich an die jeweiligen Projektbedürfnisse anpassen lassen. Das aber erfordert einen erheblichen Einrichtungs- und Pflegeaufwand, der nur dann gerechtfertigt ist, wenn das Projekt dadurch wirklich einen Zusatznutzen hat.

Projektstatus feststellen (Abschnitt 26)

Ähnliche Probleme entstehen bei Datenerfassungs- und Verarbeitungsprogrammen. PCs bringen es mit sich, daß sie sehr genau rechnen können. Wenn also Arbeitsmengen und Zeitaufwand in einer Analyse von Geschäftsvorfällen erfaßt und dann in Tabellen und Schaubildern dargestellt werden, erlangen sie eine Wahrheitsqualität, die darüber hinwegtäuscht, wie grob und zufällig die Erhebungsinstrumente waren. Selbst wenn darauf in einer Fußnote hingewiesen wird, ändert das nichts an ihrer verführerischen Überzeugungskraft. Dieses Problem verschärft sich, wenn es sich nicht um Ist-Daten handelt, sondern wenn Prognosen über Projektergebnisse dargestellt werden. Nur zu schnell setzen sich in den Köpfen von Betroffenen und Entscheidern Zahlen fest, die später nicht zu halten sind und die den Anschein einer Planungssicherheit geben, der dem Projektstand nicht angemessen ist. Hier sind nicht nur gröbere Angaben, sondern auch gröbere Präsentationsmedien wie zum Beispiel Flipchart oder Pinnwand angemessener und ehrlicher als Folien oder großformatige, feinsäuberlich gestaltete Schaubilder.

Was beim Einsatz zu beachten ist

Dennoch können EDV-Programme zur Unterstützung der Projektarbeit sinnvoll sein. Sie sind nicht an sich gut oder schlecht, sondern leisten ihre Dienste, wenn folgende Gesichtspunkte berücksichtigt werden:

1. Der Einsatz von Projektplanungsprogrammen sollte mit der Projektvorplanung gemeinsam festgelegt werden. Damit

kann sichergestellt werden, daß das Programm zu diesem bestimmten Projekt auch paßt und ihm keine unnötigen Bedingungen aufzwingt.

2. Es sollte darauf geachtet werden, daß die Projektarbeit durch die Programme nicht unnötig bürokratisiert wird. Das heißt: nur soviel Aufwand für Dateneingabe und Programmpflege, wie für das Projekt unbedingt notwendig ist. Der notwendige Zeitaufwand sollte in der Projektplanung mit berücksichtigt werden.
3. Projektmitarbeiter sollten davon überzeugt sein oder werden, daß der Einsatz des jeweiligen Programms ihnen in ihrer Arbeit nutzt oder eine Wertschöpfung für das Projekt darstellt. Er sollte nicht einfach verordnet werden. Selbst wenn er der Kontrolle der Projektarbeit dient, kann er von den Mitarbeitern als sinnvoll angesehen werden, wenn das Programm ihnen den Überblick verschafft, den sie für ihre Arbeit oder ihr Sicherheitsbedürfnis brauchen. Nur so ist ohne Störung das Maß an Disziplin zu erreichen, das zur Programm- und Datenpflege notwendig ist.
4. Wenn Unmut über die Arbeit mit den Programmen entsteht, sollte der Ärger nicht leichtfertig auf das Programm geschoben werden. Häufig sind Computerprobleme ein gern gewählter Aufhänger für Konflikte, die tiefere Ursachen haben (vgl. Abschnitt 17 „Konflikte im Projekt"). Ein solcher Ärger entsteht beispielsweise, wenn das Werkzeug als Führungsersatz benutzt wird, d.h., wenn sich der Projektleiter hinter dem Programm versteckt. Hier ist nicht das Programm per se schlecht, sondern die Führung im Projekt (vgl. Abschnitt 16 „Führung im Projekt").

Konflikte im Projekt (Abschnitt 17)

Führung im Projekt (Abschnitt 16)

5. Datenerfassungs- und Verarbeitungsprogramme – und das gilt auch für Präsentationsprogramme – sollten die Möglichkeit bieten, Ist-Daten und Zukunftsaussagen in dem Genauigkeitsgrad darzustellen, der dem Stand des Projekts entspricht. Sie sollten weder mehr noch weniger „versprechen", als verantwortet werden kann.

Eine Alternative zu den bekannten Tools sind, gerade für kleinere, überschaubare Projekte oder solche mit einem großen Unsicherheitsgrad, herkömmliche Planungsinstrumente, die professionell eingesetzt werden.

Im Abschnitt 36 „Methoden der Projektplanung" stellen wir vor, wie die Planung eines Projekts mit Hilfe der ModerationsMethode vorgenommen wird. Die erarbeiteten Informationen können in Projekträumen an die Wand gepinnt werden, so daß sie schnell sichtbar und wenn nötig auch zu korrigieren sind. Diese Methode läßt sich auch gut mit dem Einsatz von Haftnotizen kombinieren.

Methoden der Projektplanung (Abschnitt 36)

14 Kommunikationsmanagement

Worum geht es bei diesem Thema?

Mangelnde oder unzureichende Information wird bei fast jeder Projektteamentwicklung beklagt. Das liegt nicht nur an ihrer sachlichen Notwendigkeit, sondern auch daran, daß für die meisten Menschen Information ein Symbol für Wertschätzung ist und daher ein Zuwenig an Information als fehlende Anerkennung erlebt wird. Informationen sind die Nahrung, von denen Projekte leben. Von ihrem „Nährwert", ihrer „Verdaubarkeit" und ihrer „Zubereitung" hängt die Prozeßqualität, aber auch die Arbeitsfreude wesentlich ab.

Das gilt aber nicht nur für die Arbeit im Projektteam selbst. Eine gute und präzise Information, die auch Rückmeldungen einschließt, ist auch für Kunden, spätere Anwender, Entscheider und andere Beteiligte von großer Bedeutung. Mit ihr steigt die Chance ganz erheblich, das Projekt ohne Komplikationen umsetzen zu können.

Projektarbeit ist fachübergreifende Arbeit, für die es selten Standardprozesse gibt. Bestehende etablierte Informationswege der Linie reichen nicht aus, um dem Informationsbedarf der beteiligten Funktionen, dem Kunden, dem Auftraggeber des Projekts und sonstigen Interessenten und Betroffenen gerecht zu werden. Deshalb muß die spezifisch sinnvolle und notwendige Gestaltung des Informationsflusses für jedes Projekt neu eingerichtet werden.

Da es für viele Projekte keine schlüssigen Informationskonzepte gibt, werden immer wieder Ad-hoc-Lösungen generiert, die oft nur kurzfristige Mängelbeseitigung leisten und langfristig immer komplexere Informationsvorgänge produzieren, die unweigerlich zu Frust und Verweigerung führen.

Qualitätssicherungsverfahren wie zum Beispiel ISO fordern deshalb eine ausführliche Dokumentation der Projektarbeit und -ergebnisse. Jeder EDV-Spezialist, der schon einmal versucht hat, sich in alte Programme einzuarbeiten, die schlecht dokumentiert sind, kann diese Forderung nachvollziehen.

Außerdem ist die Information selbst zunehmend Gegenstand der kritischen Betrachtung. Wir klagen über zu viel, zu unpräzise und zu schlecht strukturierte Information. Die Informationsaufnahme ist zunehmend von „zufälligen" Faktoren wie konsumentengerechter Aufbereitung oder der gegenwärtigen Stimmung des Adressaten abhängig. Informationszyklen werden schneller. Neue Medien und Technologien (zum Beispiel Internet) erleichtern einerseits die schnelle und unkomplizierte Weitergabe von und den Zugang zu Information. Andererseits erschweren sie deren sinnvolle Selektion.

Besondere Bedeutung gewinnt dieses Thema, wenn „virtuelle Teams" im Projekt zusammenarbeiten. Die besondere Situation dieser Teams ist, daß die Mitglieder sich entweder überhaupt nicht sehen oder nur sehr selten persönlichen Kontakt haben. Sie kommunizieren ausschließlich über die unterschiedlichen Medien wie Post, Telefon, E-Mail und andere technische Hilfsmittel wie zum Beispiel Videokonferenzen. Das erfordert sehr professionelles und situationsgerechtes Informationsmanagement. Da diese Teams oft weltweit arbeiten, wird die Arbeit zusätzlich durch kulturelle Barrieren erschwert.

Wer liefert oder benötigt welche Information im Verlauf der Projektarbeit?

Ein schlüssiges und effizientes Informationskonzept sollte beide Fragen beantworten: „Welche Informationen brauchen wir von wem?“ und „Welche Informationen sollten wir wem liefern?“.

- Allgemeine Informationen zur laufenden Projektarbeit:
  Sie enthalten beispielsweise Details zu Auftrag, Projektorganisation, Ablagesystem, Zeitplänen, Ansprechpartnern und eventuell auch Ergebnisprotokollen von Projektsitzungen, soweit sie von öffentlichem Interesse sind.
- Informationen von und für den Kunden und Auftraggeber:
  - technische Dokumente
    (technische Pläne, Gebrauchsanweisungen, technische Dokumentation und Änderungsmeldungen, Abnahmen)
  - sowie Projektstatusberichte
  (Monatsberichte, Zwischenberichte usw.)
- Informationen zur Zusammenarbeit im Projektteam:
  Nahtstellen, Teilergebnisse, Gespräche mit Kunden oder anderen Projektpartnern, Sitzungsergebnisse
- Informationen von und für sonstige Betroffene oder Interessierte:
  Hierzu zählen
  - positive oder negative Einflüsse aus dem Umfeld des Projektes und deren Einschätzung
  - Öffentlichkeitsarbeit und Projektpolitik
  - rechtzeitige Unterrichtung und Einbeziehung von später Betroffenen, um eine hohe Akzeptanz zur Umsetzung zu gewährleisten.

Wer ist für Informationsmanagement im Projekt zuständig?

Informieren zu müssen wird im Alltag des Projektgeschehens oft als lästige Pflicht empfunden. Sie erscheint vielen als zusätzliche Arbeit, die wenig Beitrag zum Projektfortschritt leistet. Immer wieder stellt sich die Frage, ob Information eine Hol- oder eine Bringschuld ist. Die Schuld wird immer gern beim anderen gesucht, nämlich demjenigen, der sie entweder nicht gebracht hat oder sie sich nicht geholt hat.

Es hat sich bewährt, die Grundstruktur der Informationswege (zum Beispiel Dokumentationsrichtlinien, Änderungsmanagement und Berichtswesen) in die Verantwortung des Projektleiters oder der Projektleiterin zu legen und die Verantwortung für die tägliche Information bei den einzelnen Projektbeteiligten zu belassen.

Die Informationsflüsse in einem Projekt werden stark von der Kultur der Zusammenarbeit, das heißt von gegenseitigem Vertrauen und Wertschätzung, geprägt. Auch bei der wechselseitigen Information stellt sich die Frage, ob Geben und Nehmen ausgeglichen sind, das heißt, ob sich die Weitergabe von Information für den einzelnen „lohnt“. Wenn sich hier ein Ungleichgewicht ergibt, muß geprüft werden, durch welche Maßnahmen (zum Beispiel Anerkennung, Entlohnung, erweiterte Kompetenz) ein Gleichgewicht erreicht werden kann.

Welche Anforderungen muß ein gutes Informationsmanagement erfüllen?

Ziele des Informationsmanagements im Projekt sind es,

- die fachlich und persönlich notwendige Information
- in der sinnvollen Tiefe und Qualität
- zum richtigen Zeitpunkt
- in einer hilfreichen Struktur und verständlichen Sprache
- mit einem adäquaten Medium
- an der richtigen Stelle

zur Verfügung zu haben.

Ein hilfreiches Informationskonzept zu erarbeiten erfordert vorausschauendes Denken und ein gutes Einfühlungsvermögen in den jeweiligen Informationsbedarf der Projektbeteiligten und -betroffenen. Hinzu kommt die Einsicht, daß auch Information zum effizienten Arbeiten benötigt wird und „das Rad nicht immer wieder von neuem erfunden werden muß“.

Dabei ist zu bedenken, daß Information nur selten ein „Ein-Kanal-Prozeß“, sondern in vielen Fällen nur dann sinnvoll ist, wenn sie Feedback und Rückkopplung hervorruft oder doch zumindest zuläßt.

Welche Fragen zu klären sind, um ein Informationskonzept zu erarbeiten

- Wer genau braucht welche Information wozu
  - im Projekt
  - außerhalb des Projektes?
- Was gelingt in der Projektarbeit besser, wenn die Information gegeben wird?
- Was würde nicht gelingen, wenn die Information fehlen würde?
- Wie oft, wie regelmäßig ist die Information nötig?
- Wie lange ist die Information hilfreich und damit gültig?
- Welche Informationsmedien werden in unserer Organisation sinnvollerweise genutzt?
- Wie muß die gegebene Information strukturiert und aufbereitet werden, um für den Empfänger möglichst hilfreich zu sein?
- In welcher Form und mit welchem Medium muß die Information gegeben werden?
- Wer ist für die verschiedenen Informationen verantwortlich?
- Welche Nahtstellen gibt es zwischen unserem Projekt und anderen Projekten oder Arbeitsgebieten?
- Welche strategische Bedeutung hat unser Projekt, und welchen Informationsbedarf gibt es dadurch?
- Wer außerhalb des Projektes könnte unsere Arbeit fördern oder behindern?
- Welche formellen und informellen Regeln fördern oder behindern sinnvolle Informationspolitik?
- Welches Feedback zu einzelnen Informationen wird benötigt?

Worauf man achten sollte

Auch hier gilt der oberste Grundsatz der Projektarbeit: Jeder Schritt muß auf seine Funktionalität hin überprüft werden. Jede Information muß also einen sinnvollen und notwendigen Beitrag zur Erreichung der Projektziele leisten. Alles Überflüssige sollte weggelassen werden. Die eingesetzten Mittel und Medien müssen so einfach wie möglich und so aufwendig wie nötig sein.

Für immer wiederkehrenden Informationsbedarf sollten die Form, das Medium, die Häufigkeit, die Verantwortlichkeit und das Verfahren standardisiert werden. Diese Standards werden mit den Informationspartnern gemeinsam verabredet.

In der Regel genügt es jedoch nicht, den Informationsprozeß zu strukturieren und zu formalisieren. Erst die dazugehörige Nutzungskultur macht das Informationsmanagement zu einem wirklich nützlichen Instrument. Diese entwickelt sich durch gemeinsame Regeln zum Umgang mit Information. Sie entstehen, wie auch andere Regeln der Zusammenarbeit, durch:

Projektteam entwickeln (Abschnitt 29)

- klare Vereinbarungen und Arbeitsanweisungen
- vorbildliches Verhalten des Projektleiters
- gemeinsame Reflexion und Teamentwicklung (vgl. Abschnitt 29 „Projektteam entwickeln").

Die Internet-Technologie bietet große Vorteile zur Gestaltung der Projektkommunikation und -information. Alle Teilnehmer können relativ einfach und zeitgleich Informationen eingeben, die sofort dem gesamten Team wieder zur Verfügung stehen, sofern überall ein Netzzugang vorhanden ist. Dazu wird eine Homepage für das Projekt im Netz eingerichtet, von der Informationen in einer vorher strukturierten Form eingegeben und abgerufen werden können (Projektpage). Sie kann mit einfachster Software, die auf den meisten Computern vorhanden ist, erstellt werden und läuft unabhängig von anderen Programmen. Eine Projekt-Webpage kann die unterschiedlichen Anforderungen und Funktionen des Informations- und Kommunikationsbedarfs abdecken. Ein Beispiel für eine mögliche Oberfläche einer Webpage finden Sie nachfolgend:

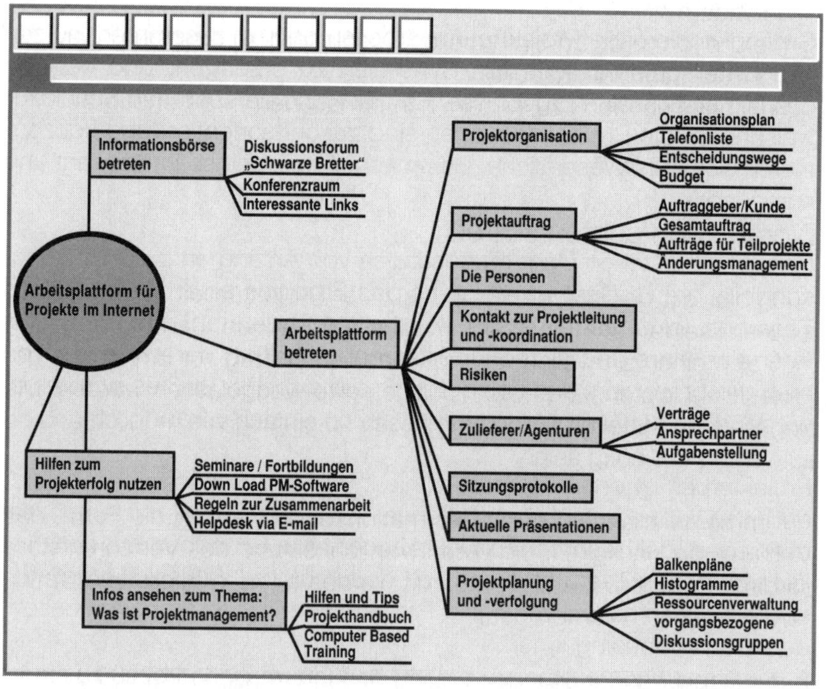

Abb. 10: Arbeitsstruktur für eine Projektpage

Beim Einsatz neuer Technologien entstehen bei vielen Projektmitarbeitern Berührungsängste. Um an dieser Stelle Reibungsverluste zu vermeiden, sollten diese Mitarbeiter behutsam geschult und an die neue Arbeitsweise herangeführt werden.

Wenn Informationstechnologie und Software eingesetzt werden, ist es von großer Bedeutung, daß die Schnittstellen nicht zu arbeitsintensiv und aufwendig sind.

Wir verzichten an dieser Stelle auf Beispielformulare und Checklisten, die Sie in jedem klassischen Projektmanagement-Buch finden. Prüfen Sie lieber, welche Form in Ihrem Umfeld gefordert ist und sich bewährt hat.

Literaturtip: Königer, Reithmayer: Management unstrukturierter Informationen, Frankfurt 1998

15 Teambildung und Teamentwicklung

Gut funktionierende Projektteams arbeiten optimal zusammen, nutzen ihre Unterschiedlichkeit, um Synergien zu erzeugen, und erzielen deshalb erstklassige Ergebnisse. Es gibt keine persönlichen Schuldzuweisungen, die Problemlösungen sind zukunftsorientiert und konzentrieren sich aufs Wesentliche. Das macht ihre Arbeit so interessant und anregend.

Gute Teams stehen nicht grundsätzlich von Anfang an zur Verfügung, sondern ihre Qualität ist meistens das Ergebnis eines umfassenden Teamentwicklungsprozesses. An dessen Ende steht ein Team, das über eine klare und akzeptierte Ordnung verfügt, deren Regeln von allen gelebt werden, und das dennoch so flexibel ist, daß es sich immer wieder auf neue Anforderungen von außen einstellen kann.

Grundbegriffe der Projektarbeit (Abschnitt 1)

Projektarbeit ist ohne Teamarbeit nicht möglich. Schon in der Projektdefinition wird von fachübergreifender Zusammenarbeit mit einem klar definierten Ziel gesprochen (vgl. Abschnitt 1 „Grundbegriffe der Projektarbeit“). Ein Team zeichnet sich dadurch aus, daß seine Mitglieder ein gemeinsames Ziel verfolgen. Projektteams haben allerdings besondere Rahmenbedingungen:

- Sie starten gemeinsam zu einem bestimmten Zeitpunkt und arbeiten per definitionem nur zeitlich begrenzt.

- Sie sind fachübergreifend zusammengesetzt. Das bedeutet, daß ihre Mitglieder einen sehr unterschiedlichen fachlichen und oft auch kulturellen Hintergrund haben. Das ermöglicht einerseits Synergien, erschwert aber andererseits auch die Verständigung.
- Die Zugehörigkeit zum Team ist nicht immer eindeutig. Projektteammitglieder haben oft noch eine fachliche Heimat in der Linienorganisation und arbeiten zusätzlich in anderen Projekten, denen sie sich ebenfalls verbunden fühlen. Das schafft einerseits eine offene Atmosphäre, andererseits aber auch mögliche Loyalitätskonflikte.
- Die Besetzung der Teams ist nicht immer konstant. Sie ändert sich je nach Phase des Projektes. Spezialisten werden oft nur zeitweise hinzugezogen.

Wenn man diese besondere Situation im Unterschied zu klassischen Teams betrachtet, wird deutlich, welche hervorragende Bedeutung die Zusammenarbeit in einem Projektteam für dessen Effizienz und Leistung besitzt. Fachliche und menschliche Zusammenarbeit sind untrennbar miteinander verbunden.

Prozeßbegleitung und -beratung (Abschnitt 9)

Den notwendigen Teamentwicklungsprozeß zu initiieren und zu gestalten ist eine Herausforderung an die soziale Kompetenz des Projektleiters. Er muß entscheiden, ob er es sich zumuten kann oder sich durch den Prozeß begleiten läßt. (vgl. Abschnitt 9 „Prozeßbegleitung und -beratung“).

Wie funktioniert ein Team?

Die Phasen im Teamentwicklungsprozeß

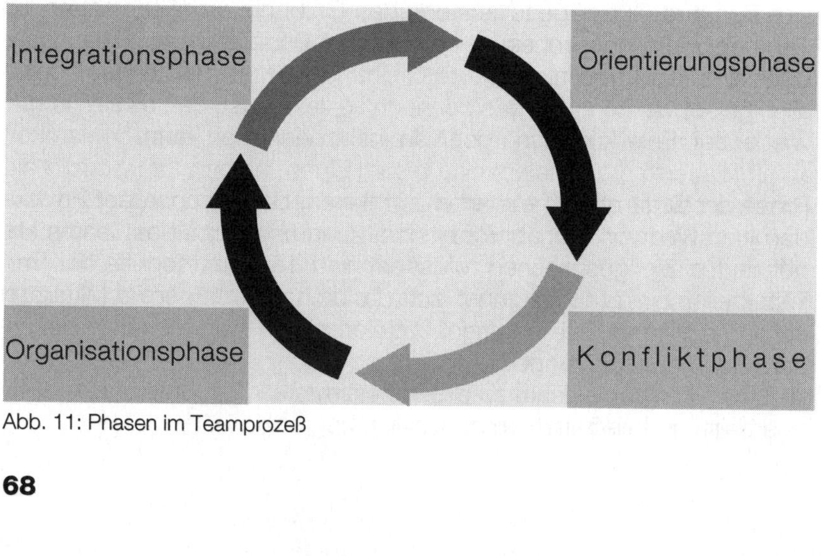

Abb. 11: Phasen im Teamprozeß

Die Arbeit in Teams ist von vier Phasen geprägt, die jede Gruppe in ihrem Entwicklungsprozeß durchschreiten muß:

- In der Orientierungsphase lernt sie sich kennen. Sie versucht, Sicherheit darüber zu gewinnen, was wie zu tun ist. Es gibt noch kein gemeinsam getragenes Ziel und keine übereinstimmenden Arbeitsmethoden.

- In der Konfliktphase werden Unterschiede in Auffassung, Standpunkten und Sichtweisen deutlich, die Macht- und Entscheidungsstrukturen sind unklar. Manchmal zweifeln die einzelnen an der Sinnhaftigkeit des Projekts und machen sich auf die Suche nach Schuldigen. Einige Projekte werden in dieser Phase abgebrochen.

- Erst in der Organisationsphase kommt das Team zu klaren Strukturen und Verabredungen. Zum ersten Mal entsteht ein wirkliches Wir-Gefühl, das von einer klaren Ordnung und von Regeln getragen ist, die das tatsächliche Verhalten der Teammitglieder prägen.

- In der Integrationsphase tritt die Gruppe in das Stadium der Konsolidierung und Selbstorganisation. Die Zusammenarbeit wird als wohltuend erlebt und erlaubt dem Team, mit neuen Anforderungen kreativ und flexibel umzugehen.

Diese Phasen verlaufen nicht linear, sondern überlappend und in Schleifen. Bei jedem neu hinzugekommenen Teammitglied beginnt dieser Prozeß neu.

Als erklärende Metapher für diese Gruppenphasen kann die persönliche Entwicklung eines einzelnen Menschen dienen. In der Kindheit sucht der junge Mensch Orientierung und Sicherheit, in der Jugend rebelliert er gegen das bestehende System, als Erwachsener ist er fester Bestandteil der gesellschaftlichen Ordnung. Im Alter hat er die Weisheit und Gelassenheit, seine erworbene Erfahrung an die jüngere Generation abzugeben.

Wenn der Entwicklungsprozeß keine besondere Aufmerksamkeit erhält, dauert es normalerweise bis zu einem halben Jahr, um in die Phase der Organisation eintreten zu können. Das Tempo der Entwicklung hängt jedoch von der Bereitschaft und Erfahrung des Teams ab, sich auf diesen Prozeß einzulassen, und von der Kompetenz von Projektleitung und Gruppe, ihn aktiv zu gestalten. In der Projektarbeit ist für den Prozeß selten ausreichend Zeit. Viele Projekte müssen innerhalb weniger Wochen oder Monate abgeschlossen sein. Deswegen muß der Teamentwicklungsprozeß bereits in der Startphase aktiv gefördert und kanalisiert werden.

In der nachfolgenden Tabelle ist dargestellt, wie Projektleiter und Prozeßbegleiter ein Team wirkungsvoll unterstützen können.

Verhalten der Gruppe	Unterstützung des Teams
Orientierung	
■ freundlicher, höflicher Umgangston ■ eher unpersönlich (z.B.Small talk), – abwartend ■ Suche nach Sicherheit und Orientierung ■ Statusbewußtsein (gesehen werden wollen) ■ Euphorie, Anfangsbegeisterung ■ Skepsis	■ Phase wichtig und ernst nehmen: – Kennenlernen ermöglichen – Zeit nehmen zur Teambildung ■ Druck herausnehmen, sofort Ergebnisse erzielen zu müssen ■ Wünsche und Befürchtungen (Skepsis) besprechbar machen ■ Rahmenbedingungen u. Ziel klarmachen – Bedeutung erklären ■ Rollen klären ■ Orientierung und Struktur bieten
Konflikt	
■ verdeckte Konflikte ■ Koalitionen, Cliquenbildung ■ Zweifel am Sinn und Ziel, Gefühl der Ausweglosigkeit ■ endlose, mühsame Diskussionen ■ innerlicher Rückzug einzelner ■ unklare Macht- und Entscheidungsstrukturen ■ Schuldzuweisung, Personalisierung von Konflikten ■ Methodendiskussionen	■ Konflikte transparent werden lassen – aktiv zuhören – nachfragen ■ selbst Ruhe bewahren ■ Fortschrittsdruck herausnehmen – keine Lösungen ■ unterschiedliche Sichtweisen und Glaubenssysteme transparent machen ■ eigenes Konfliktverhalten reflektieren ■ Hilfen und Tips zur Konfliktbearbeitung
Organisation	
■ Vereinbarungen und Absprachen werden getroffen ■ Regeln für das Team werden entwickelt ■ Neue Verhaltensmuster werden eingeübt und ausprobiert ■ Team reflektiert eigene Situation ■ Wir-Gefühl entwickelt sich	■ Aufgabe neu verabreden ■ Regeln vereinbaren ■ sich eher zurückhalten ■ Verantwortung an die Gruppe abgeben ■ Lernen ermöglichen und zulassen ■ Teamgefühl pflegen ■ Aufgabe und Gruppe immer wieder zusammenführen („Controlling")
Integration	
■ Team wird als effizient und wohltuend erlebt ■ entwickelt Autonomie gegenüber „Außenwelt" ■ arbeitet selbstorganisiert ■ geht mit neuen Anforderungen kreativ und flexibel um ■ vermeidet manchmal das Projektende ■ vertrauensvolle Zusammenarbeit	■ Monitoring ■ Antenne nach innen und außen, Kommunikator ■ Optimierung ■ auf das Ende zuarbeiten – zielorientiert ■ Projekt gezielt beenden ■ Gesamtpräsentation nach innen und außen ■ Projektabschluß gestalten ■ Würdigung des Erreichten ■ gezielte Abschlußreflexion „lernen!"

Abb. 12: Möglichkeiten zur Unterstützung des Teams im Überblick

Im Team arbeiten unterschiedliche Charaktere zusammen

Im Team entstehen stets Rollen, die sich aus der persönlichen Einstellung und dem Verhalten der Beteiligten heraus entwickeln und sich ebenfalls gegenseitig bedingen und ergänzen. So gibt es risikofreudige und vorsichtige Menschen; es gibt notorische Nörgler, Betriebsnudeln, Organisationstalente, Intellektuelle, Stimmungsmacher, Konservative und Revolutionäre.

Die Beschreibungsraster für die unterschiedlichen Charaktere sind abhängig vom jeweiligen Blickwinkel. Dieser kann

- die verschiedenen Arbeitsweisen der einzelnen beschreiben, wie zum Beispiel Sammler, Tüftler, Pedant oder Stratege,
- sich auf den Beitrag beziehen, den eine Person für die Zusammenarbeit leistet, wie zum Beispiel integrativ, harmonisierend oder konfliktfreudig,
- die Position der verschiedenen Teammitglieder im Machtgefüge erläutern, wie zum Beispiel der informelle Führer oder der Mitläufer,
- oder persönliche Eigenschaften und Einstellungen der einzelnen beschreiben, wie zum Beispiel die Konflikttypen von Virginia Satir (1988): Ablenker, Ankläger, Beschwichtiger oder Rationalisierer.

All diese unterschiedlichen Kategorien sind, wenn man sie zur Diagnose eines Teams nutzt, jedoch nicht die absolute Wahrheit und für immer festgeschrieben. Sie dienen lediglich dazu, sich selbst oder andere zu reflektieren. Sie können ein guter Ausgangspunkt für Feedbackgespräche sein.

Wirklich bedeutend für die Qualität der Zusammenarbeit ist, daß diese Unterschiede gegenseitig akzeptiert und geschätzt werden. Sie sind für ein Team genauso wichtig wie Gemeinsamkeiten. Erst in der Auseinandersetzung um die verschiedenen Sichtweisen kann die wirkliche Qualität und Synergie entstehen, die eine Gruppe braucht, um den Sinn und Zweck der Teamarbeit zu erfüllen.

Interkulturelle Projektarbeit (Abschnitt 20)

Noch bedeutender ist diese Erkenntnis, wenn unterschiedliche Kulturen aufeinandertreffen (vgl. Abschnitt 20 „Interkulturelle Projektarbeit“).

Woran man gute Teamarbeit erkennen kann

Die wichtigsten Indizien für eine gute Zusammenarbeit sind das Ergebnis und die erbrachte Leistung. Wenn die Kunden wirklich zufrieden sind und das Projekt (die einzelnen Meilensteine) im geplanten Kosten-

und Zeitrahmen geblieben ist, kann man davon ausgehen, daß das Team funktioniert hat.

Dennoch gibt es bereits „auf dem Weg“ einige Kriterien, an denen gute Teamarbeit zu erkennen ist:

- klare Ziele und eine gemeinsame Vision
- geklärte Rollen und Verantwortung
- gemeinsame Kundenorientierung aller Teammitglieder
- klare, akzeptierte und gelebte Regeln zur Zusammenarbeit
- offene und klare Kommunikation
  - präzise Beiträge
  - zuhören und aufeinander eingehen
  - offene Diskussion, wenig Flurgespräche
  - zulassen und besprechen unterschiedlicher Sichtweisen und Konflikte
- gegenseitiges Vertrauen und Wertschätzung
- gute Einbindung der Arbeit in den Kontext
- Verbindlichkeit von Vereinbarungen und Zuverlässigkeit
- Flexibilität im Umgang mit Unvorhergesehenem.

Wie man die Zusammenarbeit im Team unterstützen und fördern kann

Wichtigste Voraussetzung ist die gemeinsame Erkenntnis, daß durch die vier Prozeßebenen (Produktentstehung, Projektmanagement, Teamentwicklung und Entscheidung) Inhalte, Projektmanagement, Team und Entscheider untrennbar miteinander verbunden sind. Die Facharbeit hängt immer mit der emotionalen Situation in der Gruppe zusammen.

Ziel ist es, diese unterschiedlichen Ebenen in Einklang zu bringen: Eine perfekte Planung nützt wenig, wenn es ungeklärte Rollen und Erwartungen gibt. Eine gute Atmosphäre im Team wird sich schnell auflösen, wenn das gemeinsame Ziel im Nebel bleibt. Die Teamentwicklung bewußt zu fördern ist deshalb eine der zentralen Aufgaben des Projektleiters oder des Prozeßbegleiters.

Dabei setzt der Anfang die Struktur. Wer mit der Teamentwicklung erst beginnt, wenn Termine nicht mehr zu halten sind oder Konflikte die Arbeit blockieren, hat es reichlich schwer. Sie beginnt mit dem ersten Zusammentreffen, in der Regel also mit dem Start-Workshop. Bereits hier ist es wichtig, sich ausführlich kennenzulernen, Rollen und Erwartungen zu klären und erste Regeln zur Zusammenarbeit zu vereinbaren.

Zu Beginn werden explizit und implizit Grundmuster für den späteren Umgangsstil gelegt. In der Startsituation ist jede einzelne Aktion Orientierungsrahmen für die zukünftige Arbeit (vgl. „Phasen im Gruppenprozeß"). Dabei sind es immer zunächst die Gruppenleiter (Projektleiter), die durch ihr Handeln das spätere Klima prägen. Die Teilnehmer erkennen zum Beispiel:

- Wie offen werden Informationen gegeben und besprochen?
- Wer trifft wie Entscheidungen? Werden sie mehrheitlich getragen?
- Wie entstehen Ergebnisse? Gibt sie der Projektleiter vor, oder werden sie gemeinsam erarbeitet?
- Wie verbindlich werden die nächsten Arbeitsschritte vereinbart?

Projekt starten (Abschnitt 25)

Ein Beispiel für die Einbindung von Teambildung in den Startworkshop finden Sie im Abschnitt 25 „Projekt starten".

Ein wichtiger Schritt für das gemeinsame Lernen ist die stetige Reflexion der Zusammenarbeit. Im Projekt sollte regelmäßig darüber gesprochen werden, wie zufrieden die Gruppe mit dem „Wie?" ihrer Arbeit ist, um daraus gemeinsam Verbesserungsvorschläge und Vereinbarungen abzuleiten. Statt Schuld zuzuweisen, werden dabei eher lösungsorientierte, zukunftsgerichtete Vereinbarungen getroffen. Die Feedbackregeln (vgl. Abschnitt 40 „Feedback") sollten eingehalten werden. Der Schwerpunkt der Selbstreflexion sollte immer auf der Frage liegen: „Was können wir gemeinsam für unsere Zusammenarbeit lernen?" Zur weiteren Unterstützung empfehlen sich folgende Maßnahmen:

Feedback (Abschnitt 40)

Die Trennung von Projektleitung und Prozeßbegleitung hilft dem Projektleiter, sich mehr auf Inhalte und das politische Vorgehen im Hause zu konzentrieren, da der Prozeßbegleiter die Moderation der Gruppenarbeitssituationen übernimmt und dabei auch auf die Gestaltung des Teamprozesses achtet (vgl. Abschnitt 9 „Prozeßbegleitung und -beratung").

Prozeßbegleitung und -beratung (Abschnitt 9)

Manchmal hilft ein gezieltes Teamtraining, um in Übungssituationen die Zusammenarbeit zu reflektieren und zu verbessern. Transfer und Anbindung an die konkrete Projektarbeit sollte immer gewährleistet sein.

Bei länger dauernden oder konfliktträchtigen Projekten sollte man sich die Zeit für einen gezielten Teamentwicklungs-Workshop nehmen. Dieser kann entweder der Teambildung dienen oder der Klärung und Konfliktbearbeitung im fortgeschrittenen Stadium. Ein Beispiel für einen solchen Workshop finden Sie im Abschnitt 29 „Projektteam entwickeln".

Projektteam entwickeln (Abschnitt 29)

Moderation im Projekt (Abschnitt 31)

Die Grundlage muß jedoch eine prozeßorientierte Moderation und Arbeitsweise in allen Gruppensituationen bilden. Sie berücksichtigt immer die Sach- und Beziehungsebene des Prozesses und integriert damit die Anforderungen für die Entwicklung des Teams (vgl. die Abschnitte 2 „Prinzipien prozeßorientierter Projektgestaltung" und 31 „Einsatz der Moderationsmethode im Projekt").

Literaturtip: Klaus Lumma: Die Teamfibel, Hamburg 1996
Helmut Schneider, Heinz Knebel: Team und Teambeurteilung, 1995
D. Francis, D. Young: Mehr Erfolg im Team, Hamburg 1997

16 Führung im Projekt

Worum geht es bei diesem Thema?

Wo Gruppen etwas miteinander tun, wird geführt, gleichgültig, ob die Führungsrolle formal besetzt ist oder nicht. Führung in diesem Sinne heißt: eine Richtung weisen und dafür Gefolgschaft bekommen.

In informellen Gruppen, die zufällig entstehen und nur für kurze Zeit Bestand haben, kann diese Funktion frei fluktuieren, das heißt, jedes Gruppenmitglied hat die gleiche Chance, die Führungsfunktion auszuüben. Dies findet man zum Beispiel bei einer Gruppe von Personen, die ihr Auto in einem Parkhaus abgestellt haben und nun vor einem nicht funktionierenden Parkautomaten stehen. In formalen Gruppen, die dauerhaft auf unbestimmt lange Zeit existieren – zum Beispiel eine Abteilung in einem Unternehmen –, ist diese Funktion durch einen Leiter besetzt, der Rechte und Pflichten hat, die nur von ihm wahrgenommen oder nur von ihm auf andere übertragen werden können.

Projektorganisation (Abschnitt 21)

Projekte stehen im allgemeinen zwischen diesen beiden Polen: Sie sind einerseits formelle Gruppen, die bewußt zusammengesetzt wurden und meist auch einen Leiter haben. Andererseits bestehen sie nur auf Zeit und haben ein definiertes Problem (häufig eine bestimmte Konfliktsituation) zu lösen (vgl. Abschnitt 21 „Projektorganisation: Rollen, Funktionen und Selbstverständnis der Beteiligten").

Entsprechend diesen beiden Polen gibt es auch unterschiedliche Ansichten über Führung im Projekt:

- Das eine Extrem lautet: Führung im Projekt ist eine Linienfunktion auf Zeit,

- das andere: Projekt ist Teamarbeit, und Teamarbeit ist hierarchiefrei – also gibt es keine festgelegte Führung.

Tatsächlich haben Projekte von beidem etwas: Einerseits gibt es festgelegte Rollen, die auch das Recht, Anweisungen geben zu dürfen, enthalten können. Dadurch werden eindeutige Verantwortungsstrukturen definiert. Andererseits spielt für kreative Prozesse, für Engagement und Einsatzbereitschaft die formale Anweisungsbefugnis eine eher untergeordnete Rolle. Je straffer ein Projekt organisiert ist, desto mehr ähnelt es der Linienorganisation und nimmt dementsprechend seine Funktionen wahr: repetitive Prozesse treten gegenüber kreativen in den Vordergrund, Konflikte werden eher hierarchisch als kommunikativ gelöst.

Gute Führung im Projekt muß also zumindest diesen beiden Anforderungen genügen: Sie muß einerseits für einen geordneten und effizienten Ablauf des Projekts sorgen, andererseits das kreative Potential, die individuellen Erfahrungen der Mitarbeiter und ihre Einsatzbereitschaft fördern. Die Komplexität eines Projekts besteht also nicht nur in seiner meist diffizilen, bereichs- und gewerkeübergreifenden Aufgabenstellung, sondern auch in der besonderen Zusammensetzung der Projektgruppe mit ihrem unterschiedlichen Bedarf an Freiheit einerseits und Struktur andererseits.

Diese Aufgabe, die in der Regel einem Projektleiter zufällt, wird noch dadurch erschwert, daß Projekte – besonders solche, die sich mit Veränderungsprozessen beschäftigen – hochspezialisierte Individualisten anziehen, die möglicherweise gerade wegen ihrer Schwierigkeiten mit Führung (aktiv oder passiv) in die Projektarbeit gewechselt haben. Das macht schon deutlich, daß sich ein Projektleiter weniger auf formale Führungsrechte und -instrumente verlassen kann, sondern eher Fingerspitzengefühl braucht, um die richtige Mischung zwischen Zielorientierung und Selbstbestimmung herauszufinden. Die Angst des Projektleiters vor zu viel Steuerung führt leicht ins Chaos; wenn er aber die Zügel zu straff hält, erlahmt der Elan, und die Ergebnisse werden konventioneller. Hier scheint der Begriff des „Coaching" einen Ausweg zu zeigen. Tatsächlich weist er in eine richtige Richtung. Der Trainer einer Sportmannschaft stellt sein Team optimal zusammen und bereitet es bestmöglich auf das Spiel vor, spielen aber tun die Spieler selbst. Darüber hinaus fällt dem Projektleiter eine wichtige Aufgabe in der Zusammenstellung und der Qualifikation seines Teams zu, und er setzt sich für leistungsfördernde Rahmenbedingungen ein.

Fälschlicherweise schwingt aber in dem Begriff „Coaching" der Wunsch mit, die Führungsrolle von dem lästigen Anweisen und

Kontrollieren zu befreien. Das ist weder im Sport noch im Projekt so. Kreativität kann sich nur innerhalb von stabilen Strukturen entfalten, die die Kooperations- und Kommunikationsbeziehungen klar regeln, Verstöße dagegen ahnden und dem einzelnen das Maß an persönlicher Sicherheit vermitteln, das es ihm erlaubt, sich ganz seiner Aufgabe zu widmen. Dafür muß der Projektleiter sorgen, und er muß es in einer Form tun, die das Team weiterbringt und es nicht in Konkurrenz- und Machtkämpfen versinken läßt. Klarheit im Inhalt und in der Form des Führens ist also im Projekt noch wichtiger als in der Linie.

Besondere Bedingungen der Führung in einem Projekt

- Inhaltliche Begrenzung:
  Ein Projekt wird für eine abgegrenzte Aufgabe gegründet. Wenn sie erfüllt ist, wird das Projekt aufgelöst. Das erleichtert Führung im Projekt gegenüber der Linie, denn der Leiter wie auch die Mitglieder können sich auf diese eine Aufgabe konzentrieren, für die sie ausgewählt worden sind.
- Zeitliche Begrenzung:
  Ein Projekt hat einen definierten Anfang und ein festgelegtes Ende. Was in dieser Zeit nicht geschafft wurde, kann meist auch später nicht mehr erledigt werden. Dieser eindeutige Zeithorizont erleichtert es, eine klare Zeitstruktur zu setzen, die allerdings auch permanenten Zeitdruck erzeugt. Erschwert wird Führung in zeitlicher Begrenzung dadurch, daß der Projektleiter entweder überhaupt nicht für die Projektmitarbeiter verantwortlich ist oder doch nur für die Zeit ihrer Mitarbeit im Projekt. Er kann also formal wenig für ihr Weiterkommen tun. Hinzu kommt, daß besonders Mitarbeiter, die von Projekt zu Projekt wandern, häufig bei Projektbeginn noch Überhänge aus vorherigen Projekten mitbringen und sich schon vor Projektende nach einem neuen Projekt umsehen.
- Teilzeitbeschäftigung im Projekt:
  In vielen Fällen sind die Mitarbeiter nur für einen Teil ihrer Arbeitszeit für das Projekt angestellt. Der Projektleiter führt also einen ständigen Konkurrenzkampf gegen die Linien- und Alltagsarbeit, und zwar nicht nur darum, daß die Projektarbeitszeiten eingehalten werden, sondern auch um die Einhaltung der ganz andersartigen Arbeits- und Kommunikationsformen im Projekt.
- Organisationseinheiten übergreifende Zusammensetzung:
  Im Projekt treffen die Sachkonflikte zwischen den Organisationseinheiten hautnah aufeinander. Da es sich meist nicht ausschließlich um Meinungsverschiedenheiten handelt, sondern dahinter Interessen- und Machtkonflikte stehen, prallen die Gegensätze häufiger und direkter aufeinander als im Liniengeschäft. Ein Projektleiter muß sich also mit einem höheren Konfliktpotential auseinandersetzen als in der Linie.

- Teamarbeit:
  Mehr noch als in der Alltagsarbeit spielt sich die Arbeit im Projekt in Teamarbeit ab. Das bedeutet, daß die Aufgaben weniger voneinander abgegrenzt sind und daß der einzelne mehr über seinen Tellerrand sehen muß. Dadurch entsteht Synergie, aber auch Reibung und Konflikt. Der Projektleiter muß mit dieser Dynamik umgehen und sie produktiv gestalten können.
- Führen nach unten und nach oben:
  Der Projektleiter „führt" nicht nur die Projektgruppe, er steuert auch die Steuerungsgremien im Projekt. Von seiner Fähigkeit, diese Gremien richtig zu „füttern" und die notwendigen Entscheidungen zu bekommen, hängt der Erfolg genauso ab wie von der richtigen Führung seines Teams. Das ist ein Balanceakt zwischen häufig entgegengesetzten Interessen. Gleichzeitig ist der Projektleiter der Puffer zwischen diesen beiden Welten.
  Da sich die Sachkonflikte im Team als Machtkonflikte in den Steuerungsgremien widerspiegeln, bedarf es häufig eines großen diplomatischen Geschicks.
- Führen, ohne disziplinarischer Vorgesetzter zu sein:
  In vielen Projekten ist der Projektleiter lediglich Fachvorgesetzter. Wenn der Mitarbeiter gleichzeitig noch andere Fachaufgaben außerhalb des Projektes wahrnimmt, ist er nicht einmal der einzige Fachvorgesetzte. Das schränkt die Führungsinstrumente des Projektleiters erheblich ein. Er muß in vielen Fällen auf formale Instrumente der Anerkennung und der Sanktion wie zum Beispiel Gehaltserhöhung oder Mitarbeiterbeurteilung verzichten und sich auf seine soziale Kompetenz zur Mitarbeiterführung beschränken.

Mehr noch als in der Linienführung braucht der Projektleiter deshalb neben den menschlichen Qualitäten, dem Fingerspitzengefühl, der Selbstachtung und dem Respekt vor dem anderen Menschen – die in jeder Führungsaufgabe erforderlich sind – besondere Kompetenzen:

- Prozeßkompetenz, das bedeutet, daß er, unabhängig von den Inhalten, die Arbeits-, Kooperations-, Kommunikations- und Entscheidungsprozesse steuern können muß;
- Strukturierungskompetenz, das bedeutet, daß er die Übersicht über die Komplexität des Projekts behält und sie in zeitliche und inhaltliche Teilprozesse zerlegen kann, deren Einhaltung er vereinbart und kontrolliert.

Diese besonderen Anforderungen, die an einen Projektleiter gestellt werden, sind eine ausgezeichnete Schule für die Linienführung, in der mehr und mehr die Fähigkeit verlangt wird, sachlich, organisatorisch und menschlich komplexe Verhältnisse zu bewältigen.

Besondere Aufgaben für die Führung im Projekt

Projekt starten (Abschnitt 25) Projektteam entwickeln (Abschnitt 29)

Mitarbeiter in Projekten brauchen ein besonderes Maß an Orientierung, weil ihre Arbeit nicht durch personenunabhängige Vorschriften wie Stellenbeschreibungen, Arbeitsanweisungen usw. gesteuert wird. In jedem Projekt muß auf der inhaltlichen Ebene geklärt werden: „Wer – macht was – mit wem – mit welchem Ziel – bis wann?" und auf der Prozeßebene: „Wie wollen wir unsere Zusammenarbeit gestalten?" (vgl. Abschnitte 25 „Projekt starten" und 29 „Projektteam entwickeln"). Die Antworten stehen nicht ein für allemal fest, sondern müssen im Projektverlauf immer wieder überprüft werden.

Das Projekt erhält seine besondere Leistungsfähigkeit durch die Synergie, die zwischen seinen Mitgliedern entsteht. Wäre diese nicht vonnöten, könnte das Problem auch in traditioneller Weise arbeitsteilig gelöst werden. Diese Synergie entsteht unter anderem dadurch, daß den Mitgliedern neben ihren einzelnen Aufgaben und Kompetenzen die Komplexität der Aufgabe, für deren Lösung sie die Verantwortung haben, bewußt bleibt. Diese Gleichzeitigkeit von Einzel- und Gesamtverantwortung kann zuverlässig nur über Führung hergestellt werden, zum Beispiel in Teamsitzungen, Präsentationen, Rückkopplungen und in der Organisation von Querbeziehungen im Projekt.

Fällt Führung aus, weil der Projektleiter, der sich in Fachaufgaben verliert, sie nicht ausübt, dann wird sie informell übernommen. Das führt zu Kompetenz-, Macht- und Interessenkonflikten, die nicht nur zeit- und nervenraubend sind, sondern die auch dazu führen, daß die Aspekte der „Unterlegenen" nicht mehr ausreichend in der Projektarbeit berücksichtigt werden. Darunter leidet das Projektergebnis. Reißt hingegen der Projekteiter alles an sich, indem er „mit Macht" alles macht, verliert er genauso die Kreativität und das Engagement seiner Teammitglieder.

Ein besonders schwieriger Punkt ist die Personalverantwortung des Projektleiters für die Projektmitarbeiter. Er erhält seine Bedeutung dadurch, daß Projektarbeit nicht nur – wegen ihrer besonderen Lern- und Erfahrungschancen – karrierefördernd ist, sondern auch als Abstellgleis empfunden werden kann. Personalverantwortung ist in verschiedenen Organisationen unterschiedlich geregelt. Die Pole sind:

- Die Personalverantwortung bleibt vollständig beim Linienvorgesetzten, der Projektleiter hat damit nichts zu tun.
- Der Projektleiter hat für die Projektzeit die gesamte Verantwortung für die Mitarbeiter, also auch für die Beurteilung ihrer Leistungen und ihr berufliches Fortkommen.

Beide Modelle werden der Doppelzugehörigkeit des Mitarbeiters zur Linie einerseits und zum Projekt andererseits nur unzureichend gerecht. Der Mitarbeiter, der sich bereit erklärt, in einem Projekt mitzuarbeiten, muß sich der Gefahr bewußt sein, daß seine Entwicklung in erster Linie in seiner eigenen Hand liegt, muß Vorstellungen über sein Weiterkommen entwickeln und selbst Verantwortung dafür übernehmen. Ist er dazu nicht in der Lage, dann ist er den Unsicherheiten des Projekts nicht gewachsen.

Andererseits muß der Projektleiter bestrebt sein, seinen Mitarbeitern das nötige Rüstzeug zukommen zu lassen, das sie für die Erfüllung ihrer Aufgaben brauchen. Dazu gehören Methodenkenntnisse, aber auch Kommunikations- und Organisationsfähigkeiten, die auch in der Linie eine immer größere Bedeutung erlangen. Nimmt er also seine Weiterbildungsaufgaben ernst, dann tut er immer auch etwas für die Entwicklung der Mitarbeiter.

Wie kann der Projektleiter seine Führungsaufgabe wahrnehmen?

Der erste Schritt besteht darin, daß er die Ziele des Projekts auf den verschiedenen Prozeßebenen klärt:

1. inhaltlich: Was wird von dem Projekt erwartet, was soll herauskommen, mit wem soll kooperiert werden usw. (vgl. auch Abschnitt 24 „Auftrag klären")?
2. organisatorisch: Welche Ressourcen an Manpower, Zeit, Geld und Hilfsmitteln stehen zur Verfügung, und wie können/sollen sie eingesetzt werden?
3. prozessual: Welche Projektorganisation ist vorgegeben, wie kann sie gegebenenfalls verändert werden? Welche Qualifikationen und welches Know-how stehen für das Projekt zur Verfügung, welche müssen ergänzt werden? Welche Arbeitsweisen sind der Aufgabenstellung und der Projektzusammensetzung angemessen?
4. Führung: Welche formalen Regeln bestimmen seine Verantwortung, welche Mittel stehen ihm dafür zur Verfügung? Welches Verständnis von Führung hat er selbst, welches seine Projektmitarbeiter und welches die Steuerungsgremien? Was muß er selbst tun, um für die Art von Führung zu sorgen, die er selbst für richtig hält?

Auftrag klären (Abschnitt 24)

Umfeldanalyse (Abschnitt 32)

In einem zweiten Schritt muß er den Kontext des Projektes klären (vgl. Abschnitt 32 „Umfeldanalyse"). Dazu gehören Fragen wie:

- Wie paßt das Projekt in die Kultur(en) der beauftragenden Organisation(en)?

- Auf welches Know-how kann er innerhalb des Projekts zurückgreifen, was muß er von außen besorgen?
- Welche Aufgaben, Rechte und Pflichten haben die Steuerungsgremien im Projekt?
- Welchen politischen Stellenwert hat das Projekt, zum Beispiel im Rahmen der Unternehmensstrategie, und entspricht seine Einbindung dieser Bedeutung?
- Wer sind die potentiellen Gewinner, wer die potentiellen Verlierer bei einer Realisierung der Projektergebnisse (Konfliktanalyse)?

Der dritte Schritt besteht darin, Strukturen innerhalb des Projekts und in seinem Umfeld aufzubauen, die es ihm erlauben, seine Führungsrolle nach unten, nach oben und nach außen wahrzunehmen.

- Im Projektteam heißt das, die Kommunikations-, Verantwortungs- und Entscheidungsstrukturen zu entwickeln: Projektsitzungen und ihre Organisation, Rollenklärung, Informationsprozesse, Teamentwicklungsprozesse, Einsatz von EDV-Tools, Einrichtung von Subprojekten, Vertretung des Projekts nach außen sowie Formen der Konfliktbearbeitung und Konfliktlösung. Dazu gehören auch die klassischen Führungsinstrumente wie Zielvereinbarung, Beurteilung und Mitarbeitergespräch in der dem Projekt angemessenen Form und im Rahmen der vorgegebenen Organisationsregeln.
- Zu den Steuerungsgremien heißt das: Informationsformen innerhalb und zwischen den Sitzungen, Terminpläne für Entscheidungen, Konfliktbearbeitungs- und Lösungsformen in Steuergremien.
- In das Umfeld hinein bedeutet das: Organisation von Informations- und Rückkopplungsprozessen, gegebenenfalls Einrichtung von Testfeldern, Vorbereitung der Umsetzung der Projektergebnisse.

Diese Strukturen lassen sich nicht verordnen. Es bedarf meist eines hohen Kommunikationsaufwands mit vielen Personen, um sie zu etablieren. Das macht deutlich, daß der Kern der Führungsfähigkeit des Projektleiters in seiner Persönlichkeit liegt. Diese beruht nicht (nur) auf seinem genetischen Code, sondern sie ist weitgehend durch Lernen und durch das bewußte Sammeln von Erfahrungen beeinflußbar.

Seine Kompetenz kann er in der praktischen Arbeit oder durch geeignete Weiterbildung erwerben und vertiefen, die nicht nur sachlich und methodisch ausgerichtet sein, sondern auch der Entwicklung seiner Persönlichkeit dienen sollte. Die besonders komplexe Führungsaufgabe des Projektleiters erfordert eine ständige Reflexion seines Handelns. Dazu bietet sich eine laufende Supervision durch einen erfahrenen

Coach an, die als Einzelbetreuung oder in Gruppen durchgeführt wird und an der andere Projektbeteiligte nicht teilnehmen. Hier kann er offen Probleme und Konflikte im Projekt ansprechen, seinen Standpunkt klären und seine soziale Kompetenz erweitern.

17 Konflikte im Projekt

Worum geht es bei diesem Thema?

In den meisten sozialen Gruppen werden Konflikte als unangenehm empfunden. Sie stören die alltäglichen Abläufe und drohen, die menschlichen Beziehungen zu beeinträchtigen. Deshalb entwickeln Gruppen vielfältige Regeln und Mechanismen, wie mit Konflikten umgegangen wird. Konflikte „unter den Teppich zu kehren" oder durch Machtworte zu beenden verhindert aber meist, daß die Ursachen angesprochen und beseitigt werden können, sondern führt zu dauerhaften Reibungsverlusten in der Gruppe. Das ist in Projekten nicht anders.

Konflikte in Projekten bergen aber auch Chancen, die sich aus dem speziellen Charakter der Projektarbeit ableiten. Dies ist zum Beispiel der Fall, wenn

- die Projektbeteiligten bewußt heterogen zusammengesetzt sind, um die unterschiedlichen Sichtweisen synergetisch nutzen zu können,
- die entstehenden Konflikte ein Abbild der Konflikte sind, die bei der Umsetzung auftauchen,
- Konflikte einen gemeinsamen Lernprozeß innerhalb des Projektes in Gang setzen.

Konflikte, die aus diesem Grund entstehen, können genutzt werden, um die Qualität, Effizienz und Zufriedenheit der Projektmitarbeiter zu erhöhen.

Was ist ein Konflikt?

„Als sozialer Konflikt läßt sich eine soziale Beziehung verstehen, in der zwei oder mehrere Parteien, die voneinander abhängig sind, mit Nachdruck versuchen, gegensätzliche Handlungspläne zu verwirklichen und sich dabei ihrer Gegnerschaft bewußt sind". (Watzlawick, 1969)

Dies bedeutet für Projekte: Konflikte werden nur dann als solche verstanden, wenn eine deutliche gegenseitige Abhängigkeit zwischen den Projektbeteiligten besteht – zum Beispiel durch den gemeinsamen Wunsch, das Projektziel zu erreichen – und diese auch bereit sind, ihre Interessen mit Nachdruck zu vertreten. Da Projekte immer aus verschiedenen Arbeitsbereichen mit unterschiedlichen Interessenlagen zusammengesetzt sind, sind Konflikte nicht nur unvermeidlich, sie sind auch notwendig, damit den berechtigten Interessen Geltung verschafft wird.

Konflikte können deshalb nur fruchtbar werden, wenn sich die Teammitglieder auf ein gemeinsames Ziel verpflichten und ihre Interessen auf dieses Ziel ausrichten. Bei der Zusammensetzung des Teams muß darauf geachtet werden, daß dieses Minimum an Übereinstimmung gegeben ist und daß Personen in das Team entsandt werden, die bereit sind, ihre jeweiligen fachlichen und auch ihre persönlichen Interessen offen zu vertreten. Nur dann können Konflikte zum Nutzen des Projekts produktiv ausgetragen werden. Sonst ist Konfliktlösung innerhalb des Teams nicht mehr möglich.

Das ist am ehesten gewährleistet, wenn die Teammitglieder auch gemeinsam für die Erreichung des Projektziels belohnt oder beim Verfehlen des Projektziels gemeinsam die Folgen zu tragen haben. Die daraus entstehenden Konflikte sind nicht nur legitim, sie helfen auch dabei, optimale Lösungen zu erreichen. Dies muß bereits bei der Besetzung des Projektes beachtet werden.

Welche Konflikte treten in Projekten immer wieder auf? Konflikte in Projekten können in einer Person, zwischen Personen, innerhalb einer Gruppe oder sogar zwischen der Projektgruppe und ihrem Umfeld auftreten. Konflikte können wertvolle Hinweise und Meilensteine auf dem Weg zum Projekterfolg sein, wenn sie erkannt und ausgetragen werden. Umgekehrt können sie den gesamten Projekterfolg in Frage stellen, wenn sie destruktiv gelebt oder verdrängt werden.

Welche Arten von Konflikten zu welchem Zeitpunkt auftreten, hängt wesentlich davon ab, in welcher Phase sich einerseits die Sacharbeit im Projekt und andererseits die Dynamik des Projektteams befindet.

Projektmitarbeiter sollten wissen, daß es viele Konflikte gibt, die von außen in das Projekt hineingetragen werden. So gelangen zum Beispiel Konflikte der Linie vielfach über Zeitdiskussionen in das Projekt, oft noch verstärkt durch unklare Rollen und Vereinbarungen.

Konflikte innerhalb des Projekts lassen sich nach der Art ihrer Entstehung gliedern: Sachkonflikte entspringen den unterschiedlichen fachlichen Interessen oder Sichtweisen. Sie aufzuspüren setzt Wissen und Analysefähigkeit voraus. Dabei ist es besonders wichtig zu erkennen, ob es sich um einen echten Sachkonflikt, um die Verschiebung eines Beziehungskonflikts auf die Sachebene oder nur um unterschiedliche Beschreibungen des gleichen Problems oder der gleichen Lösung handelt. Im letzten Fall geht es nicht so sehr darum, den Konflikt auszutragen, vielmehr um eine „Übersetzungshilfe", durch die unterschiedliche Beschreibungen auf dieselbe Bedeutung zurückgeführt werden. Das passiert besonders häufig dann, wenn die Beteiligten aus verschiedenen Fachgebieten kommen und sich eines unterschiedlichen Fachvokabulars bedienen.

Sachkonflikte

- Zielkonflikte treten vor allem in der Anfangsphase eines Projektes auf, oft verstärkt durch unklare Aufträge.
- Wegkonflikte können zu heftigen Auseinandersetzungen in der Projektplanung führen.
- Verteilungskonflikte betreffen die Zuordnung von Ressourcen wie zum Beispiel Personal, Zeit oder Budget.

Sachkonflikte werden im Idealfall durch Diskussion und Verhandlung gelöst. Um die Arbeitsfähigkeit einer Gruppe nicht zu blockieren, sollte im Einzelfall auch die Möglichkeit einer schiedsrichterlichen Entscheidung von „oben" bestehen.

Beziehungskonflikte

Beziehungskonflikte werden durch menschliches Zusammenleben verursacht. Sie entstehen einerseits durch positive oder negative Vorurteile und andererseits durch die Kommunikation und Zusammenarbeit im Projekt, die als konstruktiv oder destruktiv erlebt werden. Unserer Erfahrung nach erweisen sich viele scheinbare Beziehungskonflikte bei näherem Hinschauen als nicht zufriedenstellend bearbeitete Sachkonflikte.

Beziehungskonflikte können auf ganz unterschiedlichen Auslösern beruhen:

- Sympathie/Antipathie sind meist geprägt von früheren Erlebnissen mit den jeweiligen Kollegen oder mit Menschen, die ihnen ähnlich zu sein scheinen (Projektionen).
- Normen und Regeln bestimmen die Art der Zusammenarbeit. Gerade wenn die Projektbeteiligten aus unterschiedlichen Feldern kommen, haben sie oft unausgesprochen unterschiedliche Vorstellungen, etwa über den Umgang mit Zeit oder Ressourcen.
- Fehlende Anerkennung und Wertschätzung im Projektteam ist einer der häufigsten Gründe für Beziehungskonflikte im Projekt. Regelmäßige Feedback-Gespräche können hier schnell und unkompliziert helfen und zugleich wertvolle Hinweise für den ständigen Verbesserungsprozeß im Projekt geben.

- Auch ethische Grundhaltungen können im Laufe der Projektarbeit zum Konflikt führen. Hier gibt es meist wenig Chancen auf eine Klärung. Toleranz, gegenseitige persönliche und fachliche Akzeptanz können aber den Beteiligten helfen, sofern nicht die Grundwerte der einzelnen Menschen verletzt werden.

Projektteam entwickeln (Abschnitt 29)

Die Bearbeitung von Beziehungskonflikten erfordert soziale Kompetenz, sowohl bei den Konfliktbeteiligten als auch beim Projektleiter oder Prozeßbegleiter. Da die meisten Projektmitarbeiter nicht gewohnt sind, Beziehungskonflikte zu bearbeiten, können derartige Konflikte durch gezielte Teamentwicklung (vgl. Abschnitt 28 „Projektteam entwickeln“) bereits zu Beginn des Projektes entweder vermieden oder erfolgreicher bearbeitet werden.

Scheinkonflikte

Gerade in Projekten ist es nützlich, Scheinkonflikte von realen Sach- oder Beziehungskonflikten zu unterschieden:

- Immer wieder tauchen in der Projektarbeit verschobene Sach- oder Beziehungskonflikte auf, die an anderer Stelle außerhalb des Projekts geklärt werden müssen und deshalb im Projekt nur unzureichend gelöst werden können. Sie erfordern meist einen Projektleiter, der den Blick fürs Ganze behält und die nötige Stabilität besitzt, im Projekt unlösbare Aufgaben an die zuständigen Personen zurückzugeben. Nicht selten werden Projekte eingerichtet, weil Konflikte in der Linie nicht gelöst werden können.
- Eine einfache, jedoch sehr häufig verbreitete Ursache für Konflikte sind Mißverständnisse. Sie sind unkompliziert durch klare Kommunikation zu vermeiden oder zu lösen, zum Beispiel durch aktives Zuhören, Trennen von Wahrnehmungen und Vermutungen, Verstehen der ausgesandten Botschaft usw.), sofern die Projektbeteiligten dazu bereit und fähig sind.

Wozu nutzen Konflikte in Projekten?

Konflikte sind per definitionem weder positiv noch negativ. Sie eröffnen einerseits Chancen und bergen andererseits Risiken in sich. Die Aufgabe des Projektleiters oder Prozeßbegleiters ist es, die im Konflikt innewohnenden Chancen gemeinsam mit dem Team zu erkennen und konstruktiv zu nutzen. Wenn Konflikte erkannt, thematisiert und konstruktiv ausgetragen werden,

- können noch ernstere Konflikte verhindert werden,
- wird Verantwortung an die Stelle zurückgegeben, an die sie gehört (zum Beispiel bei verschobenen Konflikten),

- werden Chancen und Möglichkeiten eröffnet, neue Wege zu erforschen und auszuprobieren,
- wird die Kommunikation im Team verbessert und der Zusammenhalt im Team gefördert,
- wird Energie für die eigentliche Arbeit frei und damit die Leistung und Zufriedenheit der Mitarbeiter gefördert,
- werden Macht und Einfluß ausgeglichen und auf diesem Weg gemeinsam getragene Lösungen erarbeitet,
- können Probleme und Ziele klarer und deutlicher formuliert werden,
- entsteht eine „gute" Projektkultur.

Welche Bedeutung hat die persönliche Einstellung der Projektbeteiligten? Die Fähigkeit, Konflikte wirklich konstruktiv zu nutzen, hängt sehr von der persönlichen Einstellung ab. Die eher traditionelle Sichtweise ist davon überzeugt, daß Konflikte auf jeden Fall zu einer Verschlechterung des Ergebnisses führen, während die interaktive Sichtweise Konflikte als Wegweiser für Verbesserungen betrachtet.

In der nachfolgenden Grafik (vgl. Verma, 1995, S. 89) wird deutlich, daß in der interaktiven Sichtweise die Qualität des Projektergebnisses mit steigendem Konfliktlevel zuerst ansteigt und erst bei sehr hohem Level wieder deutlich sinkt. Werden Konflikte nicht zugelassen oder zu früh abgeblockt, wird am eigentlichen Projektergebnis zu wenig gearbeitet. Ist andererseits ein Projekt ausschließlich damit beschäftigt, Konflikte auszutragen, leidet die Sacharbeit erheblich darunter, und das Projekt kommt zu keinem optimalen sachlichen Ergebnis.

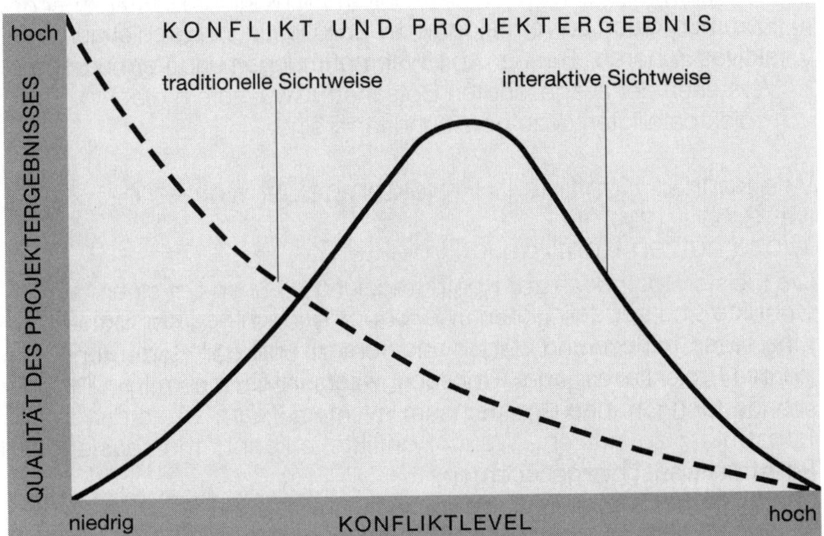

Abb.13: Darstellung eines Konfliktverlaufes nach Starke und Santry (vgl. Verma, 1995)

Ob Konflikte in einem Projekt positiv genutzt werden können, hängt von der Fähigkeit der Teammitglieder im Umgang mit Konflikten ab. Jede Person hat ihre persönlichen Muster, die sie im Elternhaus, in der Schule gelernt und im Erwachsenenalter verfeinert hat: Ob sie Konflikte annimmt oder ihnen ausweicht, ob sie eher sachlich oder emotional reagiert, ob sie kämpft oder schnell nachgibt, hängt weitgehend von diesen Lebenserfahrungen ab. Die persönlichen Muster sind zwar nicht unveränderlich, aber in der zeitlich begrenzten Projektarbeit kaum korrigierbar. Es hängt von der sozialen Kompetenz des Projektleiters oder -begleiters ab, ob und wieweit die bei den Projektmitgliedern vorhandenen Verhaltensalternativen genutzt werden.

Darüber hinaus entwickeln aber Projekte ihr jeweils spezifisches Muster in der Konfliktbewältigung, das heißt, die Projektmitglieder lernen miteinander, in welcher Weise Konflikte in diesem Projekt bearbeitet werden können. Was in dem einen Projekt selbstverständlich ist, kann im anderen Projekt als Katastrophe angesehen werden.

Aber auch Organisationen, in denen Projekte durchgeführt werden, haben ihre eigene Konfliktkultur. Ein typisches Muster ist einerseits das Vertagen von Konflikten im Projekt, verbunden mit der Bitte, das in der Steuerungsgruppe zu entscheiden, oder andererseits die Selbstherrlichkeit von Projekten, die sich um Konflikte in ihrem Umfeld nicht kümmern.

Interkulturelle Projektarbeit (Abschnitt 20)

Schließlich haben weltweit die Kulturen unterschiedliche Einstellungen zu Konflikten entwickelt, was besonders in multikulturell zusammengesetzten Projekten ein hohes Maß an Sensibilität bei der Bearbeitung von Konflikten erfordert (vgl. Abschnitt 20 „Interkulturelle Projektarbeit").

Wie können Konflikte in Projekten gelöst werden?

(vgl. Schulz, 1994)

Die meisten Methoden zur Konfliktregelung beruhen auf einem schrittweisen Vorgehen. Die genauen Inhalte des jeweiligen Konfliktbearbeitungsschrittes hängen dabei von der Art und der Bedeutung des Konfliktes ab. Die folgende Übersicht zeigt Ihnen die einzelnen Prozeßschritte für Sach- und Beziehungsprobleme auf:

Einstieg (ins Thema kommen)

bei Sach- und Beziehungsproblemen:

- Transparenz über die Bedeutung des Konflikts für.... herstellen
- Ziele verabreden.

Konfliktorientierung (Konfliktlandschaft abstecken)

bei Sachproblemen:

- sammeln von Problemen, Themen, Fragen, die konfliktträchtig sind (Gemeinsamkeiten; Unterschiede; Interessen; Sichtweisen; Forderungen)
- Prioritäten setzen

bei Beziehungsproblemen:

- fragen, worum es hier eigentlich geht
- Anliegen klar formulieren, eigene Sichtweisen, Gedanken, Gefühle.... ausdrücken (eigener Anteil am Konflikt; wahrnehmen/vermuten; absichern, ob es stimmt)
- Sichtweisen des Konfliktpartners erfragen (nicht interpretieren!)

Konfliktbearbeitung (Lösungsmöglichkeiten entwickeln, Konsequenzen aufzeigen, Entscheidungen treffen):

bei Sachproblemen:

- über moderierte Sitzungen klären
- Pinnwände mit folgendem Inhalt:

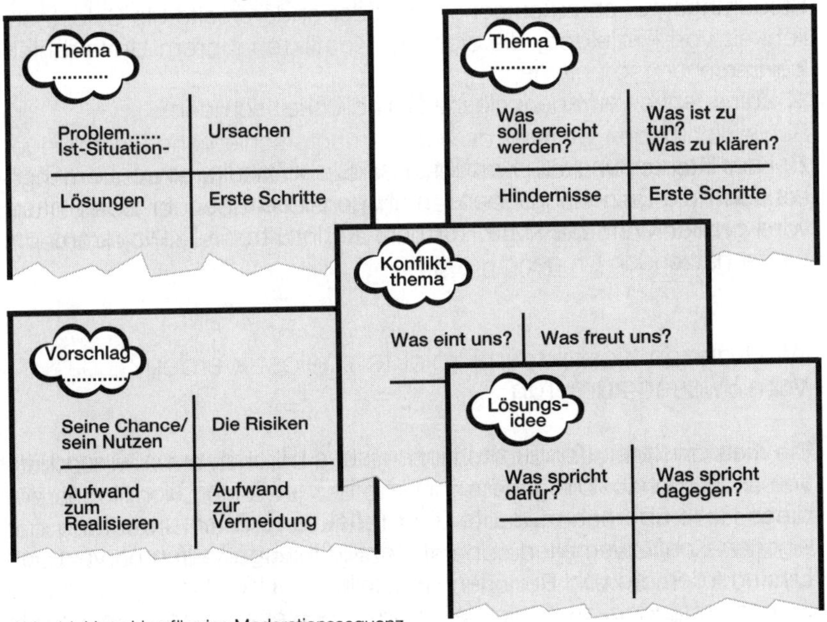

Abb. 14: Vorschlag für eine Moderationssequenz

bei Beziehungsproblemen:

- Klärungen, Lösungen finden (gegenseitige Wünsche und Hintergründe; Formulierung von Anträgen, Forderungen;

Aushandeln von Kompromissen); fragen, woran gute, tragfähige Lösungen erkennbar sind

Integration („Ökocheck"-Akzeptanz)

bei Sach- und Beziehungsproblemen:

- Lösungen möglich machen
(Einwände, Widerstände integrieren; Realisierungschancen und Akzeptanz prüfen und entscheiden; hinterfragen, ob die Ziele erreichbar sind)

Handlungsorientierung (Ergebnisse suchen)

bei Sachproblemen:

- weiteres Vorgehen verabreden; Vereinbarungen treffen (Aktivitäten verabreden)

bei Beziehungsproblemen:

- Vereinbarungen treffen und Umsetzung planen; „Controlling" verabreden

Abschluß (Klärung „rund" machen)

bei Sachproblemen:

- Zufriedenheit erfragen

bei Beziehungsproblemen:

- Zufriedenheit erfragen; eigene Befindlichkeit schildern.

Bei der Bearbeitung von Konflikten ist es notwendig, sowohl die Sach- als auch die Beziehungsebene im Auge zu behalten. In allen Phasen wird großer Wert auf klare Kommunikation, hohe Transparenz und wertschätzenden Umgang gelegt.

Vom Wissen zum Tun

In vielen ernsteren Konfliktsituationen ist es hilfreich, wenn jemand, der vom Konflikt selbst nicht betroffen ist, die Vermittlung übernimmt. Wer diese Rolle übernimmt, sollte über reflektierte Erfahrungen mit dem eigenen Konfliktverhalten und mit Konfliktlösungs-Verfahren verfügen. Das erfordert, sowohl die eigene Einstellung zu Konflikten als auch das Selbstverständnis als Projektleiter oder -begleiter weiterzuentwickeln. Um Konflikte wirklich nutzen zu können, ist es erforderlich, sie zuzulassen und sie weder zu unterdrücken noch sie durch Einsatz der Macht schnell „vom Tisch zu bringen". Ein Projektleiter, der die Gruppe dabei begleitet, ihre Konflikte zu benennen und auszutragen, wird eher die

Rolle eines Moderators oder Prozeßmanagers einnehmen als die eines charismatischen Führers.

Eine klare Konfliktregelung in der Projektarbeit hilft allen Beteiligten und bedeutet ständiges Lernen. Es wird Engagement, Selbstdisziplin und Interesse von allen Seiten gefordert. Da diese Anforderungen meist im Tagesgeschäft untergehen, kann eine regelmäßige Reflexion den Lernprozeß sehr unterstützen. Die Reflexion setzt dann nicht erst in der Phase real existierender Konflikte ein, sondern beginnt bereits in der allerersten Phase der Teambildung. Hier werden bewußt oder unbewußt die wichtigsten Regeln für spätere Zusammenarbeit vereinbart.

Hilfen und Tips im Umgang mit Konflikten

Konfliktprävention durch guten Projektstart

- Zeit nehmen für Teambildung: bei Projekten bis zu 3 Monaten Dauer ca. 10 % der Projektzeit, bei längeren Projekten mindestens 3 Tage
- persönliches Kennenlernen ermöglichen
- Rollen im Projekt klären
- persönliche und fachliche Interessen besprechen
  Spielregeln für Konfliktbehandlung verabreden

Teamentwicklung fördern

- Phasen im Gruppenprozeß beachten
- Zeit für „Atmosphärisches“ nehmen (zum Beispiel: gemeinsam essen, Meilensteine feiern)
- regelmäßige Feedbackrunden im Projekt

Feedback (Abschnitt 39)

Standardfragen zur Konfliktbearbeitung:

- Wer sind die Beteiligten?
- Worum geht es genau?
- Welchen Nutzen kann der Konflikt für das Projekt oder die Organisation haben?
- Was würde im Projekt besser oder effizienter laufen, wenn der Konflikt geklärt wäre?
- Welcher Teil des Konflikts entstammt dem Umfeld des Projekts und sollte dort geklärt werden?

- „Saubere“ Kommunikation im Konfliktgespräch:
- aktiv Zuhören
- Unterschied beachten
  zwischen Wahrnehmen – Vermuten – Reagieren

- verdeckte Kommunikation („Spielchen") vermeiden

Fragen zur Erarbeitung einer Konfliktlösung:

- Welche Vorschläge zur Konfliktlösung gibt es schon? Welche Erfahrungen wurden damit gemacht? Welche Auswirkungen würden sie haben?
- Welcher Zustand soll nach einer Konfliktlösung erreicht sein?
- Wer gewinnt dabei / Wer verliert dabei?
- Welche Kompensation erhält der Verlierer? Ist er damit einverstanden?
- Wer muß diesen Zustand herstellen?
- Wer muß darüber hinaus an der Herstellung dieses Zustands mitwirken?
- Wer muß diesen Zustand dulden? Wie ist dessen Einverständnis dafür zu erlangen?
- Wer muß über die Konfliktlösung informiert sein?
- Was soll geschehen, wenn der Konflikt wieder ausbricht?
- Wie soll bei zukünftigen Konflikten verfahren werden?

Lernen ermöglichen:

- Wissen über Konflikte (Inhalte, Parteien, Gruppendynamik, Konfliktlösungsverfahren) im Projekt zugänglich machen
- Konfliktregelungsmuster im Projekt überprüfen bzw. etablieren
- regelmäßiges Feedback einführen
- regelmäßig Projektverlauf reflektieren
- Fehler als Lernchance verstehen und nutzen (Fehlerkultur)
- Zeit nehmen / einkalkulieren für Konfliktprävention und Konfliktbearbeitung

Konfliktbewußt führen:

Projektteam entwickeln (Abschnitt 29)

- Vorbild sein: Konflikte ansprechen und austragen
- Phasen der Konfliktbearbeitung beachten (siehe Abschnitt 28 „Projektteam entwickeln")
- auf eigene persönliche Weiterentwicklung achten.

Literaturtip: A. Redlich: KonfliktModeration, Hamburg 1998

18 Motivation zur Projektarbeit

Der Erfolg der Projektarbeit ist davon abhängig, daß im Projekt genügend Teammitglieder sind, die darin eine Chance und eine positive Herausforderung sehen.

Projektarbeit ist Arbeit auf Zeit. Das gilt sowohl für Personen, deren Haupttätigkeit darin besteht, in Projekten zu arbeiten (zum Beispiel Unternehmensberater, Architekten, Ingenieure), als auch für Menschen, die für eine bestimmte Zeit aus der Linie in ein Projekt wechseln. Für alle gilt, daß Projekte

- immer wieder neue Aufgaben und Herausforderungen stellen,
- zeitlich begrenzt und damit überschaubar sind,
- mit neuen Menschen in Berührung bringen.

Es gilt aber auch, daß Projekte nur eine Heimat auf Zeit bieten, daß sie zu größerer Unsicherheit führen als die Linienarbeit und daß Erfolg oder Mißerfolg des Projekts Auswirkung auf die berufliche Entwicklung haben können.

Projekte ziehen oft Menschen an, die eher Befriedigung in der Abwechslung als in der Kontinuität finden. Sie sind weniger geeignet für Mitarbeiter, die ein hohes Maß an Sicherheit, Geborgenheit und Routine brauchen. Ob Projektarbeit motivierend wirkt, hängt grundlegend davon ab, ob sie den Lebensmustern des Betroffenen entgegenkommt oder ob sie überwiegend Angst und Unsicherheit auslöst.

Die Abwechslung besteht nicht nur in den neuen Themen und Menschen, denen man in einem Projekt begegnet. Sie bietet darüber hinaus eine Fülle von neuen Anregungen:

- neue Arbeitsformen, die meisten davon mehr an Teamarbeit orientiert, als das im Tagesgeschäft verbreitet ist;
- Lernchancen, entweder im Zuge der Projektarbeit oder durch mit der Projektarbeit verbundene gezielte Weiterbildung (zum Beispiel auch das Lernen von Präsentationen und Überzeugungsarbeit);
- Arbeit an zukunftsweisenden Themen, von denen nicht selten die Existenz des Unternehmens abhängt;
- Führungserfahrung auf Zeit, ob als Leiter oder Projektmitglied.

Die meisten dieser Erfahrungen bieten auch bei der Rückkehr in die Linie wertvolle Fähigkeiten und verbessern damit die beruflichen Chancen. Da dem einzelnen Projektmitglied seitens der Führungsebene größere Aufmerksamkeit zukommt, wird seine persönliche Leistung und seine Fähigkeit, mit Verantwortung und Risiko umzugehen, schneller sichtbar als im Tagesgeschäft; außerdem erhält es einen Informationsvorsprung in zentralen Themen, die das Projekt hervorbringt.

Solche Erfahrungen verbessern die eigene Position im beruflichen Konkurrenzkampf. Deshalb gehört Arbeit in Projekten in manchen größeren Unternehmen zu den unverzichtbaren Qualifikationsschritten in der Personalentwicklung, besonders für Führungspositionen.

Es darf aber nicht verschwiegen werden, daß Projektarbeit auch ihre besonderen Gefahren und Belastungen mit sich bringt:

- Bei zeitaufwendigen Projekten, also solchen, die länger als ein Jahr dauern, geht leicht der Kontakt zur entsendenden Organisationseinheit verloren. („Aus den Augen, aus dem Sinn".) In Unternehmensberatungen sorgt meist ein ausgeklügeltes System von Treffen und Verantwortlichkeiten dafür, daß der innere Zusammenhalt gewahrt bleibt. In der entsendenden Linie ist dafür in der Regel schlechter vorgesorgt.
- Besonders problematisch ist es, wenn die Arbeit im Projekt nicht systematisch Bestandteil des Personalentwicklungs- und Entlohnungskonzeptes ist. In dieser Situation verliert der Fachvorgesetzte seinen Mitarbeiter aus dem Blick, während der Projektleiter nichts für ihn tun kann.
- Projektarbeit verlangt häufig einen größeren Arbeitseinsatz als das Tagesgeschäft. Sie ist vielfach mit mehr Dienstreisen und Überstunden verbunden. Das wirkt sich nicht selten belastend auf das Privatleben aus.
- Fast immer steht Projektarbeit unter Zeitdruck und ist damit streßfördernd.
- Projektarbeit stellt hohe Anforderungen an die Kommunikationsfähigkeit. Zusammenarbeit zwischen Menschen unter Zeit- und Erfolgsdruck erzeugt auch zwischenmenschliche Spannungen, die zeitweise ertragen, aber auch konstruktiv aufgelöst werden müssen.
- In Projekten verdichten sich die Phasen von Euphorie und Depression, je nachdem, ob sich die Projektarbeit positiv entwickelt oder ob sie auf Hindernisse stößt. Sie erfordert deshalb ein höheres Maß an emotionaler Stabilität als der normale Arbeitsalltag.
- Anregend sind besonders die Anfangsphasen eines Projekts, in denen man viel Neues lernen und erleben kann, in denen Kreativität besonders gefragt ist und in denen man schnell vorankommt. Als um so belastender werden dann die späteren Phasen empfunden, in denen es um die Ausarbeitung der Details und die manchmal mühsame Überzeugungsarbeit geht. Trotz ihrer relativen Kürze brauchen Projekte deshalb ein hohes Maß an Geduld und Durchhaltefähigkeit.

Freude und Spaß in der Projektarbeit

Das schnelle Auf und Ab in Projekten führt auch zu schnellen Stimmungswechseln, die meist einen höheren Ausschlag der Stimmungskurve zur Folge haben. Dieses gemeinsame Durchleben von Phasen des Erfolgs und des Mißerfolgs schweißt die Projektmitglieder zusammen und öffnet die Beziehungen untereinander für mehr Emotionalität. Hinzu kommt, daß es in vielen Projekten Arbeitsphasen gibt, die außerhalb des normalen Arbeitskontextes stattfinden, oder Teammitglieder von außerhalb (wie zum Beispiel externe Berater oder andere Standorte) teilnehmen, die ihre Abende also nicht zu Hause verbringen. Abende dienen dann meist nicht nur der Arbeit, sondern erlauben auch mehr informelle Kommunikation als im üblichen Arbeitsrhythmus.

Freude und Spaß sind notwendige Elemente in einem Projekt. Sie fördern die Kreativität und tragen dazu bei, schwierige Projektphasen leichter zu überstehen, für die sie wie ein Krafttank wirken. Das bedeutet nicht, daß in Projekten immer nur gelacht wird und eitel Sonnenschein herrscht. Im Gegenteil: wenn nur gelacht wird, ist das ein deutlicher Hinweis darauf, daß Konflikte und Unbehagen nicht ausgetragen, sondern verdrängt werden. Wird gar nicht gelacht, so leiden darunter meist die Kreativität und die Risikobereitschaft; es entsteht eine Atmosphäre von Schwere, Vorsicht und mangelndem Zusammenhalt. „Gesund" ist ein Projektklima dann, wenn es mit den Höhen und Tiefen des Alltags mitschwingen kann und weder im Übermut noch in der Depression hängenbleibt. Frustrationen sind für das Projekt ebenso wichtig wie Erfolgserlebnisse. Treten sie in einem Projekt nicht auf, hat das meist damit zu tun, daß keine Risiken eingegangen werden, nichts Neues ausprobiert und destruktive Machtverhältnisse nicht thematisiert werden. Das bedeutet, daß sich der Aufwand nicht gelohnt hat, daß man durch die Formen der Tagesarbeit billiger zu den Ergebnissen hätte kommen können.

Die Stimmung im Projekt steht im Zusammenhang mit der wahrgenommenen Komplexität. Während sie zu Beginn meist ausgezeichnet ist und steigt, wenn die Arbeit beginnt, ist es völlig normal, daß sie im

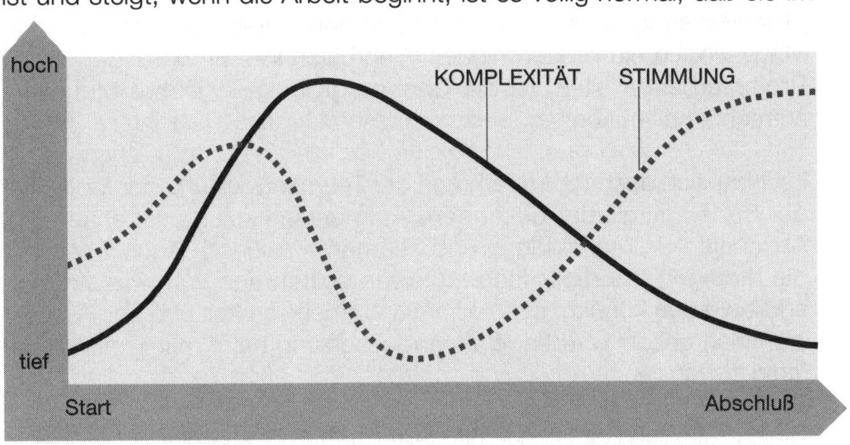

Abb.15: Zusammenhang von Komplexität und Stimmung im Projektverlauf

Zeitverlauf sinkt, wenn die wahrgenommene Komplexität der Aufgabe zunimmt. An diesem Punkt besteht die Gefahr, unbewußt zur Pflege der Stimmung schnelle Lösungen zu haben, die der komplexen Situation doch nicht gerecht werden. Aufgabe des Projektleiters oder Prozeßbegleiters ist es, diese Stimmungsschwankungen auszugleichen.

Für diese emotionale Seite der Projektarbeit müssen Zeit und Raum geschaffen werden. In Projekten, in denen es überhaupt keine Zeit zum Feiern oder zum Austragen von Konflikten und Frustrationen gibt, leidet auch die sachliche Arbeit. Erst Emotionen machen aus einer Summe von Menschen ein Team, das zur Synergie fähig ist. Sie schaffen das Vertrauen, das notwendig ist, um mit Konflikten umgehen zu können und individuelle Unsicherheiten aufzufangen. Gut funktionierende Projekte schaffen so etwas wie Freundschaft auf Zeit. Besonders in großen bürokratischen Organisationen stellen sie auch nach ihrer Beendigung ein informelles Beziehungsnetz dar.

Motivation beeinflussen

Nach der heute gängigen Lehre handelt es sich bei der Motivation um einen inneren Prozeß. Das heißt, Menschen werden nicht motiviert, sie motivieren sich selbst (vgl. Sprenger 1994 u. 1995). Sie reagieren dabei zwar auf äußere Anreize, aber die Umsetzung dieser Anstöße in Energie ist ein Vorgang, der nicht von außen herbeigeführt werden kann.

Das hat zur Folge, daß motivationszerstörende, also lähmende Einflüsse eine größere Rolle spielen als motivationsfördernde. Mit anderen Worten: Es ist leichter, jemanden zu demotivieren als zu motivieren. Viele Menschen gehen aus den oben genannten Gründen mit hoher Motivation in ein Projekt hinein. Wenn sich ihre Erwartungen an die Projektarbeit erfüllen, ist die Chance groß, daß sie ihre Motivation aufrechterhalten können.

Teambildung und -entwicklung (Abschnitt 15)

Es lohnt sich deshalb, im Rahmen der Teamentwicklung der Motivation der Projektmitglieder besondere Aufmerksamkeit zu schenken (vgl. Abschnitt 15 „Teambildung und Teamentwicklung"). Auch wenn sich die Motive als unrealistisch erweisen sollten und vom Projekt nicht erfüllt werden können, sind allein die Aufmerksamkeit und der Respekt, die ihnen gezollt werden, eine Voraussetzung dafür, mit Frustrationen fertig zu werden.

Gleichzeitig müssen sich Projektleiter und Projektbegleiter darüber im klaren sein, daß sie nur Bedingungen fördern können, unter denen sich die Mitarbeiter selbst motivieren. Dazu gehört es, sich mit den persönlichen Konsequenzen, die die Arbeit im Projekt für den einzelnen hat (Familie, Karriere usw.), auseinanderzusetzen, Konflikte und Frustrationen offen und ohne Scheu anzusprechen, aber auch dem Projektmitarbeiter zuzumuten, daß er selbst Verantwortung für sich und seine Arbeit im Projekt übernehmen muß.

19 Würdigung und Wertschätzung

Warum müssen wir uns damit auseinandersetzen?

Alle Projekte antizipieren die Zukunft. Sie sind darauf gerichtet, etwas Neues zu schaffen, ein Problem zu lösen oder etwas Älteres, Schlechteres durch Besseres zu ersetzen. Auch wenn es nicht ausdrücklich ausgesprochen wird: Schon die Formulierung des Projektauftrags enthält eine Kritik am Bestehenden. Das ist in Veränderungsprojekten von besonderer Bedeutung.

Kritik wird oft als Vorwurf und Abwertung empfunden. Tatsächlich äußern sich viele Projektmitglieder gegenüber dem Alten und seinen Repräsentanten häufig abschätzig, so als hätte man schon früher wissen können, daß „das nichts ist". Das trifft nicht nur diejenigen, die für den alten Zustand verantwortlich sind, sondern auch die Personen, die (noch) unter den alten Bedingungen arbeiten. Hier zeigt sich oft ein nur scheinbar erstaunlicher Widerspruch: Die Betroffenen, die selbst Kritik am Bestehenden geäußert haben, beginnen nun, den alten Zustand vehement zu verteidigen, wollen von Bewährtem nicht lassen und leisten aktiven oder – häufiger – passiven Widerstand gegen die Neuerungen. Wie kommt das?

Betroffene sind im allgemeinen gerne bereit, an Neuerungen mitzuarbeiten, um die Dinge abzustellen, die sie selbst als unzureichend empfinden. Dennoch wollen sie nicht rückwirkend für ihre Entscheidungen und Handlungen getadelt werden. Der Ausspruch: „Das Bessere ist der Feind des Guten" charakterisiert diese Situation sehr treffend, denn er stellt fest, daß die Haltung des Neuen gegenüber dem Alten feindselig ist, obgleich das Alte doch „gut" ist – oder zumindest war. Feindseligkeit aber erzeugt Widerstände, die die Projektarbeit selbst genauso behindern wie die Umsetzung der Ergebnisse in die Praxis.

Kritik bezieht sich nicht nur auf die Inhalte der Arbeit, sondern auch auf Arbeitsweisen und Strukturen. Wenn diese verändert werden sollen, wird die Abwehrhaltung oft noch stärker, denn mit ihnen sind bekannte und vertraute Kommunikationsbeziehungen sowie Macht und Einfluß verbunden. Auf dieses Gefühl von Abwertung und Respektlosigkeit ist es zurückzuführen, wenn bei der Vorstellung von Veränderungen meist das Haar in der Suppe gesucht wird, statt die Suppe zu probieren.

Dieser Kampf zwischen dem Alten und dem Neuen eskaliert dann meist, wenn die Vertreter des Neuen vor allem die unhaltbaren Zustände des Alten hervorheben, während die Betroffenen zäh das Vorhandene verteidigen. Reengineering-Projekte, die gedanklich das Alte auslöschen und durch etwas ganz Neues ersetzen, scheitern meist nicht an der Kreativität ihrer Ideen, sondern an diesem Widerstand, den sie selbst bei den Betroffenen erzeugen.

Dabei ist es häufig ganz unnötig, alles Alte in Bausch und Bogen zu verwerfen. Erhaltenswertes aus dem Bisherigen zu übernehmen kann Zeit und Kosten sparen und für die Betroffenen Orientierungspunkte schaffen, an denen sie mit dem Neuen anknüpfen können.

Darüber hinaus tun Projekte gut daran, sich folgende Überlegungen klarzumachen:

- Das Bisherige hat die Wertschöpfung erzielt, aus dem nun die Projektarbeit bezahlt wird. Hätte es keinen Mehrwert gegeben, könnten keine neuen Projekte finanziert werden.
- Das Alte hat seinen Wert schon bewiesen. Das Neue muß erst in der täglichen Praxis beweisen, daß es besser ist.

Nutzen von Würdigung und Wertschätzung für die Projektarbeit

Eine sorgfältige Analyse des Vorhandenen gehört zum Grundverständnis guter Projektarbeit. Es reicht allerdings nicht, nur die Fakten und Strukturen zu erheben, sondern es muß auch der Nutzen, den das Bestehende hat, erfaßt werden. Dabei wird oft übersehen, daß es neben dem Hauptnutzen, der möglicherweise nicht mehr gegeben ist, auch einen oder mehrere Nebenvorteile gibt, die für die Betroffenen durchaus wertvoll sein können.

Leider sind erfahrungsgemäß nicht alle neuen Lösungen besser als die alten. Häufig wird nicht zu Unrecht der Vorwurf erhoben, bei dem Neuen handele es sich um einen Etikettenschwindel, durch den dem Alten lediglich ein neuer Name verliehen wird. Die Würdigung des Vergangenen lenkt die Aufmerksamkeit auf das, was tatsächlich besser wird.

Wenn im Projekt der Nutzen des Alten bekannt und gewürdigt wurde, wird man bestrebt sein, ihn bei neuen Lösungen zu berücksichtigen. Das erhöht die Lösungsqualität und erleichtert die Akzeptanz des Neuen. Dennoch muß häufig dem Neuen bewährtes Altes geopfert werden. Allein die Tatsache, daß bei der Implementierung der Projektergebnisse auf diesen Verlust hingewiesen wird, indem anerkannt wird, daß es sich dabei tatsächlich um einen Verlust handelt, erleichtert den Betroffenen die Übernahme der Projektergebnisse.

Ist einmal diese Bereitschaft bei den Anwendern erzeugt, dann bringen sie auch mehr Verständnis für die unabwendbar einsetzenden Anfangsschwierigkeiten auf, ja, sie sind meist bereit, an der Verbesserung von Lösungen mitzuarbeiten, die sich erst in der praktischen alltäglichen Anwendung zeigen.

Worauf muß ich achten?

Wie „Lob und Tadel" bei der Motivation sind Würdigung und Wertschätzung ein sehr sensibler Vorgang: Sie erfüllen ihre Funktion nur, wenn sie ernst gemeint und ehrlich transportiert werden. Betroffene merken sehr schnell, wenn die Würdigung zur Pflichtübung verkommt, wodurch sie mehr Schaden anrichtet als Nutzen stiftet.

Würdigung setzt immer einen Bewertungsvorgang voraus: Wer würdigt, fällt ein (positives) Werturteil über Verfahren, Ergebnisse – und damit über Menschen. Aber wer hat eigentlich das Recht, solche Urteile auszusprechen? Im allgemeinen nicht die Projektleiter und -mitarbeiter. Sie stehen in keiner Verantwortungsbeziehung zu den Betroffenen. Deshalb wird ihr Urteil eher als überheblich denn als hilfreich empfunden. Ihre Würdigung besteht darin, daß sie den Nutzen, den das Alte gebracht hat, in ihre Lösungen einbeziehen und nicht so tun, als sei alles Bisherige wertlos. Das ist kein Projekttool, sondern es ist eine Haltung des Respekts, die in das Selbstverständnis des Projekts eingeht und damit ebenso wie Logik, Analysefähigkeit, Kreativität und Sachverstand zu den Grundfähigkeiten im Projekt gehört. Sie durchzieht das Projekt von der Zielformulierung bis zur Umsetzung.

In erster Linie sind die Betroffenen selbst, die Führungsebene und gegebenenfalls die Kunden, dazu aufgerufen, über das Bisherige zu urteilen. Da das nicht automatisch geschieht, muß es im Projekt organisiert werden.

Wie kann es ablaufen?

Moderationsmethode (Abschnitt 31)

Schon aus sachlichen Gründen empfiehlt es sich, in die Erhebung des Ist-Zustands die Betroffenen und ihre Führungskräfte einzubeziehen. In dieser Phase ist es ohne großen Mehraufwand möglich, neben der Frage nach dem, was zu verbessern ist, auch nach dem Nutzen des bisherigen Zustands zu fragen. In den meisten Fällen bietet sich dazu die Form der Moderation an (vgl. Abschnitt 31 „Einsatz der Moderationsmethode im Projekt").

Die Frage kann lauten: „Worin bestand der Nutzen des bisherigen ...?" Dabei können je nach Situation unter anderem folgende Aspekte spezifisch angesprochen werden:

- Wirtschaftlichkeit
- Kommunikation
- Arbeits(zeit)gestaltung
- Bequemlichkeit
- Karriere
- Identifikation
- Freude und Spaß.

Diese Frage ist aber nur dann nützlich, wenn das Projekt und auch die Führungskräfte bereit sind, die so gewonnenen Aussagen in das Projekt mit einzubeziehen. Das heißt, daß sie den Nutzen, den sie erhalten, explizit aufzeigen und dort, wo er durch neue Lösungen verlorengeht, einleuchtende Begründungen geben. Diese Konsequenz trägt wesentlich zur Glaubwürdigkeit des Projekts, aber auch der Führungskräfte bei.

Alle Beteiligten müssen sich klar darüber sein – und darüber muß auch offen gesprochen werden –, daß durch das Neue nicht alles besser wird. Wenn ein anerkannter Nutzen verlorengeht, sollte nach Ersatz gesucht werden.

20 Interkulturelle Projektarbeit

Die Globalisierung und Internationalisierung nimmt zu. Sowohl die Märkte der Projekte als auch ihre Mitarbeiter sind in vielen unterschiedlichen Ländern zu finden. Projektleiter müssen immer häufiger multikulturelle Teams leiten, in denen oft auch Kunden mit ihren besonderen Erwartungen und Ansprüchen vertreten sind. In dieser Situation haben sie aber nicht nur das Team zu managen, sondern müssen mit Auftraggebern verhandeln, Informationen für Stakeholder liefern und Politik betreiben. Das ist in vielen Ländern für den Projekterfolg noch entscheidender, als es in unserem Kulturkreis der Fall ist. Oft gelten ganz andere Gesetze von Macht und Einfluß.

Im Gegensatz zu früheren Zeiten des „kolonialistischen" Auftretens von Firmen und des damals vorherrschenden Selbstverständnisses der westlichen Länder wird heute von Kollegen und Kunden zunehmend partnerschaftliche Zusammenarbeit erwartet. Ausländische Unternehmen stehen unter ständig wachsendem internationalen Konkurrenzdruck und müssen sich stärker nach ihren Kunden richten als früher. Diese erwarten, daß ihre Projekte mit absoluter Präzision, höchster Qualität und perfekter Kundenorientierung abgewickelt werden. Das bedeutet unter anderem, sich vor Beginn der internationalen Zusammenarbeit ausreichend zu informieren, zum Beispiel über:

Weiche Faktoren	Harte Daten
■ Geschichte ■ gemeinsame Geschichte mit wem? (z.B. Kolonialherren) ■ Religion ■ Werte ■ Wo steht dieses Land in den kulturellen Dimensionen? ■ Sitten und Gebräuche	■ Bruttosozialprodukt ■ Pro-Kopf-Einkommen ■ Einkommensverteilung ■ gleiche Bedürfnisse wie...? ■ Ressourcen, Rohstoffe ■ techn. Entwicklungsstand ■ öffentliche Infrastruktur: Strom, Straßen, Tel., Wasserqualität ■ Sprache ■ Lage ■ gemeinsame Grenzen mit...?

Bei der gemeinsamen Arbeit in diesen Projekten treten immer wieder kulturelle Differenzen zu Tage, die zur größten Belastung der Zusammenarbeit werden können, bis hin zur Gefährdung des Projekterfolges:

- Sprachliche Barrieren bewirken Nichtverstehen und Mißverständnisse.
- Das Verhalten einzelner Teammitglieder erscheint anderen als unverständlich.
- Gegenseitige Erwartungen werden nicht erfüllt.
- Unterschiedliche Arbeitsmethoden und Vorgehensweisen erschweren die Gestaltung des Arbeitsprozesses.
- Lösungen, die Kollegen aus anderen Kulturen erarbeiten, werden als unangemessen oder sogar falsch empfunden.

Das Fatale daran ist, daß die entstehenden Probleme oft nicht als kulturelle Differenzen wahrgenommen werden. Die Beteiligten entwickeln persönliche Antipathien, weil ihre Partner sich nicht so verhalten, wie sie das erwartet haben.

Eine zusätzliche Herausforderung für international besetzte Projektteams besteht darin, daß es sich oft um „virtuelle Teams" handelt. Sie haben keine organisatorisch gemeinsame Heimat und deshalb wenig Gelegenheit, in persönliche Kontakte zu treten, sondern sind auf die Möglichkeiten und Beschränkungen moderner Kommunikationsmittel begrenzt.

Wie entstehen Probleme in der interkulturellen Arbeit?

Wahrnehmen-vermuten-bewerten/reagieren (Abschnitt 39)

Aus den oben beschriebenen Differenzen (zum Beispiel unterschiedliches Sprachverständnis) entstehen wechselweise Vermutungen zum Verhalten der anderen, die eigene Handlungen auslösen (vgl. Abschnitt 39 „Wahrnehmen-vermuten-bewerten/reagieren").

Die Handlungen des ersten Partners lösen wiederum Vermutungen beim zweiten Partner aus, so daß sich im Lauf einer Sequenz von Kommunikations- und Arbeitsschritten eine Wirklichkeit entwickelt, die ausschließlich durch gegenseitige Annahmen und die darauf folgenden Handlungen entstanden ist. Ein Beispiel möge dies verdeutlichen:

Mißtrauensspirale
(in Anlehnung an das Seminar „Management of Multicultural Projects" der IPMA , Januar 1997)

Deutsche, die mit Franzosen in einem Projekt zusammenarbeiten, vereinbaren, daß jede Gruppe „ein Konzept erarbeitet". Da die Franzosen unter „concept" ein „paar Ideen haben" verstehen, während die Deutschen davon ausgehen, daß sie ein komplett ausgearbeitetes Thesenpapier abliefern sollen, erscheinen beide mit völlig unterschiedlichen Arbeitsergebnissen. Es entsteht ein unausgesprochener Dialog:

F: Sie wollen dominieren. Immer suchen sie ihren Vorteil. Wir müssen aufpassen und erst mal beobachten. (Also sind die Franzosen erst mal still).

D: Zuerst sagen sie „Ja", und dann tun sie doch nicht, was verabredet ist. Wir müssen unsere Vereinbarungen aufschreiben (sie greifen zum Filzstift).

F: Jetzt schreiben sie alles auf, was sie sich ausgedacht haben. Sie wollen also wirklich dominieren. Unsere Meinung interessiert sie nicht. Jetzt sagen wir gar nichts mehr.

D: Jetzt sagen sie wieder zu allem „Ja und Amen", und hinterher tun sie nichts. Sie tun nie das, was sie sagen.
usw.

Dabei wird nur ein Bruchteil der kulturellen Unterschiede von einem Team bewußt wahrgenommen. Offensichtlich gehören dazu Sprache, Kleidung, Brauchtum und Folklore. Unterhalb der Unterschiede, die bewußt registriert werden, gibt es unzählige Kennzeichen, die oft nur sehr vage oder unbewußt wahrgenommen werden, wie zum Beispiel Zeitempfinden, Arbeitseinstellung und -tempo, Lernstil, Bedeutung von Effizienz und die Art, Entscheidungen zu treffen. Die zuletzt genannten Merkmale sind es aber, die am meisten Einfluß auf die Qualität der Zusammenarbeit besitzen.

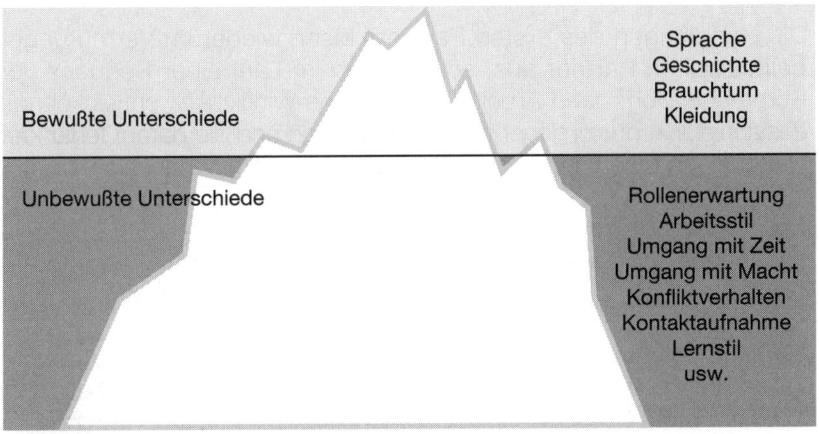

Abb. 16: Eisbergmodell kultureller Merkmale

Der Kern einer Kultur sind ihre Werte. Diese haben je eine positive und eine negative Seite (gut – böse, sauber – schmutzig, logisch – paradox, natürlich – unnatürlich...). Sie werden in früher Kindheit gelernt, sind „Selbstverständlichkeiten" und schwer veränderbar. Sie können nicht diskutiert werden und sind von außen nicht beobachtbar. Auf die möglichen Ausrichtungen von Werten gehen wir hier nicht weiter ein. Bei weitergehendem Interesse finden Sie dazu etwas bei Kluckhohn/Strodtbeck (s. Literaturverzeichnis).

Verletzt jemand Grundwerte der Kultur, werden Gefühle wie Empörung, Wut, Fassungslosigkeit hervorgerufen. Dadurch, daß sie als so selbstverständlich empfunden werden, kommen Menschen oft gar nicht auf die Idee, daß Kulturunterschiede die Ursache sind, und ihnen fehlen die Worte, die Differenzen zu besprechen.

Wie kann interkulturelle Zusammenarbeit unterstützt werden?

Für die interkulturelle Zusammenarbeit gelten die in diesem Buch entwickelten Standards prozeßorientierter Projektarbeit in verstärktem Maß. Zusätzlich erhält der Faktor Teamentwicklung besondere Bedeutung. Beim Einsatz der beschriebenen Methoden und Werkzeuge ist ihre kulturelle Verträglichkeit besonders zu prüfen. Gerade die in Deutschland sehr beliebten Planungsmethoden werden in vielen anderen Ländern als einengend und ineffizient empfunden.

Führung

Zunächst macht sich der Projektleiter oder Prozeßbegleiter Gedanken, wie sich die Eigenheiten und Merkmale der vertretenen Personen und Kulturen im Laufe der Projektarbeit niederschlagen könnten. Nur so kann er den Prozeß aufmerksam und unterstützend steuern. Dazu ist es sinnvoll, sich ausführlich über die vertretenen Nationen und ihre Gepflogenheiten zu informieren.

Ein Grundverständnis der „kulturellen Dimensionen" ist zur Leitung interkultureller Teams unerläßlich. Aus der nachfolgenden Tabelle wird deutlich, daß es besonders empfindliche Instrumente der Führung gibt, bei deren Einsatz besonderes Augenmaß entwickelt werden muß:

- Anerkennung und Belohnung
- Kritik
- Verhandlung und Konfliktregelung
- Gestaltung der Arbeitsprozesse.

Kulturelle Dimensionen beachten

Geert Hofstede (Hofstede, S. 23 – 138) unterscheidet vier Dimensionen kultureller Differenzierung, die dem Projektleiter und seinem Team helfen können, ihre gegenseitige Wahrnehmung zu schärfen:

Machtgefälle

In welchem Maße wird ungleiche Machtverteilung von Personen mit geringerer Macht akzeptiert?

Kleines Machtgefälle	Großes Machtgefälle
Ungleichheit soll minimiert werden.	Ungleichheit als Ordnungsprinzip; jeder hat seinen Platz innerhalb dieser Ordnung und ist dadurch geschützt.
Höhere u. Untergeordnete betrachten sich gegenseitig als gleichwertige Menschen.	Höhere und Untergeordnete betrachten sich gegenseitig als andere Menschen.
Höhere sind erreichbar.	Höhere sind nicht erreichbar.
gleiche Rechte für alle	Höhere besitzen Privilegien.

Unsicherheitsvermeidung

Wird Unsicherheit als Bedrohung empfunden? Wieviel tut eine Kultur dafür, unsichere Situationen zu vermeiden?

Niedrige Unsicherheitsvermeidung	Hohe Unsicherheitsvermeidung
Die dem Leben eigene Unsicherheit wird leicht akzeptiert.	Die dem Leben eigene Unsicherheit wird als ständige Bedrohung empfunden, die bekämpft werden muß.
Harte Arbeit an sich stellt keinen Wert dar.	Harte Arbeit stellt einen eigenständigen Wert dar.
Klassifikation von Schmutz und Gefahr ist beweglich.	Kinder lernen feste Maßstäbe für Schmutz und Gefahr.
Fremde und Fremdes lösen Neugier aus.	Fremde und Fremdes werden als bedrohlich empfunden.
größere Risikobereitschaft	größeres Sicherheitsbedürfnis
so wenig Regeln wie möglich	Es gibt ein Bedürfnis nach Regeln und Struktur.
Kreativität und Innovation	Präzision und Pünktlichkeit

Kollektivismus / Individualismus

Kollektivismus	Individualismus
Identität durch die Zugehörigkeit zu einer Gruppe	Identität ist verankert im Individuum.
Gruppe schützt, fordert dafür Loyalität.	Individuum steht allein und auf eigenen Füßen.
Harmonie ist wichtig, Konfrontation und Konflikt sind unhöflich.	Pflicht, die Wahrheit zu sagen (auch schmerzliche)
bei (bekannt gewordenem) Regelverstoß: Gruppe empfindet Scham.	bei Regelverstoß: Individuum empfindet Schuld.

Femininität / Maskulinität

Femininität	Maskulinität
Geschlechterrollen sind fließend.	strikte Rollentrennung zwischen Mann und Frau
Menschen sind wichtig.	Dinge, Geld und Erfolg sind wichtig.
arbeiten, um zu leben	leben, um zu arbeiten
Sympathie mit den Schwachen, Hervortun wirkt lächerlich.	Bewunderung von Stärke und Erfolg
Konfliktlösung durch Verhandeln und Kompromiß	Konfliktlösung durch Kampf („Möge der Bessere gewinnen")

Besonders sensibel muß in einer fremden Umgebung mit dem eigenen Status als Projektleiter umgegangen werden. Mit wem darf er zum Beispiel sprechen, ohne „unberührbar" zu werden? Mit wem muß er Kontakt haben, um genügend Einfluß zu haben?

Gerade der Projektleiter und der Prozeßbegleiter müssen sich ausführlich mit ihren eigenen kulturellen Prägungen beschäftigen und damit ihre eigenen Barrieren gegenüber anderen Teammitgliedern kennenlernen und reflektieren. Dies gilt auch für Steuerteams und andere Entscheider, damit sie keine Entscheidungen treffen, die im Projekt nicht umgesetzt werden können (z.B. als völlig Fremder in einem kollektivistischen Land innerhalb von zwei Tagen einen Vertrag abzuschließen). Ein gutes Vorbild ist die beste Unterstützung fürs Team.

Teamentwicklung fördern

Projekt starten (Abschnitt 25)

Das wichtigste Medium der interkulturellen Zusammenarbeit ist ein gutes Team. Das muß systematisch entwickelt und gefördert werden. Begonnen wird damit – wie im Abschnitt 25 „Projekt starten" beschrieben – bereits in der Startphase des Projektes und endet mit der Erfahrungssicherung.

Dabei ist es von besonderer Bedeutung, gegenseitiges Vertrauen und Verständnis herzustellen. Ziel muß es sein, die Verschiedenheit der anderen Projektmitglieder zu schätzen und von ihr zu lernen, anstatt sie abzulehnen. Das ist keine leichte Aufgabe und erfordert von den Beteiligten Reflexionsphasen mit einer Menge Selbsterfahrung und Einfühlungsvermögen sowie der Fähigkeit, sich auf andere Kommunikationsformen einzulassen. (Zu kulturellen Unterschieden in der Kommunikation siehe auch Hall, S. 1 – 31.)

Übungen zur Förderung von interkulturellem Verständnis einsetzen

Die Vorbereitung der Teamentwicklung benötigt erheblich mehr Zeit und Aufmerksamkeit, als dies in kulturell homogenen Gruppen der Fall ist (Vorgeschichten, Einstellungen, Erfahrungen, Ziele erfragen). Primäres Ziel ist es, gegenseitiges Verständnis und gegenseitige Wertschätzung zu fördern. Ein Schritt dazu kann es sein, die kulturellen Dimensionen zu zeigen und damit die Kulturunterschiede besprechbar zu machen. Sehr hilfreich ist es, Übungen zur Förderung von interkulturellem Verständnis in diese Phase mit einzubeziehen (siehe Abschnitt 43). Schließlich geht es darum, eine gemeinsame Identität zu schaffen (vgl. Abschnitt 29 „Projektteam entwickeln“), d.h. eine gemeinsame Vision und ein gemeinsames Wertgefühl zumindest in bezug auf die Arbeit.

Übungen (Abschnitt 43)
Projektteam entwickeln (Abschnitt 29)

Literaturtip: Hofstede: Interkulturelle Zusammenarbeit

21 Projektorganisation: Rollen, Funktionen und Selbstverständnis der Beteiligten

Ein wesentlicher Erfolgsfaktor der Projektarbeit ist ihre Organisation. Sie definiert die Rollen und Verantwortlichkeiten der beteiligten Personen innerhalb des Projektteams in Relation zu seinem Umfeld (Linie, Auftraggeber, Entscheidungsgremium).

In vielen Unternehmen ist die Projektorganisation vor allem bei organisationsinternen Projekten „unglücklich“ oder nicht zielgerichtet gestaltet. Ständige Konflikte und oft sogar ein Scheitern der Implementierung sind die Folge.

Anforderungen an die Projektorganisation

Projekte werden von der Linienorganisation tendenziell als Störfaktor erlebt, denn sie entziehen Aufgaben und Personen zeitweise dem Einfluß der zuständigen Organisationseinheiten und ihrer Vorgesetzter. Diese latente Konfliktbeziehung verschärft sich noch, wenn in Projekten Lösungen erarbeitet werden, die die zukünftige Entwicklung des Unternehmens nachhaltig beeinflussen.

Die Organisation des Projekts muß Antworten auf folgende Anforderungen geben:

- Verfügt das Projektteam über die nötige Fach- und Sozialkompetenz, um den fachlichen und organisatorischen Anforderungen des Projektauftrags gerecht zu werden?
  Sollen sie gegebenenfalls durch externe Fachleute ergänzt werden?
- Kann das Know-how der Projektbeteiligten optimal im Sinne der zu erzielenden Lösungen einfließen?
  Sind Rollen, Verantwortung und Zusammenarbeit geregelt?

- Verfügt das Projektteam über den notwendigen Handlungsspielraum, um die benötigten Lösungen zu erarbeiten und zu implementieren?
- Sind die von den Ergebnissen betroffenen Personen oder Organisationseinheiten selbst oder über Vertreter an Projektentscheidungen angemessen beteiligt?
  Sind die Zwischen- und Endnutzer so einbezogen, daß sie objektiv mit der neuen Lösung eine Wertschöpfung erhalten und diese auch erkennen?
- Sind die Nahtstellen zur bestehenden Linienorganisation definiert, z.B. bereits im Vorfeld solche Fragen wie „Wer hat welchen Entscheidungsspielraum, und wer muß in welche Entscheidung einbezogen werden?“ (vgl. Abschnitt 22 „Entscheider: Rolle, Funktion und Selbstverständnis“).
  Sind die Machtstrukturen der Linienorganisation so eingebunden, daß Konflikte innerhalb der Projektorganisation ausgetragen werden können?
- Und besonders schwierig: Sind die Machtverhältnisse vorübergehend so geordnet, daß das beabsichtigte Ziel (zum Beispiel eine Strukturveränderung der Organisation) überhaupt erreicht werden kann, ohne schon in der Phase der Projektarbeit an den bestehenden Strukturen und der dazugehörigen Machtpolitik zu scheitern (vgl. Abschnitt 23 „Macht und Politik“)?

Entscheider im Projekt (Abschnitt 22)

Macht und Politik (Abschnitt 23)

Klare Organisationsstrukturen erleichtern nicht nur die Arbeit im Projekt, sie sind auch eine Voraussetzung für eine erfolgreiche Implementierung der Projektergebnisse, da die unterschiedlichen Interessenlagen und die zu erwartenden Widerstände frühzeitig in die Projektarbeit einbezogen werden.

Formen der Projektorganisation

Die ideale Organisationsform für Projekte gibt es nicht. Sie ist immer abhängig von der Zielsetzung, dem Kontext und der Kultur der Mutterorganisation.

Nachfolgend zeigen wir drei Möglichkeiten der Projektorganisation mit ihren Vor- und Nachteilen. In der Praxis findet man meistens Mischformen, die in jedem Unternehmen etwas anders gestaltet sind.

Reine Projektorganisation

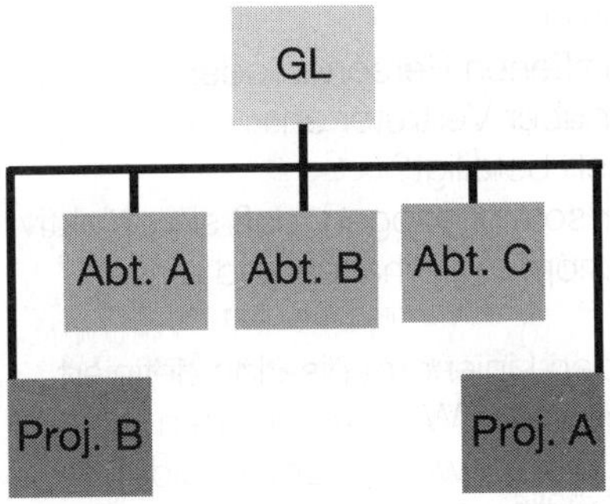

Kennzeichen

- Projektleiter ist allein verantwortlich und weisungsbefugt
- Mitarbeiter arbeiten ausschließlich im Projekt
- Wie Linienarbeit, aber zeitlich befristet Volle ausschließliche Konzentration auf Projektziele

Vorteile

- Hohe Identifikation mit dem Projekt
- Straffe Führung möglich
- Kurze Entscheidungswege

Nachteile

- Bereitstellung der erforderlichen Ressourcen muß erkämpft werden
- Wiedereingliederung in Linie oft schwierig
- Gefahr, die Linie zuwenig einzubinden; Inseldasein

Matrix-Projektorganisation

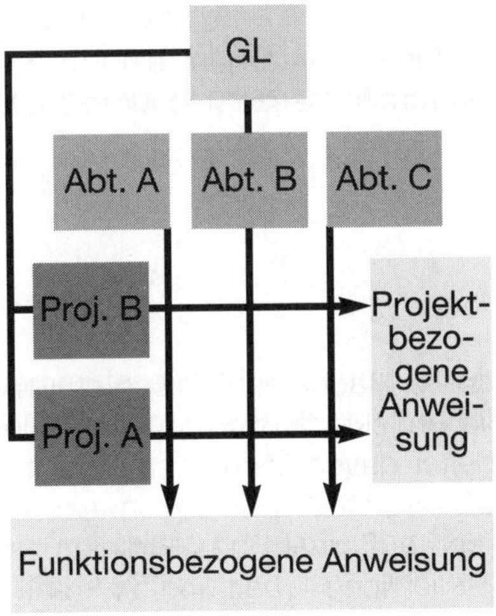

Kennzeichen

- Jede Organisationseinheit ist einer Abteilung und einem Projektleiter unterstellt
- PL hat projektbezogenes Weisungsrecht
- Projektteam ist planungs- und überwachungsorientiert
- Abteilung ist durchführungsorientiert

Vorteile

- PL und Linienvorgesetzte fühlen sich verantwortlich
- Flexibler Personaleinsatz
- Abteilungswissen wird erhalten und weiterentwickelt

Nachteile

- Hohes Konfliktpotential
- Loyalitätsprobleme
- Kompetenzgerangel
- Hohe Anforderungen an Kommunikations- und Informationsbereitschaft

Einfluß-Projektorganisation

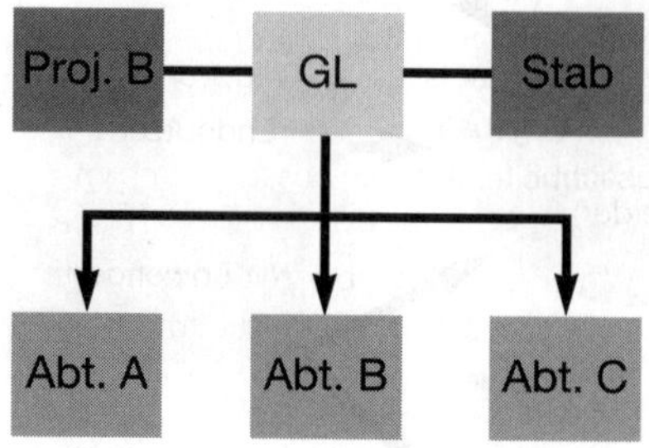

Kennzeichen

- PL hat nur Informations- und Beratungsbefugnis, keine Weisungs- und Entscheidungsbefugnis
- Projektverantwortung bzgl. Zeit, Kosten und Ziel bei Fachabteilung
- PL verantwortlich für Information und Güte der vorgeschlagenen Maßnahmen

Vorteile

- Flexibler Personaleinsatz
- Sammlung und Austausch von Projekterfahrung ist einfach
- Keine eigene Organisation notwendig

Nachteile

- Gefahr, daß sich niemand wirklich verantwortlich fühlt
- Konflikte haben keine Eskalationsebene
- PL hat keine Machtbefugnis und muß ausschließlich mit Überzeugung arbeiten
- Viel Politik erforderlich

Entscheidend für das Funktionieren der Projektorganisationen ist jedoch nicht nur ihre Einordnung in das „große Ganze", sondern auch die interne Gestaltung ihrer Rollen und Gremien.

Rollen und Gremien im Projekt

Eine klare Struktur und damit geordnete Machtverhältnisse stellen den sicheren Boden dar, auf dem die Projektarbeit ruhen kann. Sie entlasten die einzelnen Projektmitarbeiter davon, sich ihren Platz im Projekt ständig neu zu erkämpfen, und sie befreien sie davon, sich in ihrer Arbeit an den Machtverhältnissen außerhalb des Projekts zu orientieren. So werden sie frei für ihre sachliche Arbeit und für kreative Lösungen und erfüllen damit die Aufgaben, für die das Projekt gegründet wurde. Eine klare Struktur, verbunden mit einer geschriebenen oder ungeschriebenen Geschäftsordnung, sind die Voraussetzung dafür, daß zwischen den Projektbeteiligten Vertrauen entstehen kann.

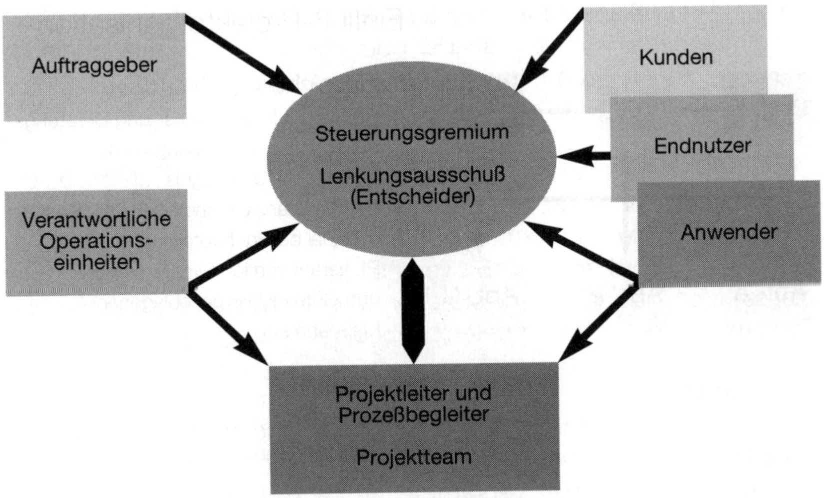

Abb. 17: Beispiel einer Organisationsstruktur im Projekt

Beim Entwurf einer geeigneten Projektorganisation sollte geklärt werden, wie die unterschiedlichen Interessengruppen an der Arbeit zu beteiligen sind.

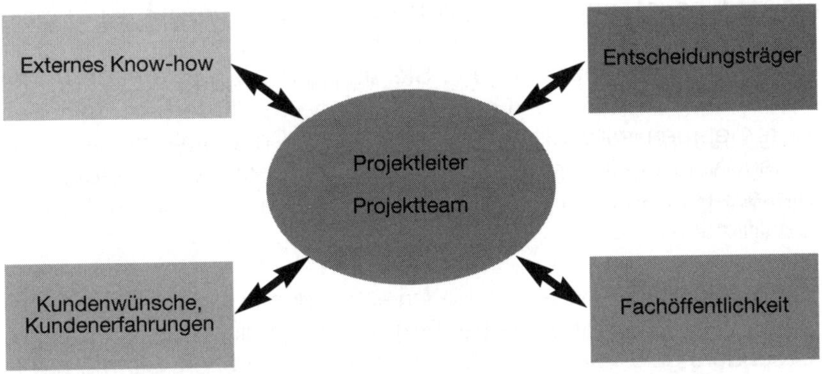

Abb. 18: Orientierungsbereiche für das Projektteam

Projektteam

In unternehmensinternen Projekten rekrutiert sich das Projektteam meist aus den Organisationseinheiten, die für das Projekt verantwortlich sind oder unmittelbaren Nutzen davon haben. Das Team der Projektmitarbeiter kann ergänzt werden durch dauerhaft mitarbeitende Experten von außen (zum Beispiel Mitarbeiter von Softwarefirmen), die eingebunden werden, weil es entweder an entsprechendem Know-how oder an Arbeitskapazität im Unternehmen fehlt. Sie alle vertreten Fachaspekte, die unverzichtbar für die Erarbeitung von Lösungen sind.

Keiner dieser Aspekte ist wichtiger als der andere, folglich ist kein Teammitarbeiter wichtiger als der oder die andere. Die hierarchische Stellung, die ein Teammitarbeiter in der Linienorganisation einnimmt, spielt für die Arbeit im Team keine Rolle.

Teambildung und -entwicklung (Abschnitt 15)

Die Qualität der Projektergebnisse hängt nicht nur vom Fachwissen der Teammitarbeiter ab, sondern vor allem davon, ob ein ganzheitliches Ergebnis zustande kommt, das mehr ist als die Summe von Einzelbeiträgen (vgl. Abschnitt 15 „Teambildung und -entwicklung"). Um dieses „Mehr" zu erreichen, ist neben einer fachlichen Kompetenz aller Teammitglieder Sozialkompetenz unbedingt notwendig.

Projektleiter

Führung im Projekt (Abschnitt 16)

Im allgemeinen steht der Projektleiter fest, bevor das Projektteam gebildet wird. Er muß nicht der beste Fachmann im Projekt sein – was bei der Vielfalt des hier versammelten Fachwissens auch gar nicht möglich wäre. Er muß aber genügend von dem Auftrag verstehen, um erkennen zu können, welches Know-how im Team gebraucht wird. Darüber hinaus muß er über Führungsqualitäten verfügen, die ihn befähigen, eine heterogene Gruppe von häufig sehr individualistischen Persönlichkeiten zu führen (vgl. Abschnitt 16 „Führung im Projekt").

Es gibt hauptamtliche Projektleiter, die von Projekt zu Projekt wandern (zum Beispiel im Baubereich, in Softwareunternehmen oder in Unternehmensberatungen). Sie sind durch Erfahrung und/oder Ausbildung besonders für diese Aufgabe qualifiziert. In manchen Unternehmen wird die Übernahme einer Projektleitung auch als Personalentwicklungsmaßnahme für Führungskräfte eingesetzt. Bei diesem Personenkreis ist jedoch besonders auf eine zusätzliche Qualifikation zu achten.

Macht und Politik im Projekt (Abschnitt 23)

Ein Projektleiter ist oft eng an die ihn entsendende Organisationseinheit gebunden (Ausnahme: reine Projektorganisation). Er ist deshalb besonders gefährdet durch Machteingriffe von außen, die mehr den singulären Interessen dienen als dem Projekt. Außerdem besteht die Gefahr, Parteilichkeit und Interessenkollision zwischen dem Projektauftrag und seiner Herkunftsorganisation vorgeworfen zu bekommen. Dem kann man nur durch eine offene Informationspolitik und durch die Bereitschaft, eventuell auftretende Konflikte auszutragen, begegnen.

Der Projektleiter organisiert die Zusammenarbeit im Team, sorgt für die Bereitstellung der notwendigen Ressourcen und achtet darauf, daß die Regeln der Projektarbeit eingehalten werden. In manchen Projekten ist der Projektleiter auch Träger eines spezifischen, für das Projekt notwendigen Know-hows. Er muß deshalb sorgfältig unterscheiden, in welchen Situationen er gleichberechtigtes Teammitglied ist und wann er von seiner Organisations- und Entscheidungsbefugnis Gebrauch macht.

Er trägt nach außen die Verantwortung für die Arbeitsergebnisse des Teams. Er kann die Teilnahme an Entscheidungs- und Informationsveranstaltungen an Teammitglieder delegieren, er bleibt aber letztverantwortlich für die Ergebnisse.

Großprojekte werden häufig in Teilprojekte mit jeweils eigenem Projektleiter untergliedert. Für diese „Unterleiter" gilt sinngemäß das gleiche. Der Hauptprojektleiter hat dann in stärkerem Maße Koordinationsaufgaben. Er muß vor allem darauf achten, daß die Teilprojekte kein Eigenleben entwickeln, sondern sich im Rahmen des Gesamtprojekts bewegen.

Entscheidungsträger

Eine sinnvolle Unterstützung der Projektarbeit durch die unterschiedlichen Interessengruppen kann nur zustande kommen, wenn es eine Projektorganisation gibt, in der die Machtpositionen der Linienorganisation(en) repräsentiert sind. Dazu gehören:

- Auftraggeber
- verantwortliche Organisationseinheiten
- Anwender bzw. Endnutzer.
  (Vgl. Abschnitt 22 „Entscheider: Rolle, Funktion und Selbstverständnis".)

Entscheider (Abschnitt 22)

Sie sind verantwortlich dafür, daß die jeweiligen Interessen in die Projektentscheidungen eingehen und daß Interessenunterschiede verbindlich ausgetragen werden. Je nach Projektgröße und Projektkultur kann das ein einzelnes Gremium sein, zum Beispiel ein Lenkungsausschuß. Die Funktionen können aber auch auf mehrere, miteinander vernetzte Gremien verteilt sein. Auf jeden Fall sollte ihr Entscheidungsspielraum klar definiert sein. Die Mitglieder müssen innerhalb dieses Rahmens in ihren Entscheidungen autonom sein, die Verantwortung liegt beim Gremium insgesamt. Dazu sollten Regeln für das verbindliche Treffen von Entscheidungen (zum Beispiel mehrheitlich oder im Konsens) sowie für die Formen der Konfliktaustragung vereinbart sein.

Diese Entscheidergremien (zum Beispiel Lenkungsausschuß oder Steuerungsgruppe) tagen regelmäßig oder fallweise. Ihre Aufgabe ist es,

- die Bereitstellung der Ressourcen für das Projekt (Personal und Finanzmittel) zu ermöglichen,
- auf die auftragsgemäße Durchführung des Projekts zu achten,

- gegebenenfalls Korrekturen am Auftrag vorzunehmen,
- ihre jeweiligen Interessenpositionen einzubringen,
- Interessenkonflikte verbindlich auszutragen,
- Zwischen- und Endergebnisse des Projekts abzunehmen.

Fachöffentlichkeit

Auftraggeber, Anwender und Endnutzer können erwarten, daß sich das Projekt inhaltlich und methodisch auf dem neuesten Stand der Erkenntnis und Erfahrung befindet. Das bedeutet für alle Teammitglieder die Verpflichtung, sich über die Entwicklungen in ihrem Fachgebiet auf dem laufenden zu halten. Vor allem bei länger dauernden Projekten muß ihnen Zeit für diese Weiterbildung eingeräumt werden.

Für den Projektleiter heißt das darüber hinaus, das Projekt an diesem Standard auszurichten und diese Forderung nicht nur an die Projektmitglieder zu richten, er muß auch die Entscheidungsgremien über den „state of the art“ unterrichten und dafür sorgen, daß er zum Maßstab für Entscheidungen gemacht wird. Schließlich muß er bei der Auswahl von Externen darauf achten, daß sie diese Anforderung erfüllen.

Kunden und Anwender

Als letztes Glied der Wertschöpfungskette entscheiden sie letztlich, ob das Projekt erfolgreich ist. Ihre Wünsche und Erfahrungen sind nicht nur ständiges Korrektiv für die Projektarbeit, sie sollten auch explizit in das Projektgeschehen einbezogen werden. Ihre Erfahrungen stellen ein Wissenspotential dar, auf das Projekte nicht verzichten sollten.

Kundenorientierung (Abschnitt 3)

Je nach Projekt sind die Kunden bekannt oder anonym. Entsprechend fällt die Methodenwahl zur Einbindung aus. Sie kann von der Simulation bis zu regelmäßigen Informationsveranstaltungen reichen (vgl. Abschnitte 3 „Kundenorientierung im Projekt“ und 37 „Simulationen“).

Simulationen (Abschnitt 37)

Träger externen Know-hows

Viele Projekte benötigen fallweise zusätzlich zu dem Fachwissen, über das seine Mitglieder verfügen, weitere Beratung, die sie sich von außen besorgen können, z.B.:

- Arbeitsverfahren, die ihnen fehlen;
- Expertisen über Problemsituationen oder zukünftige Trends (zum Beispiel Technologie- oder Marktentwicklungen);
- Hilfe bei Organisation und Durchführung von Projekten;
- Begleitung des Projektprozesses (vgl. Abschnitt 9 „Prozeßbegleitung und -beratung“).

Prozeßbegleitung (Abschnitt 9)

Sofern dieses Know-how nicht anderweitig eingebracht werden kann, müssen Externe als Experten in das Projektteam eingebunden werden.

Das heißt, daß sie eine offizielle Funktion in der Prozeßorganisation bekommen, die es ihnen erlaubt, ihre Kompetenz einzubringen und mit den Projektmitgliedern zu kommunizieren. Sie bewegen sich dabei innerhalb des Auftrags und der Organisationsregeln des Projekts, sie sind also an die Kommunikations- und Entscheidungswege des Projekts gebunden und können sie nur, falls diese sich als unzulänglich erweisen, mit den Zuständigen im Projekt gemeinsam ändern.

Ihre Loyalität gilt in dieser Funktion in erster Linie dem Projekt. Das macht bei manchen Externen Schwierigkeiten, da sie, um den Ruf ihres Beratungsunternehmens zu erhalten oder zu stärken, einen bestimmten Standard einhalten müssen. Darüber hinaus sind viele Beratungsunternehmen daran interessiert, Projekte, in denen sie mitarbeiten, als Vorzeigeprojekte für ihre Akquisition zu nutzen. Das kann zur Folge haben, daß sie sich in die Projektarbeit stärker einmischen, als ihrem Auftrag entspricht. Derartige Konflikte müssen – wie alle Loyalitätskonflikte – im Team offen ausgetragen werden.

Nimmt ihre Aufgabe einen projektprägenden Umfang ein – wie das gelegentlich bei großen Beratungsunternehmen in Reorganisations- und Veränderungsprojekten passiert –, so muß die Beratungsfirma auch mit einem eigenen Vertreter in dem Entscheidungsgremium repräsentiert sein, damit sich der Experte im Projekt voll seinen Aufgaben widmen kann und nicht von Machtkonflikten gestört wird.

Eine Sonderrolle nehmen die Prozeßbegleiter ein. Ihre Aufgabe ist es, die Projektorganisation in ihrer Zusammenarbeit und Zielgerichtetheit zu unterstützen. Deshalb begleiten diese Experten das Projekt häufig über die gesamte Projektdauer, aber immer nur zu vereinbarten Zeitpunkten. Sie sind keine Angehörigen einer der Teilgliederungen des Projekts.

Prozeßbegleitung (Abschnitt 9)

Die Aufgabe des Prozeßbegleiters besteht sehr häufig darin, auf mögliche oder tatsächliche Konflikte aufmerksam zu machen und bei ihrer Bearbeitung zu helfen. Diese Begleitung sollte sich daher auch nicht auf das Projektteam beschränken, sondern alle Teilgliederungen und die Konflikte zwischen ihnen einschließen. Dazu müssen Prozeßbegleiter strikt neutral bleiben und die Vertraulichkeit auch innerhalb der Projektorganisation wahren. Sie sind der Aufgabe des Projekts, nicht aber einzelnen Personen oder Gruppen verpflichtet. Nur so können sie auf die Einhaltung des Gleichgewichts achten („gerichtete Parteilichkeit“).

Über die jeweilige konkrete Aufgabe innerhalb des Projekts hinaus haben Experten auch die Pflicht, aus ihrer Sicht auf Fehlentwicklungen im Projekt hinzuweisen. Als Außenstehende haben sie häufig einen besseren Überblick als die Projektbeteiligten. Sie ähneln damit der Rolle des Narren an den Fürstenhöfen. Mit ihnen gemeinsam haben sie, daß sie selbst über keine Macht verfügen, die Mängel abzustellen. Das ist Sache der Projektmitarbeiter und -verantwortlichen.

Geschäftsordnung

Um die Kommunikation und Entscheidungsfindung innerhalb der Projektarbeit zu regeln, sollte es für alle beteiligten Instanzen so etwas wie eine – geschriebene oder ungeschriebene – Geschäftsordnung geben, die Vereinbarungen darüber enthält,

- wie Entscheidungen zustande kommen,
- wie Konflikte legitim ausgetragen werden können,
- wer das Projekt nach außen vertritt,
- welche Informationen nach außen getragen werden dürfen und wer dazu wem gegenüber berechtigt ist.

22 Entscheider: Rolle, Funktion und Selbstverständnis

Worum geht es bei diesem Thema?

Rolle der Entscheider

In Projekten werden ständig Entscheidungen getroffen. Ein Teil von ihnen, nämlich solche, die

- Ziele und Rahmenbedingungen,
- Auftragsklärung und -verfeinerung,
- grundsätzliche Weichenstellungen,
- „Go-“ oder „No-Go“-Entscheidungen und
- die Freigabe zur Umsetzung

betreffen, werden entweder von Entscheidungsgremien im Projekt (zum Beispiel der Steuerungsgruppe oder dem Lenkungsausschuß) oder von übergeordneten Entscheidern der Linie getroffen. Sie sind damit in der Regel sowohl Bestandteil der normalen Linien- wie auch der Projektorganisation. Diese Doppelfunktion kennzeichnet ihre besondere Position und weist gleichzeitig auf mögliche Konflikte hin (vgl. Abschnitt 21 „Projektorganisation: Rollen, Funktionen und Selbstverständnis der Beteiligten“).

Projektorganisation (Abschnitt 21)

In ihren Entscheidungen innerhalb des Gremiums sind sie an keine Aufträge von außen gebunden. Wenn sie mit voller Entscheidungskompetenz ausgestattet sind, spielt ihre hierarchische Position in der Linienorganisation keine Rolle. Sie tragen die im Gremium getroffenen Entscheidungen mit. Um dies tun zu können, müssen alle Gremienmitglieder darauf achten, daß die vereinbarten Regeln der Entscheidungsfindung (in den meisten Fällen Konsensentscheidungen) und der Information darüber eingehalten werden.

Herausforderungen im Entscheidungsprozeß

In nicht ausschließlich projektorientierten Unternehmen (reine Projektorganisation) kommen Entscheider, die in den Führungsgremien eines Projekts arbeiten oder aus ihrer hierarchischen Position heraus über das Projekt bestimmen, meist aus den Funktionsbereichen, die an dem Projekt beteiligt oder von seinen Ergebnissen betroffen sind. Besonders in organisationsinternen Veränderungsprojekten sind sie oft Bestandteil des Themas, das von dem Projekt bearbeitet und gelöst werden soll. Deshalb tragen sie auch die Verantwortung für die Durchführung des Projekts oder für die Umsetzung der Ergebnisse.

Im Laufe der konkreten Arbeit geraten diese Funktionen oft in eine „Zwickmühle“: Die Diagnose zeigt Schwächen in ihrem bestehenden Arbeitsfeld auf, und anschließend werden Lösungen erarbeitet, die zwar für das gesamte Unternehmen von Vorteil sind, den Einflußbereich des Entscheiders aber beschneiden. Das verleitet leicht dazu, die eigene Machtposition auszunutzen und direkt in das Projekt einzugreifen, indem nicht nur die Lösungsrichtung und die Rahmenbedingungen, sondern konkrete Problemlösungen vorgegeben werden. Der unmittelbare Eingriff der Entscheider in die Projektarbeit nimmt dem Projekt seinen entscheidenden Vorteil: losgelöst von den Linienabhängigkeiten Lösungen zu erarbeiten, die den verschiedenen Sach- und Machtinteressen genügen.

Die Frage, welchen Spielraum die Entscheider dem Projekt zugestehen, wird oft zum Stolperstein. Sie möchten gerne ihre praktischen Erfahrungen einbringen können und anerkannt wissen. In ihren Köpfen entstehen konkrete Bilder über die zukünftige Realität, die sie in den Problemlösungen wiederfinden wollen. Während diese Fachkompetenz in manchen Fällen ein nützliches Korrektiv ist, bleiben, wenn die Entscheider nur sporadisch an dem Erkenntnisprozeß beteiligt sind, ihre Beiträge eher bruchstückhaft und zusammenhanglos. Wenn diese dann mit Machtkompetenz eingebracht werden, blockieren sie den Projektprozeß mehr, als sie ihm helfen.

Konflikte (Abschnitt 17)

Umfeldanalyse (Abschnitt 32)

Macht und Politik (Abschnitt 23)

Verwirrung entsteht darüber hinaus, wenn in den Steuerungsgremien des Projekts Revierkämpfe ausgetragen werden, die eigentlich nur auf der höheren Hierarchieebene gelöst werden können. Es ist deshalb notwendig zu klären, wo welche Entscheidungen – notfalls auch außerhalb des Projekts – getroffen werden können und müssen. (Siehe auch Abschnitte 17 „Konflikte im Projekt", 32 „Umfeldanalyse" und 23 „Macht und Politik".)

Es gibt aber auch das Phänomen, daß die Entscheider das Problem delegieren, um sich nicht mehr darum kümmern zu müssen, vielleicht um den Kopf für andere Aufgaben frei zu haben. Hier besteht die Gefahr, zuviel Verantwortung auf das Projekt zu übertragen und damit dessen Scheitern sicherzustellen. In diesem Fall wäre eine Einmischung der Entscheider Teil des erforderlichen Engagements. Das vollständige Fehlen von Interventionen wäre also bedenklicher, als wenn sie sich zu häufig einschalteten.

Tatsächlich ist es notwendig, das Problem zu delegieren und die Problemlösung offenzulassen. Das erfordert von den Entscheidern ein hohes Maß an Fingerspitzengefühl, die Bereitschaft, Unsicherheit auszuhalten und Vertrauen in den Prozeß zu entwickeln. Die Entscheider müssen dafür sorgen, daß sie diese Lücke (in der Fachsprache „kognitive Dissonanz" genannt) zulassen, und sie tragen die Verantwortung dafür, daß Klarheit darüber herrscht, worüber sie informiert sein wollen, in welcher Weise sie eingebunden werden möchten und wie die Entscheidungsprozesse laufen sollen.

Die Zusammenarbeit zwischen Projektteam und Entscheidern

In vielen, vor allem organisationsinternen Projekten ist die Zusammenarbeit und die Verantwortung zwischen dem Team und seinen Entscheidern überhaupt nicht oder nur unzureichend geklärt. Immer wieder ist Hauptzweck der Präsentation beim Lenkungsausschuß, sich als Projekt so gut wie möglich darzustellen und über vorhandene Probleme Stillschweigen zu bewahren. In einer solchen „Kultur" ist die gewünschte Synergie nicht zu erreichen. Die Funktion, das Wissen und die Kompetenz der Entscheider für den Fortschritt zu nutzen, kann dann nicht erfüllt werden.

Die Zusammenarbeit in einem Projekt sollte ein partnerschaftlicher Prozeß sein, auch zwischen Projektmitarbeitern und Entscheidern, denn jede Seite ist ohne die andere funktionsunfähig. Sie ist ein Lernprozeß, den beide Seiten durchlaufen. Er muß offen sein für Experimente, für Fehler und für Feedback. Aufgabe der Entscheider ist es, diesen Prozeß eher zu coachen als zu steuern.

Vertrauen setzt Gegenseitigkeit voraus: Wenn die Entscheider von ihren direkten Eingriffen loslassen sollen, muß sich das Projekt dieses Vertrauens auch würdig erweisen, es muß also glaubhaft machen, daß sich das Problem bei dem Projekt in guten Händen befindet. Dafür kann auch das Projekt einiges tun:

Zunächst geht es um die Einstellung der Projektmitarbeiter gegenüber den Entscheidern und ihren Entscheidungen. Wenn deren Impulse nicht als Kritik, Mißtrauen oder Machtspiele, sondern als der Wunsch verstanden werden, dem Projekt zum Erfolg zu verhelfen, dann kann den Zielen leichter gefolgt, können Ideen aufgegriffen werden, aber es kann auch die unberechtigte Einmischung selbstbewußt zurückgewiesen werden.

Vor diesem Hintergrund des Respekts vor- und des Vertrauens zueinander kann eine partnerschaftliche Zusammenarbeit auch praktisch entstehen, indem das Projektteam nicht nur über (Zwischen-) Ergebnisse, sondern auch über den Projektprozeß informiert, für den es verantwortlich ist. Gerade wenn sich die Projektarbeit an den vier Grundprozessen, die zu Beginn dieses Buches beschrieben sind (vgl. Abschnitt 5 „Systemisch-ganzheitlicher Projektansatz"), orientiert, können die Entscheider auch Vertrauen in einen professionellen Projektverlauf entwickeln und fühlen sich weniger bemüßigt, sich in Einzelheiten einzumischen.

Systemisch-ganzheitlicher Projektansatz (Abschnitt 5)

Worauf ist zu achten?

Die Projektkultur unterscheidet sich von der Unternehmenskultur, aber sie ist nicht völlig unabhängig von ihr. In einer stark hierarchisch geprägten Organisationskultur wird das Selbstverständnis der Entscheider ein anderes sein als in einer stark dezentralisierten Struktur. Daran muß mit der Entwicklung der Projektkultur angeschlossen werden. Das heißt, daß dort, wo andere Verfahren und Regeln im Projekt gelten, diese explizit deutlich gemacht und von den Entscheidungsgremien gestützt und respektiert werden müssen. Widersprüche zwischen beiden Kulturen müssen offengelegt werden und dürfen nicht erst im Konfliktfall zu Tage treten.

Ferner muß frühzeitig geklärt sein, welche Personen und Gruppen am Projektprozeß beteiligt werden müssen bzw. dürfen. Bei Projekten mit großem Beteiligungsaufwand werden Entscheider leicht irritiert, sei es, weil die Entwicklung von Ergebnissen dadurch scheinbar verzögert wird, sei es, weil die Entscheider ihren Einfluß gefährdet sehen. Eine Führungskultur, die sich vor allem auf Kontrolle stützt (in der zum Beispiel der Vorstand üblicherweise direkt in das Tagesgeschäft eingreift), wird dazu neigen, den Handlungsspielraum des Projekts möglichst einzuengen. Eine Laissez-faire-Kultur hingegen tendiert dazu, eher zuwenig Struktur vorzugeben.

Eine Rolle bei dem Zusammenspiel zwischen Projekt und Entscheidern spielt auch das Ansehen, das die Projektmitglieder aus der Linie mitbringen. Hochangesehene Fachleute und „gestandene" Führungskräfte tun sich im Umgang mit den Entscheidern verständlicherweise leichter als Projekte, die viele Berufsanfänger beschäftigen.

Entscheider haben oft Probleme, wenn Projekte prozeßorientiert durchgeführt werden. Denn diese Vorgehensweise ist auch für erfahrene Mitglieder von Entscheidungsgremien ungewohnt. In diesem Fall sollten die wechselseitigen Erwartungen und Anforderungen zwischen Projektleiter und den Entscheidern regelmäßig besprochen und vereinbart werden. Dabei sollten folgende Fragen geklärt werden:

- Welche Entscheidungen werden vom Projektteam genau erwartet?
- Welche Entscheidungen behält sich das Steuergremium vor?
- Welche Informationen werden dazu benötigt?
- Welche Vorarbeiten muß das Projekt leisten?
- Wann und wo wird was entschieden?
- Wie genau sollten die Vorarbeiten aufbereitet und präsentiert werden?

Wie kann es ablaufen?

Zusammenarbeit klären

Projekteam entwickeln (Abschnitt 29)

Entscheidungsgremien sind ebenso wie die Arbeitsteams Subsysteme des Projekts. Auch sie durchlaufen einen Prozeß, der bewußt gemacht und reflektiert werden muß (vgl. auch Abschnitt 29 „Projektteam entwickeln"):

- Am Beginn der Arbeit sollte Klarheit über die Arbeitsweise des Gremiums hergestellt werden, also zum Beispiel über den

Tagungsturnus, die Rollenverteilung, regelmäßige Tagesordnungspunkte, Präsentationsformen und Umgang mit Konflikten.

- Mut und Zivilcourage sind unverzichtbare Haltungen in Entscheidungsprozessen. Das bedeutet für die Entscheider einerseits, Vertrauen in das Projekt zu entwickeln, andererseits aber auch frühzeitig Einhalt zu gebieten, wenn das Projekt in die falsche Richtung läuft. Projektmitarbeiter brauchen häufig Standfestigkeit, wenn sie Entscheidungen einfordern oder Einmischungen in ihren Prozeß zurückweisen. Das Bewußtsein, daß beide Seiten aufeinander angewiesen sind, erleichtert, die richtige Form dafür zu finden.
- In der Problemdiskussion, insbesondere bei Meinungsverschiedenheiten, verstärken Vorwürfe, Behauptungen, Unterstellungen und Anweisungen die schon vorhandenen Widerstände. Hilfreicher ist die Fragehaltung (zum Beispiel „Haben Sie auch untersucht..." oder „Könnte das nicht auch die Konsequenz Y haben ..."), die der Kommunikation einen größeren Spielraum gewährt.
- Wenn regelmäßig, zum Beispiel zum Abschluß einer Gremiensitzung, darüber gesprochen wird, wie die Sitzung gelaufen ist, was funktioniert und was nicht funktioniert hat und wie sich die Teilnehmer vor allem in kritischen Phasen gefühlt haben, dann können frühzeitig Mißverständnisse und Mißtrauen ausgeräumt werden.

Gemeinsame Sitzungen bewußt gestalten und moderieren

Präsentationen in Entscheidergremien sollten der gemeinsamen Diskussion und dem gegenseitigen Austausch dienen. Deshalb sollten sie

- systematisch vorbereitet werden,
- eine klare Zielsetzung haben,
- kurz sein (Diskussion dagegen ausführlich),
- das „Prozeßmodell zur Entscheidungsfindung" berücksichtigen,
- eine klare Handlungsorientierung besitzen und die nächsten Schritte beschreiben.

§

Prozeßmodell Entscheidungsfindung (Abschnitt 45)

Eine ausführliche Beschreibung einer solchen Sitzung finden sie im Abschnitt 27 „Projektabschnitte bilanzieren".

Projektabschnitte bilanzieren (Abschnitt 27)

Qualifizieren

Gerade wegen der Unterschiede zwischen der klassischen Führungsrolle und den Aufgaben von Entscheidern in Projektprozessen ist es empfehlenswert, Entscheidern in speziell für sie vorgesehenen Workshops Gelegenheit zu geben, prozeßorientierte Projektarbeit kennenzulernen und ihre Rolle zu reflektieren.

23 Macht und Politik

Problem oder Chance?

„Macht und Politik" ist eines der heikelsten und umstrittensten Themen in der Projektarbeit. Jeder erfahrene Projektleiter hat es schon erlebt, daß Projekte, die gut geplant waren und sehr gut gearbeitet haben, aus scheinbar unerklärlichen Gründen in der Versenkung verschwunden sind.

Dennoch wird dieses Thema in der aktuellen Projektmanagement-Literatur kaum diskutiert. Es wird über Rolle und Organisation gesprochen, über Führung und Zusammenarbeit, über Kultur und immer exaktere Planungsverfahren. Nur das Thema „Macht" bleibt außen vor. Ironischerweise werden in der Entwicklung der Disziplin Projektmanagement seit Jahren immer raffiniertere Verfahren zur Verbesserung der Arbeitsmethodik entwickelt. Nur das Thema, das wahrschenlich den größten Einfluß auf Erfolg oder Mißerfolg der Projektarbeit hat, wird weitgehend ausgeblendet.

Ein Test in Seminaren und Workshops zum Thema Projektmanagement zeigt, daß dieses Thema speziell für jüngere Teilnehmer fast immer negativ besetzt ist. Wenn man die Teilnehmer fragt, wer sich mit dem Thema „Macht" beschäftigen will, gibt es nur zögerliche Meldungen. Die meisten wollen damit lieber nichts zu tun haben. Machtpolitik betreiben immer nur die anderen. Macht und Politik in der Projektarbeit zu nutzen wird meist als unmoralisch angesehen.

Über die Gründe für die negative Haltung zur Macht läßt sich nur spekulieren:

- Liegt es daran, daß sich dabei niemand „in die Karten schauen lassen" will?
- Haben wir Angst, offen über dieses Thema zu sprechen?
- Liegt es an der immer noch geringen Konfliktfähigkeit in unseren Projekten?
- Ist das Thema zu intim und damit ein Tabu, über das man nicht spricht?
- Ist es speziell in Deutschland mit seiner belasteten Geschichte schwierig, darüber zu sprechen?
- Oder verknüpfen wir unsere Wahrnehmung dieses Themas nur mit negativen Erfahrungen mit der Machtausübung anderer?
- Oft wird Macht auch mit dem Begriff „Manipulation" gleichgesetzt.

Max Weber hingegen formuliert wertneutral: „Macht bedeutet jede Chance, innerhalb einer sozialen Beziehung den eigenen Willen auch gegen Widerstreben durchzusetzen, gleichviel worauf diese Chance beruht" (M. Weber, 1956, S. 38). In einer Wirtschaftsorganisation werden vor allem fachlich-wirtschaftliche, aber auch persönliche Interessen „mit Macht" vertreten.

Projektleiter und Prozeßbegleiter müssen lernen, eine positive Haltung zu ihrer eigenen Macht zu entwickeln, wenn sie mit ihren Projekten erfolgreich sein wollen. Ein erfolgreiches Projekt basiert immer auf einem konstruktiven und verantwortlichen Umgang mit der Macht und einer dazu passenden Projektpolitik.

Dazu müssen sie zunächst ihre eigene Wahrnehmungsfähigkeit stärken. Machtkonstellationen sollten zunächst erkannt und diagnostiziert werden. Erst dann ist es möglich, bewußt „mächtig" zu handeln und zu intervenieren.

Wenn man sich mit dem Thema „Macht und Politik" auseinandersetzt, ist es notwendig, sich noch einmal die Abgrenzung der Projektarbeit von der Linienarbeit vor Augen zu führen.

Allein in der Definition von Projektarbeit in Abgrenzung zur Linienarbeit wird deutlich, daß es ohne Macht und Politik nicht geht. Das Ziel muß klar sein, Zeit und Budget sind beschränkt, die Arbeit findet meist fachübergreifend statt. Diese Ressourcen müssen in der Regel erkämpft und immer wieder neu behauptet werden. An dieser Stelle sind die nötige Macht und eine erfolgreiche Projektpolitik sehr hilfreich.

Projekte sind immer in ein komplexes und sehr unterschiedliches Umfeld eingebunden. Es gibt Menschen, die das Vorhaben unterstützen, und Widerstände. Der Erfolg und die Umsetzung eines Projektes hängen nicht unwesentlich von dessen Akzeptanz bei den späteren Nutzern ab. Auch hier ist eine geschickte Politik durchaus von Vorteil. Erst eine konsequente Projektpolitik führt zur notwendigen Macht, sein Umfeld gezielt zur Verfolgung der Projektinteressen und nicht nur aus einer einzelnen Situation heraus beeinflussen zu können.

Um diesen Menschen und Gruppen mit ihren unterschiedlichen Vorstellungen adäquat zu begegnen und damit den Projekterfolg sicherzustellen, ist es notwendig, eine politische Strategie für das Projekt zu entwickeln. Dazu gehören eine gezielte Informations- und Beteiligungspoltik ebenso wie das rechtzeitige Einbeziehen der höheren Leitungsebene, wenn Konflikte mit gleichrangigen Partnern zu erwarten sind und diese auf dem Weg der Verhandlung nicht geklärt werden können.

Teamentwicklung (Abschnitt 15)

Auch innerhalb des Projektteams stellt sich offen oder versteckt die Frage der Macht: „Wer trifft welche Entscheidungen?" und „Gibt es ein partnerschaftliches Miteinander oder eine klare Hierarchie?". Auch „heimliche" Machtkonstellationen spielen dabei eine Rolle. Im Prozeß der Teamentwicklung (vgl. Abschnitt 15 „Teambildung und -entwicklung") wird die Machtfrage spätestens in der Konfliktphase direkt oder indirekt zum Thema.

Machtstrukturen und Projektorganisation

Die Linienorganisation bietet den Rahmen dafür, daß Macht nur von den dazu Legitimierten ausgeübt wird, und zwar in einer Form, die den Organisationsregeln und der Organisationskultur entspricht. Maßt sich jemand Macht an, die ihm nicht zusteht, oder übt er sie in einer Form aus, die für nicht angemessen erachtet wird, wird er im allgemeinen bestraft. Folgt eine solche Sanktion nicht, dann gerät die Organisation als Ganzes in Gefahr: Es entsteht eine Rechtsunsicherheit, die zum unkontrollierbaren Kampf führt, bei dem der Organisationszweck meist auf der Strecke bleibt.

Diese Gefahr nicht legitimer Machtausübung besteht immer auch für die – im Vergleich zur Linienorganisation – labilere Projektorganisation. Wenn in ihr kein Rahmen definiert ist, innerhalb dessen Machtkonflikte legitim ausgetragen werden können, dann besteht die Gefahr, daß Machtinteressen von außen in das Projekt hineingetragen werden oder daß Machtkonflikte im Projekt informell und unkontrollierbar ausgetragen werden. Projekte brauchen deshalb eine explizit vereinbarte Struktur für die Austragung von Konflikten, weil anderenfalls die Konfliktlösungsmechanismen der Linienorganisation durchschlagen, die für Projektarbeit kontraproduktiv sind. In dieser Struktur sollten die verschiedenen Rollen getrennt und unterschieden werden.

Formen illegitimer Machtausübung im Projekt

Die häufigste Form indirekter Machtausübung im Projekt besteht darin, daß Projektmitarbeiter von ihren Vorgesetzten mit bindenden Aufträgen in das Projekt geschickt werden. Sie befinden sich dann in einem Loyalitätskonflikt zwischen ihrem Vorgesetzten einerseits und dem Projektfortschritt andererseits. Da sie im allgemeinen von ihren Vorgesetzten stärker abhängig sind als vom Projekt, führt diese Bindung meist zu Blockaden und Pattsituationen im Projekt. Bei lang dauernden, intensiven Projekten kann allerdings die Bindung an das Projekt stärker werden, worunter im Konfliktfall die Loyalität zum Herkunftsbereich leidet.

Unklare Machtverhältnisse in Projekten können auch dazu führen, daß übermäßig viel Zeit im Projekt auf das Spekulieren über die Machtverhältnisse verwendet wird, die der eigentlichen Sacharbeit verlorengeht. Projekte geraten dann in die Gefahr, Ergebnisse nicht nach sachlichen, sondern nach taktischen („politischen") Kriterien zu erarbeiten, weil sie sich nicht darauf verlassen können, daß Macht- und Interessenkonflikte in den dafür vorgesehenen Gremien offen und verbindlich ausgetragen werden.

Eine Form, in der sich Gremien der Austragung von Machtkonflikten entziehen, besteht darin, daß sie selbst die Erarbeitung von Lösungen an sich ziehen. Die Gremiensitzung gleicht dann mehr einer Projekt- als einer Entscheidungssitzung. Sie geraten damit in Konkurrenz zur Projektarbeit. Da die Gremiumsmitglieder im allgemeinen weniger Sachverstand mitbringen und weniger Zeit für die Erarbeitung von Lösungen verwenden können, sind ihre Ergebnisse notwendigerweise schlechter als die der Projektmitarbeiter.

Werden in den vorgesehenen Gremien Konflikte nicht ausgetragen, weil einzelne Machtträger das Gremium dominieren, dann ziehen sich meist die „Verlierer" zurück, mit der Folge, daß sie entweder durch Intrigen das Projekt torpedieren oder daß sie in ihrem Verantwortungsbereich vollendete Tatsachen schaffen, die dem Projekt den Boden unter den Füßen wegziehen (vgl. Abschnitt 21 „Entscheider: Rolle, Funktion und Selbstverständnis").

Entscheider (Abschnitt 21)

Welche Methoden helfen, um die Situation richtig einzuschätzen?

Analyse der Projektorganisation

Eine Untersuchung der bestehenden oder zukünftigen Projektorganisation in bezug auf ihre formellen und informellen Strukturen bildet eine wichtige Basis für die Entwicklung einer soliden Projektpolitik. Hier muß man sich fragen, welche Entscheidungen diese Organisation leicht ermöglicht und welche schwer oder nur sehr umständlich gefällt werden können, auf wen oder was in dieser Organisation Einfluß

Prinzipien (Abschnitt 2)

genommen werden kann und worauf nicht (vgl. Abschnitt 2 „Prinzipien prozeßorientierter Projektgestaltung").

Umfeldanalyse (Stakeholderanalyse)

Eine wesentliche Grundlage für eine gute Projektpolitik ist eine genaue Kenntnis des Umfelds. Es ist wichtig zu wissen, wer mit dem Inhalt des Projektes zu tun hat, wer davon betroffen ist oder wer darauf Einfluß nehmen kann.

Bei der Umfeldanalyse (vgl. Abschnitt 32 „Umfeldanalyse") wird meistens deutlich, daß die verschiedenen Betroffenen sehr unterschiedliche Interessen verfolgen, die sich oft im Laufe des Projektes ändern. Dieser Herausforderung gilt es wiederum durch eine gezielte Politik zu begegnen. Ziel ist es, die unterschiedlichen Vorstellungen auszubalancieren und die Zufriedenheit der Betroffenen in Summe zu maximieren.

Analyse der Organisationskultur

Die geschriebenen und ungeschriebenen Regeln einer Organisation bestimmen zu einem großen Maß die Frage, wer was zu sagen und wie Organisationspolitik zu sein hat, um von Erfolg gekrönt zu sein.
Diese Regeln findet man am besten heraus, wenn man einem guten Freund, der neu in der Organisation ist, erklärt, wie er sich am besten zu verhalten hat, um möglichst schnell erfolgreich zu sein. Dabei kann man sich zum Beispiel folgende Fragen stellen:

- Was sollte man auf jeden Fall tun?
- Was sollte man auf jeden Fall vermeiden?
- Mit wem sollte man Kontakt aufnehmen, mit wem auf keinen Fall?
- Wer hat offiziell das Sagen? Wer sind die „grauen Eminenzen"?
- Wie offen werden Konflikte ausgetragen?
- Welche Wege der Konfliktregelung gibt es?
- Welche sozialen Verhaltensweisen haben bisher erfolgreiche Projektleiter gezeigt?
- Was haben nicht erfolgreiche Projektleiter getan oder versäumt?

Worauf man achten sollte, wenn man seine Macht konstruktiv und verantwortlich entwickeln und nutzen will

Geordnete Machtverhältnisse stellen den sicheren Boden dar, auf dem die Projektarbeit ruhen kann. Sie entlasten die einzelnen Projektmitarbeiter davon, sich ihren Platz im Projekt ständig neu zu erkämpfen, und befreien davon, sich in der Arbeit an den Machtverhältnissen außerhalb des Projekts zu orientieren. So werden die Mitarbeiter frei für sachliche

Arbeit und für kreative Lösungen und erfüllen damit die Aufgaben, für die das Projekt gegründet wurde. Klare Machtverhältnisse sind die Voraussetzung dafür, daß zwischen den Projektbeteiligten Vertrauen entstehen kann. So stellt eine gut geklärte Projektorganisation (vgl. Abschnitt 2 „Prinzipien prozeßorientierter Projektorganisation") eine wesentliche Grundlage dafür dar, keine unnötige Energie in das Thema „Macht und Politik" investieren zu müssen.

Prinzipien (Abschnitt 2)

Zunächst ist es immer notwendig, die persönliche Einstellung zu diesem Thema zu überprüfen und gegebenenfalls zu revidieren. Dabei müssen die eigenen Werte hinterfragt und eine positive Beschreibung des eigenen Machtverständnisses entwickelt werden (z.B. konstruktiver und verantwortlicher Umgang mit Macht und Politik).

Die Projektpolitik sollte möglichst gemeinsam im Projektteam erarbeitet werden, erst dann ist zum hohen Maße gewährleistet, daß sie von allen Mitgliedern getragen wird und keine „Querschläger" aus den eigenen Reihen stören. Die Einflußnahme sollte jedoch immer im Einklang mit den geschriebenen und ungeschriebenen Regeln der Organisation erfolgen.

Entwicklung einer Strategie der Projektpolitik nach Pinto

- Analyse der Ausgangssituation (Projektorganisation, Umfeldanalyse, Organisationskultur)
- Ziele der wichtigsten Gruppen und Personen identifizieren
- mögliche Probleme beschreiben
- die eigenen Handlungsmöglichkeiten überprüfen
- Lösungen festlegen
- Lösungen umsetzen und verfeinern.

Literaturtip: Pinto, J.K.: Power and Politics in Project Management, 1996

Teil 3

Prägende Projektsituationen mit Beispielabläufen

Ein Projekt sollte immer in der gleichen Schrittfolge ablaufen, unabhängig von den Inhalten oder einem Projektauftrag. Wir bezeichnen diese Schritte als Situationen. In diesem Teil beschreiben wir die sieben entscheidenden Situationen, die besondere Aufmerksamkeit fordern. In ihnen wird, unabhängig von der fachlichen Kompetenz des Projekts, über Erfolg oder Mißerfolg entschieden. Da sie gerade in größeren und länger andauernden Projekten recht komplexe Ausmaße annehmen können, zeigen wir in Beispielabläufen mögliche Gestaltungswege auf. Selbstverständlich müssen diese Abläufe je nach Aufgabe, Größe und Projektkultur abgewandelt werden.

24 Auftrag klären

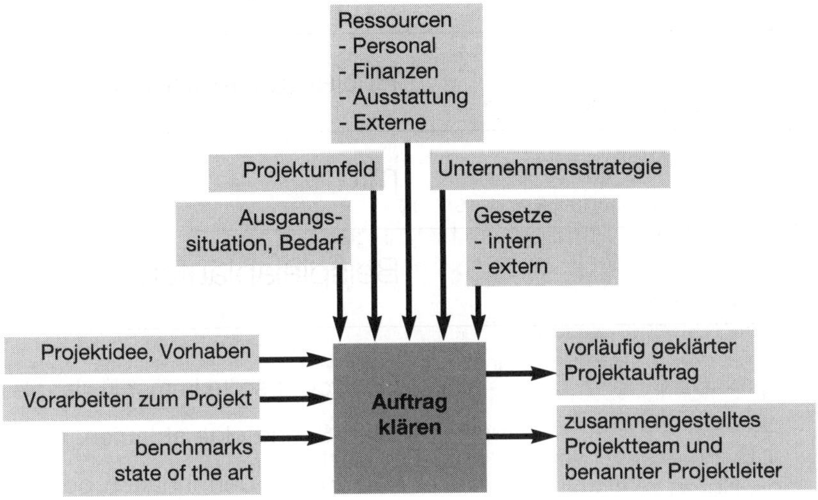

Abb. 19: KontextModell zur Auftragsklärung

Ausgangssituation

In vielen Projekten ist es scheinbar überflüssig, dem Punkt Auftragsklärung besondere Aufmerksamkeit zu widmen. Der Auftrag scheint ja klar zu sein: Am Ende des Prozesses soll ein Haus stehen, ein Arbeitsablauf reorganisiert, ein Softwareprogramm entwickelt sein. Worüber also noch lange diskutieren, wenn die Zeit doch ohnehin knapp ist?

Tatsächlich gibt es aber meist ein sehr unterschiedliches Verständnis darüber, was als Ergebnis bei einem Projekt herauskommen und wie dieses Ziel erreicht werden soll: Welche Bedingungen soll es erfüllen, welchen Nutzen soll es schaffen, mit welchem Aufwand soll es erreicht werden, was darf die Entwicklung, was die Umsetzung kosten usw.? Werden diese Punkte nicht zu Beginn des Projektes geklärt, dann kann es leicht in eine falsche Richtung laufen, und die Konflikte zwischen dem Auftraggeber und den Projektbeteiligten sind vorprogrammiert.

Der Projektauftrag ist wesentliche Bestimmungsgröße für den weiteren Projektverlauf. Hier werden das Ziel des Projektes und die dazugehörigen Rahmenbedingungen (wie zum Beispiel Zeit und Kosten) festgelegt. Ein großer Prozentsatz der mißlungenen Projekte ist auf einen ursprünglich nicht sauber geklärten oder im Projektverlauf nicht rechtzeitig korrigierten Auftrag zurückzuführen. Ein ungeklärter Auftrag ist die sicherste Garantie, Projekte ohne konkreten Kundennutzen und mit viel Frust für die Projektbeteiligten durchzuführen.

Ziel der Auftragsklärung

Ziel dieser Projektphase ist es:

- das Problem genau abzugrenzen
- die Ziele des Auftraggebers festzulegen
- den Überblick über die Probleme der Beteiligten und Betroffenen zu gewinnen
- die inhaltlichen Ziele zu klären
- die Projektteammitglieder kennenzulernen
- die potentiellen Konflikte zu identifizieren
- die organisatorischen Fragen zu klären (z.B. Ressourcenverfügbarkeit, Einzelschritte)
- die Rollen zu klären.

Zu den oben genannten Punkten können unterschiedliche Vorstellungen zwischen Projektleiter und Auftraggeber bestehen. Diese Differenzen müssen im Rahmen der Auftragsklärung beseitigt werden. So ist beispielsweise zu bedenken, daß es für den Auftraggeber u.U. unangenehm sein kann, das Projekt ins Leben zu rufen, wenn es auf einem Problem oder einem Mangel in seiner Arbeitsumgebung beruht. Eine solche Konstellation kann unter anderem dazu führen, daß der Auftraggeber auf einer so schnellen Lösung des „Problems" besteht, daß ein nachhaltiger Projekterfolg unmöglich ist.

Viele Projektleiter glauben, daß ein einmal geklärter und exakt bearbeiteter Auftrag die Garantie für ein erfolgreiches Projekt sei. Das Gegenteil ist jedoch der Fall, da sich die zur Planung herangezogenen Rahmenbedingungen bei fast jedem Projekt aufgrund der sich dynamisch verändernden Umwelt ständig wandeln. Aus diesem Grund muß jeder Projektauftrag vor jedem neuen Projektabschnitt geprüft, verhandelt und gegebenenfalls angepaßt werden (Claim Management). Die Herausforderung bei dieser evolutionären Auftragsklärung besteht darin, die notwendige Balance zwischen den scheinbar unstillbaren Änderungswünschen der Kunden und der für die Arbeit und Ressourcennutzung notwendigen Kontinuität und Planbarkeit zu finden.

Insbesondere bei umfangreicheren Projekten läßt sich nicht jedes Detail im voraus festlegen. In der Auftragsklärung muß also Einverständnis darüber bestehen, daß im Laufe des Projekts neue Erkenntnisse auftreten können und ein Verfahren vereinbart werden muß, wie diese zu einer Veränderung des Projektauftrags führen können. Deshalb kann die Auftragsklärung zu Beginn des Projekts nur vorläufig sein.

Beteiligte bei der Auftragsklärung

Es gehört zum Aufgabenbereich des Projektleiters, den Auftrag zu klären. Beteiligt sind der Auftraggeber und der Prozeßbegleiter, wobei ggf. einzelne Beteiligte und Betroffene hinzugezogen werden können. Da die Auftragsklärung auch Bestandteil eines Startworkshops mit dem Projektteam ist, tragen meist auch die Mitarbeiter zu einer Präzisierung des Auftrags bei.

Wie gehen wir vor?

Die Auftragsklärung erfolgt vor dem Projektstart und wird maßgeblich vom Projektleiter gestaltet. Für diese Phase sollte man zwei bis drei Treffen der Beteiligten einplanen.

Der Projektleiter wird häufig im Rahmen eines ersten Gesprächs mit dem Auftraggeber benannt. In der Regel ist es dabei nicht möglich, gleichzeitig eine Auftragsklärung in ausreichendem Maße durchzuführen. Der Projektleiter muß auf die Notwendigkeit weiterer Gespräche hinweisen und die weiteren Gesprächstermine auch sofort vereinbaren.

Vor dem zweiten Gespräch zur Auftragsklärung muß der Projektleiter
- Informationen über das Projektumfeld einholen (dazu können die Punkte unter „Zu klärende Fragen" genutzt werden);
- den Teilnehmerkreis für das Gespräch bestimmen und mit dem Auftraggeber abstimmen;
- Vorgespräche mit dem Teilnehmerkreis führen;
- Ziele des Gesprächs festlegen und kommunizieren;
- einen Gesprächsleitfaden erarbeiten (siehe Checkliste „Auftragsklärung");
- den Gesprächsablauf planen (Wann werden im Laufe des Gesprächs welche Methoden und Instrumente eingesetzt?), siehe Hinweise „Werkzeuge und Methoden".

Werkzeuge und Methoden (Teil 4)

Am Ende des Gesprächs muß der Projektleiter anhand seiner Ziele für die Auftragsklärung ermitteln können, ob weiterer Klärungsbedarf vor dem Projektstart notwendig ist. Wenn ja, ist mit den Beteiligten sofort ein neuer Termin zu vereinbaren.

Ergebnisse der Auftragsklärung

Auf beiden Seiten – Auftraggeber und Projektleiter – besteht nach der Auftragsklärung Klarheit über die Ziele, den grundlegenden Ressourcenbedarf des Projekts sowie die Projektorganisation. Es sind zudem Standards definiert, wie Informationen ausgetauscht werden und wie der Projektauftrag den sich ändernden Rahmenbedingungen angepaßt werden kann. Diese Ergebnisse werden schriftlich festgehalten. In den Projektsituationen „Projekt starten“ und „Projektabschnitte bilanzieren“ können dann die notwendigen Anpassungen des Projektauftrags vorgenommen werden.

Zu klärende Fragen

Folgende Fragen helfen in der Phase der Auftragsklärung, alle Punkte, die von Bedeutung sind, systematisch zu klären:

Projektbezeichnung

- Welchen Namen/Titel trägt das Projekt?

Projektziele

- Wie sieht der Ist-Zustand aus?
  Auf welchen Vorarbeiten kann das Projekt aufbauen?
- Wer ist Kunde oder Nutzer der Ergebnisse?
  Für wen werden die Ergebnisse erarbeitet?
- Was genau soll durch das Projekt erreicht werden?
  Welchen Beitrag zur Unternehmensstrategie soll es leisten?
- Welche Qualitätsziele müssen erreicht werden?
  Woran läßt sich die Qualität der Ergebnisse erkennen bzw. messen?
  Welchen Zusatznutzen soll das Projekt bringen (z.B. Modellprojekt für weitere Projekte, Ausbildung, Tool-Entwicklung usw.)?
- Was ist nicht Projektziel?
- Wie sieht das Budget aus?
  Kosten-Nutzen-Analyse und Projektkostenplan (geringer Detaillierungsgrad)

- Wie sehen die Rahmenbedingungen aus?
  Wann beginnt das Projekt,wann endet es?
  Gibt es organisatorische / gesetzliche Einschränkungen?
  Welche Ressourcen stehen zur Verfügung / müssen zusätzlich bereitgestellt werden (finanziell, materiell, personell)?
- Welcher grobe zeitliche Ablauf ist geplant (Phasen, Meilensteine, Aktivitäten, Termine)?

Aufbauorganisation

- Wer ist Auftraggeber des Projekts?
- Wer leitet das Projekt?
  Aus welchem Bereich soll er kommen?
  Über welche Qualifikationen soll er verfügen?
  Welche Anforderungen an die Verfügbarkeit müssen erfüllt werden?
- Wer begleitet das Projekt?
  Für welche Aufgaben?
  Aus welchem Bereich (intern/extern)?
  Über welche Qualifikationen soll er verfügen?
  Welche Anforderungen an die Verfügbarkeit sollen erfüllt werden?
- Wer gehört zum Projektteam?
  Aus welchen Bereichen?
  Über welche Qualifikationen sollen sie verfügen?
  Wer ist in welchem Maße verfügbar?
- Wer kann beraten, Input geben?
  Welche Betroffenen können beteiligt werden?
  Wer ist in welchem Maße verfügbar?
- Wer gehört zum Lenkungsausschuß?
  Wer trifft Entscheidungen?
  Mit wem wird die Zielvereinbarung getroffen?
  Wer nimmt die Ergebnisse ab?
  Wer ist in welchem Maße verfügbar?
- Wie sehen Aufgaben der Externen aus?
- Welche Regeln gibt es für die Zusammenarbeit des Teams?
  Welche Regeln gelten für die Zusammenarbeit mit dem Projektleiter?

Nahtstellen

- Welche Nahtstellen gibt es zur Linie und welche zu anderen Projekten?
  Mit welchen anderen Projekten muß dieses Projekt kooperieren / sich abstimmen? Wer ist von den Ergebnissen noch betroffen?

Informations- und Berichtswesen

- Wie soll das Informations- und Berichtswesen gestaltet werden?
  Wer ist dafür verantwortlich?

Sonstiges

- Was ist noch wichtig und soll wie geregelt werden?

Werkzeuge und Methoden

Hier sind die Werkzeuge und Methoden angekreuzt, die diese Phase im Projekt vorantreiben.

Werkzeuge und Methoden (Teil 4)

Einsatz von Moderationsmethoden	**X**
Umfeldanalyse	**X**
KontextModell	**X**
SystemModell	**X**
Vernetzung	
Methoden der Projektplanung	
Simulation	
Systemisch fragen	**X**
Wahrnehmen-vermuten-bewerten / reagieren	**X**
Feedback	
Skulpturarbeit	
Prozeßschritte der Konfliktbearbeitung	
Übungen zur interkulturellen Zusammenarbeit	
Präsentationen	
Prozeßmodell Entscheidungsfindung	

Beispielablauf

Die Auftragsklärung findet in mehreren, sehr unterschiedlichen Gesprächen statt und ist während des Projektverlaufs immer wieder Gegenstand von Gesprächen. Einen einheitlichen Ablauf gibt es deshalb nicht. Aus diesem Grund haben wir bei dieser Projektsituation auf einen Beispielablauf verzichtet.

25 Projekt starten

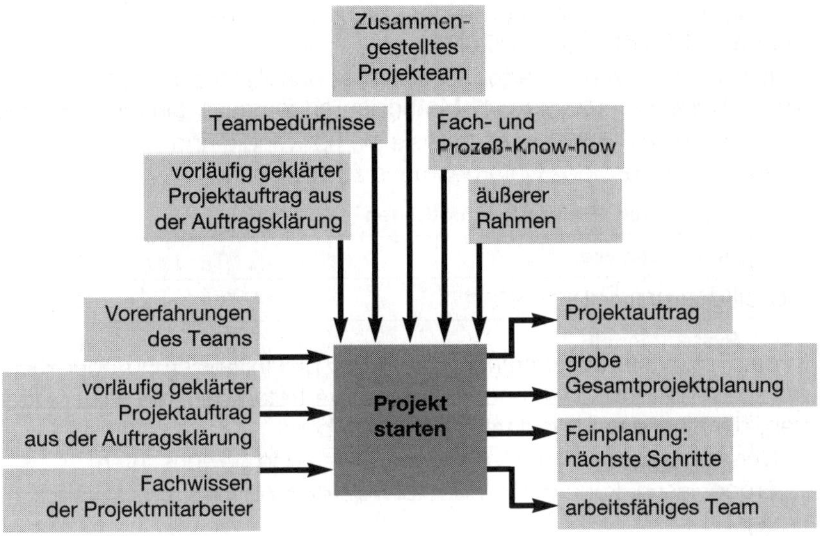

Abb. 20: KontextModell zum Projektstart

Ausgangssituation

Es kommt immer wieder vor, daß die einzelnen Mitarbeiter und Untergruppen eines Projekts unabhängig voneinander mit dem Projekt beginnen, ohne sich einmal getroffen zu haben. Da jeder mit der Information arbeitet, die er zufällig bekommen oder aus seinem Blickwinkel verstanden hat, läuft die Arbeit oft aneinander vorbei.

Dieser unkoordinierte Anfang führt leicht zu chaotischen Zuständen im Projekt: Mißtrauen, widersprüchliche Aussagen gegenüber Außenstehenden und Unklarheiten über Projektziele oder -abläufe sowie zu den Spielregeln sind die Folge.

Aus sachlichen Gründen und um eine reibungslose Kommunikation zu fördern, empfiehlt es sich, alle am Projekt Beteiligten zu einem Projektstart zusammenzurufen. Das sollte auch bei sehr großen Projekten (über hundert Teilnehmer) der Fall sein.

Ziele des Projektstarts

Die Art und Weise, wie der Start erfolgt, prägt den Verlauf des gesamten Projektes. Der Projektstart ist in gewisser Weise die Miniaturausgabe oder der Spiegel des Projektes. Er bringt Klarheit und Übersicht in die unterschiedlichen Vorstellungen und Interessen aller am Projekt Beteiligten und Interessierten. Deshalb ist das Ziel dieses Projektschrittes, sich mit dem Projektvorhaben, seinen Zielen und den angestrebten Ergebnissen zu identifizieren und sie als notwendig und sinnvoll für das „Gesamtgelingen" des Unternehmens zu erkennen.

Beteiligte am Projektstart

In der Projektstartveranstaltung (zum Beispiel Initialisierung oder Kickoff) sollten die Personen und Funktionen vertreten sein, die dazu beitragen, die Ziele des Projektstartes zu erreichen:

- Der Auftraggeber, zur Klärung von Zielen und gewünschten Ergebnissen, kann ganz- oder teilweise zur Abstimmung beteiligt sein.
- Die späteren Benutzer oder Anwender können wertvolle Informationen zur Ausgangssituation liefern und gleichzeitig darüber informiert werden, welches Ziel das Projekt hat und welche Rolle sie selbst im Verlauf des Projektes spielen werden. Das fördert die spätere Akzeptanz.
- Projektleiter und Teammitglieder erarbeiten gemeinsam mit ihren Nutzern und Auftraggebern die wichtigsten Eckpfeiler ihrer späteren Projektarbeit.

Wie gehen wir vor?

Bei allem Verständnis für das Vorwärtsdrängen nach Lösungen und für den Wunsch, Mängel und Probleme möglichst schnell zu beheben, ist die Würdigung der bisherigen Arbeit von überragender Bedeutung:

Die an der bisherigen Erledigung der Aufgaben beteiligten Menschen wissen nur allzu gut, welche Mängel und Probleme ihre Arbeitsabläufe oder ihre Arbeitsmittel aufweisen. Außerdem sind viele von ihnen daran beteiligt gewesen, den Zustand herzustellen, der nun als veränderungsbedürftig erscheint. Und es ist zu bedenken, daß der gegenwärtige Zustand mit all seinen jetzt erkannten Unzulänglichkeiten bisher einen Beitrag zum Gelingen und zum Gewinn geleistet hat. Er ist die

Grundlage der durch das Projekt zu erzielenden Veränderungen, und ohne ihn gäbe es dieses Projekt vermutlich nicht. Es ist deshalb weder angemessen noch fair, die zu verändernden Zustände in Bausch und Bogen zu verdammen oder sich über sie lustig zu machen.

Die Art und Weise, wie mit dem bisher Geleisteten umgegangen wird, hat großen Einfluß auf den Projektverlauf und die spätere Umsetzung der Ergebnisse:

- Wenn die bisher Verantwortlichen und Beteiligten abgewertet werden, sind sie kaum als bereitwillige Kooperationspartner, Informanten und Ideengeber im Projekt zu gewinnen. Im Gegenteil: Sie werden dem Projekt, wo irgend möglich, Steine in den Weg legen.
- Auch bei der Realisierung stößt die Umsetzung der Ergebnisse auf Widerstände bei den Betroffenen, weil sie glauben müssen, sich durch die Annahme der Projektergebnisse selbst bloßzustellen. Der oft beklagte mangelnde Umsetzungs- und Veränderungswille hat oft hier seinen Ursprung.
- Schließlich müssen sich die Projektmitglieder darüber im klaren sein, daß auch ihre Ergebnisse einmal überholt und durch neuerliche Veränderungen abgelöst werden. Sie können sich gut vorstellen, wie sie dann selbst behandelt werden wollen oder wie über sie gesprochen werden soll.

Die Wertschätzung der bisherigen Arbeit heißt nicht, sie pauschal gutzuheißen. Die Art und Weise der bisherigen Arbeit enthält den Mangel und das Dilemma. In ihr erkennen wir, was geändert und verändert werden muß. Es ist – wenn man so will – ihr Verdienst. In der Würdigung der bisherigen Arbeit liegt der Schlüssel für die Offenheit und für die Bereitschaft, den Mangel „preiszugeben" und damit ein „Türöffner" für die Veränderung zu sein (vgl. Abschnitt 19 „Würdigung und Wertschätzung").

Würdigung und Wertschätzung (Abschnitt 19)

Neben der Würdigung des Vergangenen geht es aber hauptsächlich darum, die Projektbeteiligten „ins Boot zu holen". Hierfür hat sich folgende Vorgehensweise als sinnvoll erwiesen:

- Vorstellen des bisher vereinbarten vorläufigen Projektauftrags
- Klären der Erwartungen und Interessen der Projektmitarbeiter
- Klären der Rollen und Verantwortlichkeiten im Projekt
- Vorstellen und Vereinbaren des Gesamtprojektplans
- Erarbeiten der Kommunikationsregeln für das Projekt
- Teambildung.

Ergebnisse des Projektstarts

1. Der Projektauftrag ist geklärt und hat die zu diesem Zeitpunkt notwendige Kontur und Klarheit: Alle Beteiligten wissen, was erreicht werden soll, das heißt die zu erreichenden Ziele, die erwarteten Ergebnisse, der zu erzielende Nutzen, die Zeiten und die Kosten. Der Projektauftrag benennt die Ziele und Ergebnisse, weshalb das Projekt seinen Sinn und seine Notwendigkeit erhält.
2. Es liegt ein Projektentwurf vor, der als Gesamtplan eine Vorstellung vermittelt, welche Teilaufgaben von wem bis zu welchem Zeitpunkt zu erarbeiten, zu klären, zu entwickeln sind. Der Gesamtplan ist ein Entwurf über das gesamte Projekt. Er will Orientierung und Sicherheit geben. Eine verbindliche Feinplanung gilt für die nächsten unmittelbaren Aufgaben.

Teambildung (Abschnitt 15)

Ein arbeitsfähiges Projektteam dient diesem Ziel. Geklärt ist, welche Fähigkeiten und Kompetenzen notwendig sind, um die Projektziele und ihre Ergebnisse zu verwirklichen (vgl. Abschnitt 15 „Teambildung und Teamentwicklung").

Zu klärende Fragen

- Wie können wir die vorhandenen unterschiedlichen Kompetenzen und Fähigkeiten einsetzen?
- Wie können wir sie für das Projekt nutzbar machen, und wie können sie der Erweiterung der persönlichen Fähigkeiten und Erfahrungen dienen? Welche Regeln und Vereinbarungen brauchen wir dafür?
- Über welche Vorerfahrungen verfügt das Projektteam?
- Welche Teambedürfnisse haben Einfluß auf den Projektverlauf und müssen angesprochen und geklärt werden?
- In welchem äußeren Rahmen findet das Projekt statt?
- Welche weiteren Erkenntnisse hat die Auftragsklärung gebracht, über die Projektmitarbeiter informiert sein sollten?

Werkzeuge und Methoden

Hier sind die Werkzeuge und Methoden angekreuzt, die diese Phase im Projekt vorantreiben.

Werkzeuge und Methoden (Teil 4)

Einsatz von Moderationsmethoden	**X**
Umfeldanalyse	**X**
KontextModell	**X**
SystemModell	**X**
Vernetzung	**X**
Methoden der Projektplanung	**X**
Simulation	
Systemisch fragen	**X**
Wahrnehmen-vermuten-bewerten / reagieren	**X**
Feedback	
Skulpturarbeit	**X**
Prozeßschritte der Konfliktbearbeitung	
Übungen zur interkulturellen Zusammenarbeit	
Präsentationen	**X**
Prozeßmodell Entscheidungsfindung	**X**

Beispielablauf: Projekt starten

Vorbereitung

(ca. 1 Tag)

- Den geeigneten Rahmen finden, in dem die Projektinitialisierung stattfinden soll
- Einladung mit der Zielsetzung des Start-Workshops an alle Beteiligten aussprechen
- Umfeldanalyse des Projekts erstellen
  (wenn im Start-Workshop genügend Zeit vorhanden ist, kann sie auch im größeren Kreis erstellt werden)

Projektstart

Workshop (ca. 2-3 Tage, Empfehlung: außerhalb der Alltags-, Arbeitsumgebung)

- Einstieg: Gruppenspiegel mit Vorstellungsrunde
  - Name, Vorname; meine Funktion, meine Aufgaben in der Organisation
  - Damit das Projekt gelingt, muß unbedingt...

sollte (diesmal) besser nicht...
– Meine Erwartungen an den Start-Workshop...

Auftrag klären

(ca. 1/3 der Gesamtzeit)

- Präsentation der Ausgangssituation: Was ist bisher geschehen?
- Präsentation der Umfeldanalyse (aus der Vorbereitung) und Einbettung des Projekts in einen Gesamtzusammenhang; Verständnisfragen dazu beantworten bzw. klären
- KontextModell erstellen
  Verständnis und Akzeptanz bei allen (!) Beteiligten über Zielsetzung; Umfang und Vorgehen des Projektes herstellen
- Projektorganisation klären
  Rollen, Mitwirkung und Verantwortlichkeiten vereinbaren (Auftraggeber, Entscheider, Anwender, Projektleiter, Projektteam)

Projektteam bilden (Kern-Team)

(ca.1/3 der Gesamtzeit)

- Persönliche Erwartungen an das Projekt besprechen und klären
- Projektregeln vereinbaren (Teamsitzungen, Projektreviews...)
- Stärken und Schwächen des Projektteams ansprechen (und evtl. Maßnahmen daraus ableiten)
- Methodisches Vorgehen und den Einsatz von Werkzeugen (Tools) klären
- Das Projektteam darauf vorbereiten, daß es (Sach-)Konflikte geben wird, warum sie für das Projekt nützlich sind und wie damit umzugehen ist

Projekt-Planung

(ca. 1/3 der Gesamtzeit)

- Teilaufgaben/Teilprojekte definieren und strukturieren (in Wirkungszusammenhänge bringen; aus dem KontextModell ableiten)
- Verantwortlichkeiten/Zuständigkeiten und Mitarbeit klären über Teilaufgaben/Teilprojekte
- Projektstrukturplan (grob) über den gesamten Projektzeitraum entwerfen und grobe Zeitplanung
- Den nächsten Projektabschnitt detailliert planen (auf Wochen-/Tagesniveau)
- Einen konkreten Aktivitätenkatalog für die nächsten Wochen erstellen (bis zum 1. geplanten Projektreview).

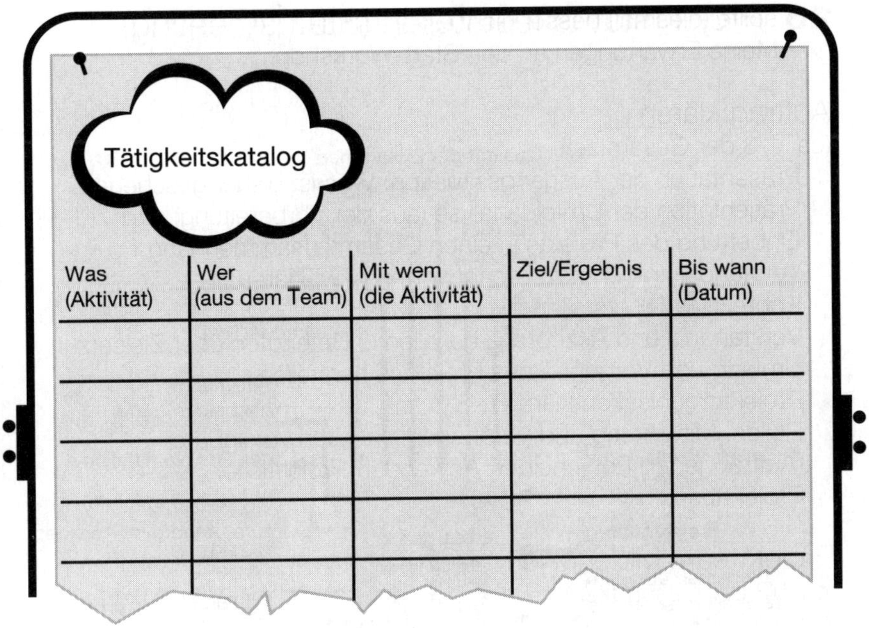

Abb. 21: Tätigkeitskatalog (Beispiel)

Abschließen

(ca. 15 min)

- Die Zufriedenheit mit dem Verlauf und dem Ergebnis des Workshops reflektieren.

26 Projektstatus feststellen (Statusmeeting)

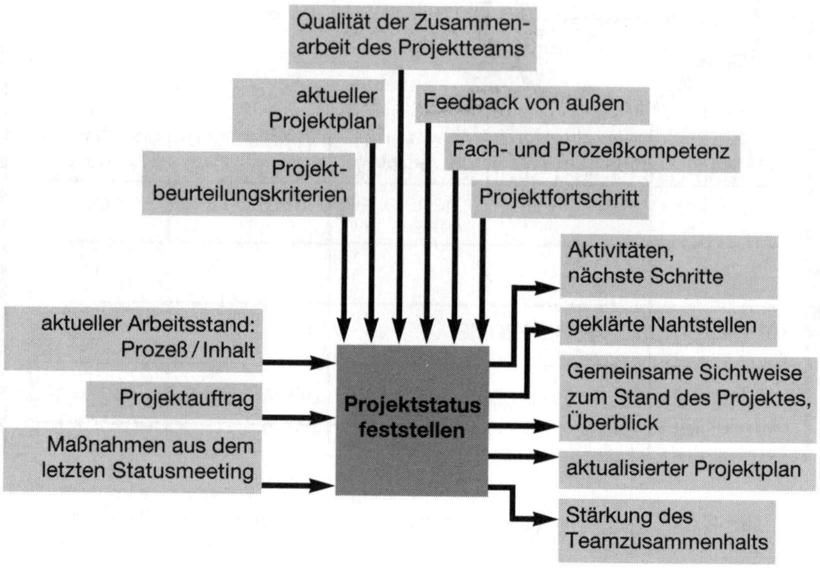

Abb. 22: KontextModell zum Feststellen des Projektstatus

Ausgangssituation

Das Führen eines Projekts ist vergleichbar mit dem Navigieren eines Schiffes durch unbekannte und bewegte See. Man weiß zwar ungefähr, wohin man will, aber der am Anfang gewählte Kurs muß immer wieder überprüft werden. Dieser Kursüberprüfung und -korrektur dient das Statusmeeting, in dem der Projektstatus festgestellt wird. Erst dann können die weiteren Schritte verbindlich festgelegt werden.

Wenn gemeinsam innerhalb des Projektteams der Projektstatus analysiert wird, wird der Stand des Projekts in bezug auf Qualität der Arbeit, Mitteleinsatz und Widersprüchlichkeiten überprüft. Dadurch werden die Fortschritte sichtbar und die Risiken transparent. Beide Aspekte haben ihren eigenen Wert. Denn der Fortschritt, also die Wahrnehmung dessen, was schon geleistet ist, schafft Befriedigung und weiteren Ansporn, während das Erkennen der Risiken frühzeitige Kursänderungen ermöglicht.

Statusmeetings sind also ein Mittel, Projekte „auf Kurs“ zu halten. Gerade in großen Projekten neigen die Teammitglieder und Subteams dazu, sich auf ihre Teilaufgaben zu konzentrieren, und verlieren dadurch leicht den Überblick über den Gesamtauftrag. In einem Statusmeeting werden die Einzellösungen wieder in den Zusammenhang des ganzen Projekts gestellt.

Durch das Auffinden von tatsächlichen oder zu erwartenden Konfliktfeldern können frühzeitig Kurskorrekturen eingeleitet werden. Sie verhindern, daß das Projekt strandet. Konflikte können frühzeitig bearbeitet werden, bevor sie eine überdimensionale Wirkung bekommen.

Ziel eines Statusmeetings

Statusmeetings strukturieren den Projektalltag. Sie sind regelmäßige Treffen des Projektteams und meist Zielpunkte, zu denen bestimmte Ergebnisse erstellt werden.

Da die Projektplanung im allgemeinen nicht schon zu Projektbeginn detailliert erfolgen kann, dienen Statusmeetings auch dazu, die zu diesem Zeitpunkt mögliche Feinstruktur festzulegen. Das betrifft die Aufteilung von Aufgaben, die Zeitdimension, den Mitteleinsatz und die Beseitigung von Engpässen. Die Einrichtung von regelmäßigen Statusmeetings vergrößert also die Flexibilität des Projekts und erlaubt es den Beteiligten, auch längere Zeit mit Unsicherheiten zu leben, weil sie sich darauf verlassen können, daß die notwendige Genauigkeit rechtzeitig hergestellt wird.

Darüber hinaus haben Statusmeetings auch eine gruppendynamische Funktion: Sie fördern den Zusammenhalt im Gesamtteam. Sie sollten deshalb nicht nur „knochentrocken“ ablaufen, sondern auch die emotionalen Bindungen festigen. Sie sind ein guter Anlaß für ein kleines Zwischenfest, in dem der Projektfortschritt gefeiert wird.

Beteiligte bei Statusmeetings

Zu beteiligen ist das Projektkernteam und entsprechend der Projektphase einzelne Personen, die maßgeblich beteiligt waren bzw. Nahtstellenfunktionen einnehmen.

Wie gehen wir vor?

Das Statusmeeting wird durch den Prozeßbegleiter in Zusammenarbeit mit dem Projektleiter vorbereitet. Dabei sind der Ablauf, der Zeitbedarf, die Teilnehmer und die inhaltlichen Themen des Statusmeetings festzulegen und zu kommunizieren. Die inhaltlichen Anforderungen an die Teilnehmer müssen vor dem Statusmeeting klar sein und gegebenenfalls in bilateralen Vorbereitungsgesprächen nochmals geklärt werden.

Ergebnisse von Statusmeetings

Nach einem Statusmeeting ist für alle Beteiligten eindeutig geklärt:

- wie die gegenwärtige Situation hinsichtlich der vereinbarten Aktivitäten, Ergebnisse und des Ressourcenverbrauchs aussieht,
- wie groß die Diskrepanz zwischen dem Soll- und dem Ist-Zustand ist,
- welche Aktivitäten die einzelnen Projektmitglieder bis zum nächsten Statusmeeting durchführen müssen (wer macht was mit wem bis wann?),
- wie die Planung den aktuellen Entwicklungen angepaßt wird.

Zu klärende Fragen

- Welche Aktivitäten wurden beim letzten Statusmeeting vereinbart, und was ist aus ihnen geworden? Wenn sie nicht erledigt sind, was geschieht weiter mit ihnen?
- An welchem Stand befinden wir uns mit der Projektarbeit?
- Haben die Ergebnisse der einzelnen Projektarbeiten Auswirkungen auf andere Projektteile? Welcher Abstimmungsbedarf besteht dazu (im Meeting oder außerhalb)?
- Welche Außenkontakte haben inzwischen stattgefunden? Mit welchem Ergebnis?
- Wo stehen wir mit dem Einsatz unserer Ressourcen?
- Wie müssen wir unsere Projektplanung verfeinern?
- Welche Aktivitäten müssen verabredet werden?

Werkzeuge und Methoden

Hier sind die Werkzeuge und Methoden angekreuzt, die diese Phase im Projekt vorantreiben.

Einsatz von Moderationsmethoden	**X**
Umfeldanalyse	**X**
KontextModell	**X**
SystemModell	
Vernetzung	
Methoden der Projektplanung	**X**
Simulation	
Systemisch fragen	**X**
Wahrnehmen-vermuten-bewerten / reagieren	**X**
Feedback	**X**
Skulpturarbeit	
Prozeßschritte der Konfliktbearbeitung	
Übungen zur interkulturellen Zusammenarbeit	
Präsentationen	**X**
Prozeßmodell Entscheidungsfindung	

Werkzeuge und Methoden (Teil 4)

Beispielablauf

Das Meeting „Projektstatus feststellen" ist eine interne Veranstaltung, die Orientierung und Überblick vermittelt. In der Regel wird dafür ein halber Tag veranschlagt.

Einstieg

Zeitaufwand 15 Min.

Kurze Runde (Blitzlicht) zum augenblicklichen persönlichen Befinden

- Klären, ob irgendwelche Störungen Vorrang bekommen müssen

Orientierung

Zeitaufwand: 45 Min.

- Sammeln der Themen, die heute besprochen werden müssen. Das können Themen aus dem letzten Statusmeeting sein und aus dem laufenden Projektgeschehen, z.B.:
  - Erledigungszustand einzelner Aufgaben
  - Schwierigkeiten in der Bearbeitung, erwartete und unerwartete Erfolgsmeldungen
  - angenehme und weniger angenehme Ereignisse

- Bearbeitungsfolge der Themen festlegen
  (je nach Stimmung, erst die „leichten" und dann die „schweren" oder umgekehrt)

Bearbeitung und Handlungsorientierung

Zeitaufwand: 120 Min.

- Die einzelnen Beiträge der Teammitglieder zum jeweiligen Thema mitvisualisieren
- Strukturvorschlag
  - Thema
  - Was ist dazu zu sagen?
  - Was ist zu tun, zu entscheiden?
  - Wer macht es, bis wann?
- Relevanz und Auswirkungen auf das Projekt selbst feststellen
  - Gibt es Auswirkungen auf den Projektauftrag?
  - auf die Zielsetzungen?
  - auf den Termin- oder Budgetrahmen?
  - Welche (Erfolgs-) Meldung über das Projekt teilen wir dem Auftraggeber, Entscheider, den Kunden/Anwendern mit?
- Verfeinerung des Projektplans vornehmen
- Projektstatus feststellen

Abschluß

Zeitaufwand: 15 Min.

- Kurze Reflexion über das Meeting und die Zusammenarbeit.

27 Projektabschnitte bilanzieren: Phasen, Meilensteine, Zwischenpräsentationen, Reviews

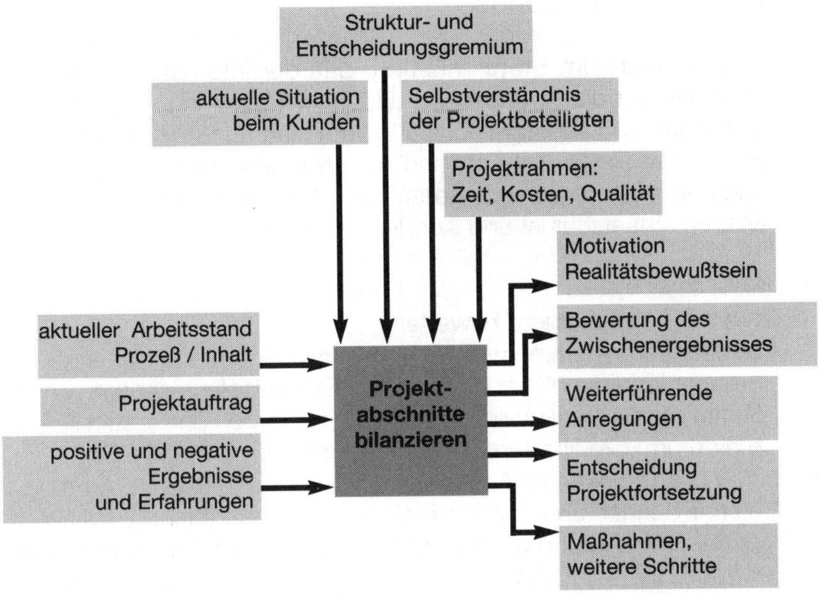

Abb. 23: KontextModell zum Bilanzieren des Projektabschnitts

Ausgangssituation

In jedem größeren Projekt gibt es bestimmte, meist im Meilensteinplan klar definierte Zeitpunkte zur Abstimmung mit dem Auftraggeber oder einem eigens zu diesem Zweck eingerichteten Entscheidergremium (z.B. Lenkungsausschuß oder Projektsteuergruppe).

Die Bilanzierung und der Abschluß eines Projektabschnittes finden oft in einer Veranstaltung statt, in der die Projektzwischenergebnisse beim Auftraggeber oder Lenkungsausschuß vorgestellt und diskutiert werden („Review"). Diese Veranstaltungen sind neben der Auftragsklärung und dem regelmäßigen persönlichen Gespräch die wichtigsten Situationen zur Gestaltung eines produktiven und unterstützenden Entscheidungsprozesses.

Wenn diese Zwischenbilanz vergessen oder nicht sorgfältig genug gezogen wird, besteht die große Gefahr, im weiteren Verlauf Projektergebnisse zu erarbeiten, die am Bedarf und der aktuellen Situation des Auftraggebers vorbeilaufen.

Ziele dieser Projektphase

Im Unterschied zum Statusmeeting, das der internen Abstimmung dient, findet hier die Abstimmung und Rückkoppelung mit Auftraggebern, Kunden und sonstigen Entscheidern statt. Eine Zwischenpräsentation oder ein Review ist notwendiger Bestandteil der kontinuierlichen Auftragsklärung, um sicherzustellen, daß das erarbeitete Projektergebnis wirklich umsetzbar ist und Kundennutzen stiftet.

Es dient dazu:

- Zwischenergebnisse zu bewerten:
  In dieser Veranstaltung werden den Entscheidern das bisherige Vorgehen und die bisher erarbeiteten Ergebnisse präsentiert. Jetzt können sie die Qualität der Ergebnisse beurteilen und feststellen, ob diese im vereinbarten Zeit- und Kostenrahmen liegen. So erhält das Projektteam Feedback für die bisher geleistete Arbeit.
- Entscheidungen über die Projektfortsetzung zu treffen:
  Vor dem Hintergrund der Zwischenergebnisse und in Kenntnis der jeweiligen Ziele und Rahmenbedingungen müssen die Entscheider beurteilen, ob eine Fortsetzung der Projektarbeit sinnvoll ist, und den Auftrag und die Ziele für die nächste Phase der Projektarbeit präzisieren.
- Weiterführende Anregungen und Hinweise zu geben:
  Wenn der Entscheidungsprozeß bei der richtigen Funktion oder Person stattfindet, können aus der offenen Diskussion wertvolle Anregungen und Hinweise für die weitere Projektarbeit gezogen werden. Das Feedback der Entscheider kann einerseits helfen, den eigenen kontinuierlichen Lernprozeß des Projektes zu fördern und andererseits Informationen zu erhalten, die dem Projektteam ohne den erweiterten Blick von außen nicht zugänglich wären.
- Motivation und Realitätsbewußtsein bei allen Projektbeteiligten zu erzeugen:
  Die Zwischenpräsentation und anschließende Diskussion hilft allen Projektbeteiligten (Projektteam und Entscheidern), den Blick für die Realität zu wahren. Falsche Erwartungen und unrealistische Vorstellungen und Ideen werden korrigiert und auf den Boden der Tatsachen zurückgeholt. Andererseits kann eine gelungene Zwischenpräsentation sehr motivieren und dadurch neuen Elan und eventuell auch neue Ressourcen freisetzten.

- Weitere Maßnahmen und Schritte mit dem Auftraggeber zu vereinbaren:
  Neben dem Auftrag für die nächste Projektphase müssen auch begleitende Maßnahmen wie z.B. das Bereitstellen zusätzlicher Ressourcen, politische Gespräche und Termine für die nächsten Treffen vereinbart werden.

Die Qualität der Zwischenbilanz ist in hohem Maß von der Kompetenz, der Zusammensetzung, vom Selbstverständnis der beteiligten Projektpartner und der Kultur ihrer Zusammenarbeit abhängig. Gegenseitige Akzeptanz und Wertschätzung ermöglichen offene konstruktive Kritik auf der einen Seite und kreative Vorschläge auf der anderen Seite.

Beteiligte bei der Bilanzierung von Prozeßabschnitten

Es hängt von dem jeweiligen Projektabschnitt ab, wer zu beteiligen ist. Jedoch werden natürlich der Projektleiter, der Prozeßbegleiter und die maßgeblich beteiligten Projektmitarbeiter dieser Projektphase aktiv dabeisein.

Wie gehen wir vor?

Regelmäßige Zwischenbilanzen werden in größeren Projekten bereits zu Beginn des Projektes vereinbart. Oft bietet sich hier das Ende einer vorher definierten Projektphase an, was auch als Meilenstein bezeichnet wird.

Sie sind aber auch in Krisensituationen notwendig, wenn eine bewußte Entscheidung zum Abbruch oder zur Fortsetzung eines Projektes herbeigeführt werden soll. Gerade Projektabbrüche finden häufig ohne Zwischenbilanz statt, so daß eine fundierte sachliche Entscheidung oft durch emotionale Schnellschüsse ersetzt und ein Lernen aus den bisher gemachten Projekterfahrungen für die gesamte Organisation verhindert wird.

Für die Vorbereitung und Durchführung beachten Sie bitte folgende Tips sowie die Checkliste „Zu klärende Fragen“:

- Präsentieren Sie Ihre Ergebnisse kurz und knapp und planen eine lange Erläuterungs- und Diskussionsphase ein.
- Stellen Sie nicht nur die positiven Ergebnisse vor. Präsentieren

Sie auch Schwierigkeiten. Letztere am besten gleich mit konkreten Handlungsvorschlägen für die Entscheider.

Präsentationen (Abschnitt 44)

- Präsentieren Sie Ihre Projektergebnisse so, daß Sie konkrete Entscheidungsvorschläge anbieten. Beachten Sie bei Ihrer Präsentation das Prozeßmodell des Entscheidungsprozesses (vgl. Abschnitt 44 „Präsentationen im Projekt").
- Eine Präsentation ist keine Einwegkommunikation. Fragen Sie Entscheider nach ihrer Meinung, und erbitten Sie Anregungen und zusätzliche Hinweise für den weiteren Projektverlauf.

Zu klärende Fragen

- Wie wurde bisher gearbeitet (Vorgehen)? Was ist gut gelaufen? Wo gab es eher Schwierigkeiten?
- Wie sieht das bisherige Projektergebnis aus?
- Welche Abweichungen gibt es zwischen Auftrag und Ergebnis dieses Projektabschnittes? Wie sind sie zu erklären?
- Wie effizient wurden Zeit und Ressourcen genutzt? Gibt es Planabweichungen?
- Welche Risiken ergeben sich für den weiteren Projektverlauf?
- Welche zusätzlichen Erkenntnisse wurden im Lauf der Projektarbeit gewonnen?
- Welche neuen oder erweiterten Anforderungen gibt es aus dem Umfeld des Auftraggebers oder Kunden?
- Welche Hilfe und welche Schwierigkeiten sind aus dem sonstigen Umfeld des Projektes zu erwarten?
- Wird das Projekt weitergeführt?
- Welche konkreten Zielsetzungen gibt es für die nächste Phase?
- Welche weiteren Schritte und Maßnahmen müssen vom Projekt oder durch die Entscheider eingeleitet werden?

Werkzeuge und Methoden

Hier sind die Werkzeuge und Methoden angekreuzt, die diese Phase im Projekt vorantreiben.

Einsatz von Moderationsmethoden	**X**
Umfeldanalyse	**X**
KontextModell	**X**
SystemModell	**X**
Vernetzung	
Methoden der Projektplanung	
Simulation	
Systemisch fragen	**X**
Wahrnehmen-vermuten-bewerten / reagieren	**X**
Feedback	
Skulpturarbeit	
Prozeßschritte der Konfliktbearbeitung	**X**
Übungen zur interkulturellen Zusammenarbeit	
Präsentationen	**X**
Prozeßmodell Entscheidungsfindung	**X**

Werkzeuge und Methoden (Teil 4)

Beispielablauf: Review eines EDV-Projektes

Die Projektgruppe präsentiert vor dem Lenkungsausschuß das bisherige Projektergebnis, um Entscheidungen einzuholen. Hierfür wird je nach Komplexität ca. ein halber Tag eingeplant.

Anwärmen

Zeitaufwand 15 Min.

- Kurze Vorstellung der Personen, die sich noch nicht kennen

Themenorientierung

Zeitaufwand: 60 Min.

- Ziele und Vorgehen der Präsentation vorstellen
- Präsentation der Projektergebnisse; Verständnisfragen beantworten

Themenbearbeitung

Zeitaufwand 120 Min.

- Sammeln und Bewerten von Diskussionspunkten
- Bearbeitung der wichtigsten Diskussionspunkte

- Entscheidungsvorbereitung oder Entscheidungsfindung, wenn das sofort möglich ist; Ziel für die nächste Projektphase verabreden

Handlungen verabreden

Zeitaufwand 45 Min.

- Vereinbaren, was in Zukunft anders laufen sollte
- Wer muß was bis wann entscheiden oder tun?
- Wer muß vom Ergebnis dieser Sitzung informiert oder einbezogen werden?

Abschließen

Zeitaufwand15 Min.

- Reflexion der Zusammenarbeit: Was lief gut in dieser Sitzung? Womit waren wir nicht so zufrieden?

28 Kunden und Anwender einbeziehen

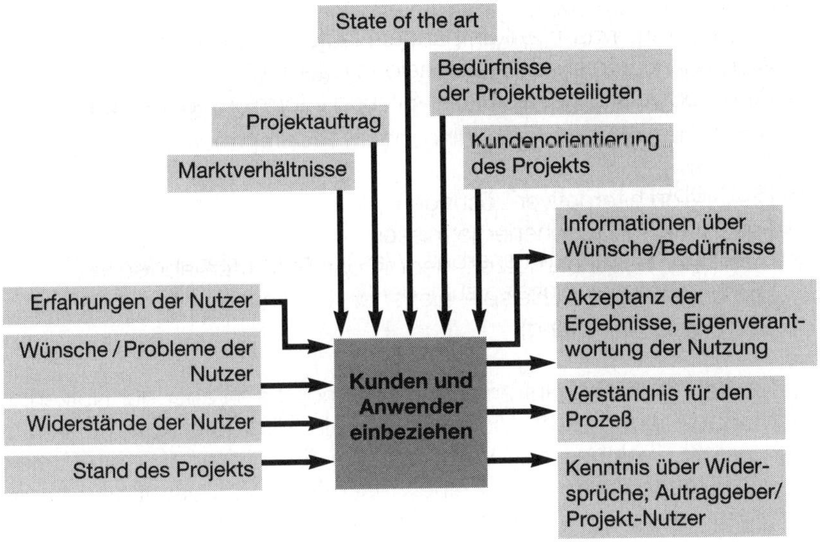

Abb. 24: KontextModell zum Einbeziehen der Kunden und Anwender

Ausgangssituation

Projekte sind nur dann erfolgreich, wenn sie dem Kunden, also dem Endnutzer, einen zusätzlichen Nutzen bringen. Zwischen dem Projekt und dem Endnutzer stehen häufig Anwender, die die Projektergebnisse verwenden, um dem Kunden ein Produkt oder eine Dienstleistung besser, schneller oder kostengünstiger anbieten zu können. Deshalb entscheiden nicht die Auftraggeber, sondern die Anwender und die Endnutzer über den Erfolg eines Projekts (vgl. Abschnitt 3 „Kundenorientierung im Projekt").

Kundenorientierung (Abschnitt 3)

Um diesen Endnutzen im Projekt zu erzielen, muß die Kundensituation permanent präsent sein. Dies geschieht im allgemeinen nicht durch eine ständige Teilnahme der Kunden an der Projektarbeit, vielmehr muß das Projekt regelmäßig daraufhin überprüft werden, ob es sich noch auf der Erfolgsspur befindet. Derartige Checks können bei zunehmendem Fortschritt des Projekts zu Spannungen und Frustrationen führen, z. B. wenn sich die Projektentwicklung von dem Endnutzen unbemerkt entfernt hat. Dennoch sind solche Überprüfungen empfehlenswert, denn Projekte, die sich von den Nutzerinteressen zu weit entfernen, laufen Gefahr, in der späteren Implementierung zu scheitern.

Themen der Einbeziehung des Anwender- und Kundennutzens sind:
- Wünsche und Bedürfnisse der Nutzer der Projektergebnisse
- bisherige Nutzungs- und Anwendungserfahrungen
- Informationen über die Anwendungs- und Nutzungsumgebung (zum Beispiel Wartungsbedingungen, Programmumgebung in der EDV usw.)
- Diskussion alternativer Lösungen
- Feedback zu Zwischenergebnissen
- möglicher Sekundärnutzen, der mit den Projektergebnissen verbunden ist (zum Beispiel nicht nur Kostensenkung, sondern auch Beschleunigung).

Mit diesen sachlichen Informationen erschöpft sich aber der Nutzen an der Einbeziehung nicht. Vielmehr wird ein Klima der Kommunikation hergestellt, welches das Vertrauen der Endnutzer zu dem Projekt stärkt. Dieses Vertrauen ist eine wesentliche Voraussetzung für die erfolgreiche Implementierung der Projektergebnisse.

Im Gegenzug erlaubt es aber auch den Projektmitgliedern, Informationen über den Projektverlauf zu geben. Das ist sinnvoll, weil Endnutzer häufig ungeduldig sind und wenig Verständnis für die Dauer des Projekts haben. Die Einbeziehung von Anwendern und Kunden bietet also auch die Möglichkeit, über die Komplexität des Projektgeschehens und das Spannungsfeld, in dem sich das Projekt bewegt, zu informieren. Dadurch kann den Anwendern und Kunden rechtzeitig vermittelt werden, welche ihrer Wünsche durch das Projekt nicht erfüllt werden können.

Schließlich bieten solche Kommunikationsveranstaltungen auch den Projektmitgliedern die Möglichkeit, den Projektverlauf kritisch zu überprüfen. Die frühzeitige Einbeziehung von Kunden wirkt auch auf das Machtgefüge im Projekt, denn die Zustimmung durch die Nutzer stellt einen erheblichen Unterstützungsfaktor für das Projekt gegenüber anderen Einflüssen dar.

Dennoch wird die rechtzeitige Einbindung vielfach unterlassen. Das häufigste Argument ist Zeitmangel. Wenn man aber das Projekt in seiner gesamten Länge von der Auftragserteilung bis zur erfolgreichen Implementierung betrachtet, dann zeigt sich, daß in der Projektumsetzung Zeit und Qualität gewonnen werden, was während des Projekts als zusätzlicher Aufwand erscheint.

Andere Schwierigkeiten liegen in der sehr unterschiedlichen Sprache zwischen Projektmitarbeitern und Anwendern oder Kunden. Die Verständigung ist häufig mühsam, aber die Klärung der Kundenwünsche bringt auch Klarheit in die Projektarbeit und weist auf bisher übersehene Ungenauigkeiten oder Widersprüche hin.

Besonders in Unternehmen, in denen schon viele Projekte gescheitert sind, besteht eine erhebliche Skepsis von seiten der Anwender. Viele Projektmitarbeiter scheuen deshalb die Auseinandersetzung, sie bestätigen aber so das Mißtrauen. Sie verzichten dadurch nicht nur auf notwendige Informationen für ihre Arbeit, sondern erschweren auch die Implementierung.

Wie gehen wir vor?

Auftragsklärung

Häufig findet eine Auftragsklärung nur zwischen dem Auftraggeber und dem Projektleiter statt. Die Auftraggeber verstehen sich dabei unausgesprochen als die Interessenvertreter der Anwender und Kunden. Das ist aber nicht immer so. So kann ihr Interesse vorrangig in einer Kostensenkung liegen, während die Anwender mehr Bedienungsfreundlichkeit fordern. Es lohnt sich also, schon in dieser Phase Kontakt mit Anwendern aufzunehmen, um sich über ergänzende Anforderungen oder Widersprüche zu dem Projektauftrag zu informieren. Gegebenenfalls müssen diese Informationen in die Auftragsklärung zurückgespielt werden. Anwender und Kunden können entweder persönlich, also real anwesend sein, oder sie können virtuell vertreten sein. Ihre spezifischen Anforderungen können also Gegenstand des Gesprächs mit dem Auftraggeber sein, sie können aber auch simuliert werden, d.h. durch fiktive Vertreter, die ihre Interessen wahrnehmen. Welche Form gewählt wird, hängt davon ab, ob und in welcher Form Anwender und Kunden verfügbar sind.

Projektstart

In dieser Phase ist das Projektteam erstmals vollständig versammelt. Es gilt, nicht nur den Auftrag in der geklärten Form zu vermitteln, sondern auch den Nutzen darzustellen, den das Projekt bringen soll. Dazu gehören auch die Wünsche, Bedürfnisse und Widerstände der Anwender und Kunden.

Neben den sachlichen Informationen, die auf diese Weise über die Projektziele vermittelt werden, wird darüber hinaus erreicht, daß das Projekt von vornherein auf Kundenorientierung ausgerichtet wird. Für den Projektverlauf kann dadurch erreicht werden, daß die Kommunikation mit Kunden und Anwendern nicht als lästige Pflicht, sondern als notwendiger Bestandteil der Projektarbeit verstanden wird.

Projektstatus feststellen

In allen Situationen, in denen ein Zwischenresumee über das Projekt gezogen wird, spielen auch die Kunden und Anwender eine Rolle. Je nach Stand der Projektarbeiten können sie über die Zwischenergebnisse informiert werden, das zu erwartende Ergebnis kann aber auch mit Hilfe von Modellen oder Teilrealisierungen vorgestellt werden, so daß die Nutzer einen sinnlichen Eindruck von dem Ergebnis bekommen. Diese Stufe der Konkretisierung ist häufig notwendig, damit Kunden und Anwender ihre Wünsche und Einwände klar formulieren können.

Gleichzeitig bieten solche Demonstrationen auch einen Vorgeschmack auf die Verbesserungen, die Kunden und Anwender erwarten können. Die Zustimmung und Anerkennung der Projektarbeit kann das Projektteam beflügeln und ihm, wenn nötig, neuen Schwung verleihen.

Wenn Kunden und Anwender nicht real einzubeziehen sind, hilft auch häufig eine Simulation, in der sich Personen, die die Situation von Kunden und Anwendern kennen, in deren Lage versetzen und aus ihrer Sicht die Zwischenergebnisse beurteilen.

Test und Pilotprojekt

In vielen Fällen ist es notwendig, die Projektergebnisse zu testen, bevor das Projekt abgeschlossen wird. Das gilt nicht nur für technische, sondern auch für Organisationsprojekte. Dazu sollten die Projektergebnisse weitgehend vorliegen und die technischen Voraussetzungen herstellbar sein, unter denen die praktischen Anwendungen ausprobiert werden. Es muß allerdings sichergestellt werden, daß es sich hierbei nicht um einen „Verkaufstrick“ handelt. Die Teilnehmer an einem Test oder einem Pilotprojekt müssen sicher sein können, daß die Testergebnisse noch in das Projektergebnis einfließen können, das Projekt also noch nicht abgeschlossen ist. „Unehrliche“ Pilotprojekte erschweren die flächendeckende Implementierung ganz erheblich und schaffen nicht nur Mißtrauen gegenüber diesem Projekt, sondern auch gegenüber den zukünftigen Projekten.

Tests und Pilotphasen geben nicht nur Aufschluß darüber, ob die Projektergebnisse „funktionieren“, sondern in welcher Weise die Anwender informiert werden müssen und wie „Gebrauchsanweisungen“ aussehen müssen, damit die Anwender die neuen Möglichkeiten nutzen können.

Projektabschluß und Implementierung

Wenn in den vorhergehenden Phasen des Projekts Kunden und Anwender ausreichend einbezogen wurden, ist die Projektübergabe eher ein formaler Akt. In erster Linie stellt der Informationsvorgang ein Mengenproblem dar, weil alle Anwender oder Kunden informiert werden müssen.

Neben der Übergabe aller für die Anwender wichtigen Informationen geht es hier vor allem darum, daß diese die Verantwortung für die weitere Durchführung, also zum Beispiel die ordnungsgemäße Einweisung, übernehmen. Die erwarteten Erfolge eines Projekts stellen sich nur ein, wenn die Anwender die neuen Hilfsmittel oder Strukturen auch nutzen, um für sich oder die Kunden einen Nutzen zu erzeugen. Die Führungskräfte im Anwenderbereich haben dabei im allgemeinen eine Schlüsselfunktion. Sie müssen nicht nur gut informiert, sondern auch vom Nutzen der Anwendung und der Einweisung überzeugt sein.

Zu klärende Fragen

- Wozu ist das Projekt für die Anwender / Kunden not-wendig, das heißt, welche „Not soll es wenden"?
- Wieweit sind Wünsche realistisch? Wieweit handelt es sich um tatsächliche Bedürfnisse?
  Worin besteht der tatsächliche Nutzen?
- Welche Wertschöpfung verspricht sich der Kunde oder Anwender?
- Wie klar ist für den Anwender/Kunden der Aufwand, den er leisten muß, um die Wertschöpfung realisieren zu können?
- Wie bereit oder fähig ist das Kundensystem, die Wertschöpfung zu realisieren?
- Mit welchen Nebenwirkungen rechnet der Kunde oder Anwender bzw. muß er rechnen? Ist er zu dem daraus resultierenden Zusatzaufwand bereit?
- Auf welche Arbeitssituation beim Kunden/Anwender trifft die Realisierung des Projekts: zeitlich, finanziell, personell, persönlich?
- Worüber und wie muß der Kunde informiert werden, damit er Vertrauen zu dem Projekt hat?
- Was braucht das Projektteam vom Kunden/Anwender in sachlicher und emotionaler Hinsicht?
- Was kann der Kunde/Anwender während des Projekts beitragen: sachliche Informationen, Unterstützung, Bereitschaft zur Übernahme seiner Verantwortung?

Werkzeuge und Methoden

Hier sind die Werkzeuge und Methoden angekreuzt, die diese Phase im Projekt vorantreiben.

Werkzeuge und Methoden (Teil 4)

Einsatz von Moderationsmethoden	**X**
Umfeldanalyse	**X**
KontextModell	**X**
SystemModell	**X**
Vernetzung	
Methoden der Projektplanung	
Simulation	
Systemisch fragen	**X**
Wahrnehmen-vermuten-bewerten / reagieren	**X**
Feedback	**X**
Skulpturarbeit	
Prozeßschritte der Konfliktbearbeitung	
Übungen zur interkulturellen Zusammenarbeit	
Präsentationen	**X**
Prozeßmodell Entscheidungsfindung	

Beispielablauf

Geschildert wird der Ablauf eines der ersten Projekttreffen mit Anwendern nach dem Projektstart. Zeitbedarf ca. 1 Tag.

Einstieg
Zeitaufwand 30 Min.
- Noch einmal eine kurze Vorstellungsrunde der Anwesenden
- Stimmungsbild zum Projekt erfragen

Themenorientierung
Zeitaufwand 120 Min.
- Reflexion und Wertschätzung der bisherigen Zusammenarbeit
  Fragestellung:
  – Womit sind wir einverstanden, was kann so bleiben?

- Was stört, womit haben wir Schwierigkeiten, was gelingt (noch) nicht?
- Über welche (wichtigen) Themen müssen wir hier reden?

Arbeitsweise:
Kleingruppenarbeit aus der jeweiligen Sicht „Projektteam“ und „Anwender“

Themenbearbeitung und Handlungsorientierung

Zeitaufwand 3-4 Stunden

- Die genannten Themen nacheinander (nach Priorität) bearbeiten
- Strukturvorschlag:
  - Thema....
  - Was gibt es dazu zu sagen?
  - Was ist zu entscheiden und zu vereinbaren?
  - Wer übernimmt die Verantwortung für die Umsetzung?
- Termin für das nächste Treffen vereinbaren

Abschließen:

Zeitaufwand 30 Min.

- Reflexion über das Projekttreffen:
  - Was lief gut in dieser Veranstaltung?
  - Was ist beim nächsten Treffen zu verändern?
  - Wenn ich jetzt an unser (!) Projekt denke....

29 Projektteam entwickeln

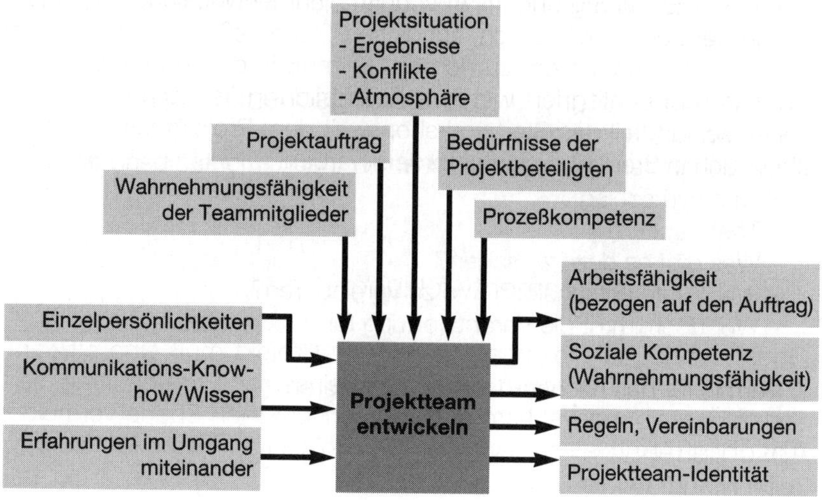

Abb. 25: KontextModell zur Teamentwicklung

Ausgangssituation

Im Projekt kommen Menschen mit unterschiedlichem fachlichen und organisatorischen Hintergrund zusammen, um eine gemeinsame Aufgabe zu lösen. Sie kennen sich oft nicht und sprechen nicht immer eine gemeinsame Sprache. Obwohl man heute weiß, daß ein großer Teil der Schwierigkeiten im Projekt durch Probleme und nicht ausgetragene Konflikte zwischen den beteiligten Personen entstehen, erwartet man von ihnen immer wieder, daß sie ohne große Umschweife vertrauensvoll und effizient zusammenarbeiten. Explizite Teambildung und Teamentwicklung trägt dazu bei, dies zu gewährleisten.

Die Qualität der Teamentwicklung hängt dann von sehr vielen unterschiedlichen Faktoren ab:

- der sozialen Kompetenz der Projektbeteiligten (des Projektleiters und der Teammitglieder ebenso wie der des Auftraggebers und Steuerteams). Dazu gehören Wahrnehmungsfähigkeit, Kommunikationsverhalten sowie Konfliktfähigkeit.
- der „Kultur" der Organisation bzw. der beteiligten Organisationen
- den Vorerfahrungen der Projektmitglieder mit Teamarbeit

- vorhandenen Störfaktoren aus dem Umfeld
- der Zielsetzung des Projektes sowie dem Qualitätsanspruch des jeweiligen Projektauftrages.

Wie in der Einleitung und im Abschnitt „Teamentwicklung im Projekt" geschildert, empfiehlt es sich, auf diesen Teilprozeß in der Projektarbeit besonderes Augenmerk zu richten. Er muß in den Arbeitsalltag der Projektgruppe integriert werden. Teambildung ist zum Beispiel ein fester Bestandteil des Startworkshops mit dem Projektteam. Sie sollte aber auch in Steuergremien gefördert werden.

Ziele der Projektteamentwicklung

Oberstes Ziel der Teamentwicklung im Projekt muß eine effiziente Zusammenarbeit, bezogen auf den gemeinsamen Projektauftrag, sein. Sie sollte Reibungsverluste auf der menschlichen Ebene vermeiden und damit die Arbeitszufriedenheit der Projektteammitglieder fördern.

Um dies zu erreichen, sollte das Team
- Regeln zur Zusammenarbeit vereinbaren;
- soziale Kompetenz (weiter)entwickeln: Dazu gehören unter anderem Wahrnehmungs-, Konflikt- und Kommunikationsfähigkeit;
- die Rollen im Team klären;
- unterschiedliche fachliche und persönliche Interessen besprechen;
- eine gemeinsame Identität als Team entwickeln;
- Solidarität und Zusammenhalt im Team fördern, soweit dies im jeweiligen Umfeld sinnvoll und möglich ist;
- die Fähigkeit ausbauen, über sich als Person und als Team nachzudenken.

Beteiligte

An der Teamentwicklung sollte immer das gesamte Projektteam einschließlich Leitung beteiligt sein. Im Laufe der Teamentwicklung entstehen fast immer Fragen, die nur vom Auftraggeber zu beantworten sind. Deshalb ist es hilfreich, den Projektauftraggeber zu einem Teamentwicklungs-Workshop vorübergehend hinzuzubitten.

Wie gehen wir vor?

Die Teamentwicklung im Projekt beginnt in der ersten Stunde des Projektes und steht in engem Zusammenhang mit den Inhalten der Projektarbeit. Sie kann deshalb nur ausnahmsweise als eine von der gemeinsamen Zielsetzung und inhaltlichen Arbeit isolierte Arbeitssituation betrachtet werden. Zu Beginn eines Projektes, in Konfliktfällen oder in Situationen, die mit einem größeren personellen Wechsel verbunden sind, empfiehlt es sich jedoch, einen Zeitraum von mehreren Stunden und im Einzelfall sogar Tagen ausschließlich für die Teamentwicklung zu reservieren. Dies erweist sich meistens als gute Investition zur Einrichtung oder Pflege einer vertrauensvollen Zusammenarbeit und damit zielgerichteten und effizienten Projektabwicklung.

Prozeßbegleiter sollten vor einer Teamentwicklung Einzelgespräche mit einigen repräsentativen Teammitgliedern führen, um verbreitete Verhaltensmuster und Subsysteme im Team zu erkennen. Sie bereiten den Boden für eine offene und fruchtbare Diskussion im Teamentwicklungs-Workshop.

Zu klärende Fragen

- Wer hat welche Ziele und Erwartungen?
- Wie sehr stehen die einzelnen hinter dem gemeinsamen Ziel?
- Wie gut passen Teamziele und persönliche Ziele zusammen?
- Wie wollen wir in diesem Team zusammenarbeiten?
- Wie sehen einzelne Teammitglieder die Fähigkeiten der anderen?
- Wer hat welche Rolle und welche Funktion in diesem Team?
- Wie klären wir Konflikte, und wie kommen wir zu Entscheidungen?
- Wie verbindlich sind die Verabredungen in diesem Team?
- Wie gestalten wir den Informationsfluß in diesem Team?
- Wie vertreten wir die Projektinteressen nach außen?
- Wie organisieren wir unseren eigenen Lernprozeß als Team? Wie gestalten wir eine regelmäßige Selbstreflexion über unsere Zusammenarbeit?

Methoden und Kompetenz

Obwohl wir nachfolgend einige Tools empfehlen, die in Teamentwicklungsprozessen hilfreich sind, möchten wir an dieser Stelle darauf hinweisen, daß die Begleitung eines komplexen Teamentwicklungsprozesses besonders in sehr heterogenen und konfliktgeladenen Gruppen eine eigenständige Kompetenz darstellt. Dazu gehört unter anderem die ausführliche Auseinandersetzung mit der eigenen Person, so daß eigene Anteile an schwierigen Gruppensituationen erkannt werden und nicht durch Projektionen von seiten des Gruppenleiters zusätzlich belastet werden.

Gerade in Teamentwicklungssituationen ist eine sorgfältige und der Situation angemessene Auswahl eines geeigneten Instruments von großer Bedeutung. Hier gilt meistens der Grundsatz „Weniger ist mehr" oder „Hast du Ärger zu erwarten, helfen dir auch keine Karten". Entscheidend ist hier die eigene Einstellung und Haltung im Umgang mit den beteiligten Menschen, die wertschätzend, klar und ohne Abwertung von Personen und deren Verhaltensweisen sein sollten.

Teamentwicklung ist immer auch gleichzeitig ein Training der Teamfähigkeit. Hier können Teamübungen innerhalb und außerhalb des Seminarraumes äußerst unterstützend sein. Sie müssen jedoch sehr sorgfältig reflektiert werden. Auch ein Transfer zur späteren Arbeitspraxis des Projektteams ist sicherzustellen.

Werkzeuge und Methoden

Hier sind die Werkzeuge und Methoden angekreuzt, die diese Phase im Projekt vorantreiben.

Werkzeuge und Methoden (Teil 4)

Einsatz von Moderationsmethoden	X
Umfeldanalyse	X
KontextModell	X
SystemModell	X
Vernetzung	
Methoden der Projektplanung	X
Simulation	
Systemisch fragen	X
Wahrnehmen-vermuten-bewerten / reagieren	X
Feedback	X
Skulpturarbeit	X
Prozeßschritte der Konfliktbearbeitung	X
Übungen zur interkulturellen Zusammenarbeit	X
Präsentationen	X
Prozeßmodell Entscheidungsfindung	
Übungen zur Teamentwicklung (nicht in diesem Buch beschrieben)	X

Beispielablauf

Ausgangssituation

Die EDV von zwei großen Versicherern fusioniert. Für die Aufgabe, die EDV-Systeme zu integrieren, wird ein Projektteam gegründet. Um eine gemeinsame Identität als Projektgruppe zu entwickeln, möchten sich die Projektteilnehmer in einem zweitätigen Workshop auf die gemeinsame Aufgabe vorbereiten. Der Workshop soll professionell begleitet werden. Ziel der Veranstaltung ist es, als Projektgruppe zusammenzuwachsen. Es sollen keine inhaltlichen Themen oder Fragen der Projektorganisation geklärt werden.

Vorgehensweise

Die oben beschriebene Zielsetzung der Projektgruppe wird durch einen zwei Tage dauernden, angeleiteten Prozeß der Identitätsfindung unterstützt. In diesem Prozeß sind bewußt Elemente eingeplant, die sowohl den rechts- als auch den linkshemisphärischen Zugang zum Thema fördern. Dadurch wird das Ergebnis beim einzelnen Mitarbeiter kognitiv und emotional verankert. Während der Bearbeitung werden oft bereits bestehende Probleme und Themen der Gruppe deutlich, die – wenn es für das weitere Vorgehen notwendig ist – von der Gruppe bearbeitet und sinnvoll in den gesamten Prozeß eingebunden werden müssen.

Ablaufplanung

1. Tag vormittags

Den Rahmen der Veranstaltung klären:

- Organisation der Veranstaltung (Flipchart)
  Arbeitszeiten
  Organisatorisches zum Hotel
  Fotoprotokoll 5 Min.

Kennenlernen bzw. sich besser kennenlernen; Erwartungen klären

- Anfangsrunde mit folgenden Fragen:
  Mein Name
  Was ich gerade bearbeite
  Was ich mir für die nächsten 2 Tage wünsche 5 Min.

1. Tag vormittags (Fortsetzung)

Orientierung für den Ablauf der Veranstaltung geben

- Was wir die nächsten 2 Tage vorhaben (Präsentation eines Charts):
  - Ankommen/kennenlernen/Erwartungen klären
  - Bestandsaufnahme zur Teamstruktur
  - erste Schritte zur Identitätsentwicklung als Gruppe
  - wie wir am Ende des Projekts als Team gearbeitet haben wollen
  - eine gemeinsame Aufgabe lösen
  - Welche Einstellung haben wir zu uns als Gruppe und unserer Arbeit?
  - Welche Stärken und Schwächen haben wir: als einzelne/als Gruppe?
  - konkrete Vereinbarungen für die nächsten 2 Jahre (future steps/commitments)
  - gemeinsamer Abschluß

Strukturprinzipien der Gruppe verdeutlichen (Subsysteme)

- Die Gruppenmitglieder stehen jeweils bei folgenden Fragen kurz auf, wenn sie einem der genannten Subsysteme angehören:
  - ursprüngliche Zugehörigkeit (Versicherung A, Versicherung B, eine andere Organisation)
  - Betriebszugehörigkeit, unabhängig von der früheren Gesellschaft
  - Wer hat bereits vorher zusammengearbeitet/kooperiert?
  - hierarchische Zuordnung
  - Wer ist gleichzeitig im Strategieprojekt tätig?
  - zeitliches Engagement für dieses Projekt (100%, 75%, 50%, 25% und darunter)
  - Mitarbeiterzahl im eigenen Teilprojekt
  - Erfahrungen in der Projektarbeit

Eigene Identität entwickeln, 1. Schritt

kreativ-intuitiver Teil; rechtshemisphärisch

- Wer sind wir als Team?
  Finden Sie eine Metapher.
  Erläutern Sie sie anschließend im Plenum:
  1. zu zweit,
  2. zu viert,
  3. zu sechst,
  4. als Gesamtgruppe

Eigene Identität entwickeln, 2. Schritt

logisch-kognitiver Teil; linkshemisphärisch

- Wir sind (auf Flipchart mitschreiben):
  Beiträge, die den Zuspruch der gesamten Gruppe finden, werden mitgeschrieben

Eigene Identität entwickeln, 3. Schritt

kreativ-intuitiver Teil; rechtshemisphärisch

- Wer wir sind:
  In zwei Teilplenen zeichnen Sie ein Bild, welches die gemeinsame Metapher wiedergibt oder, finden Sie einen Slogan, schreiben Sie ein Gedicht, komponieren Sie einen Song

Mittagspause

1. Tag nachmittags

Eigene Identität entwickeln, 4. Schritt

- Wie wir heißen:
  Geben Sie der Gruppe einen Namen (Plenum)

Eine gemeinsame Vision über die Arbeit im und als Projekt entwickeln, 1. Schritt

- Phantasiereise: unser Projekt zwei Jahre später

Eine gemeinsame Vision über die Arbeit im und als Projekt entwickeln, 2. Schritt

- Die Arbeit des Projektes in den letzten beiden Jahren
  In gemischten 3er-Teams beschreiben Sie aus Sicht
  – der Projektmitglieder
  – des DV-Vorstandes
  – der Anwender
  – des Strategieprojektes
  – sonstiger Arbeitskollegen der Projektbeteiligten
  die Arbeit des Projektes der letzten beiden Jahre.
- Entwickeln Sie eine positive Beschreibung und präsentieren Sie diese im Plenum, z.B. durch eine Lobrede des Vorstandes, ein fiktives Gespräch zwischen den Kollegen usw.
- Nach jeder Präsentation (auf Themenspeicher):
  „Welche Visionen, welche Idee von der Projektarbeit wurde in dieser Präsentation deutlich?“

Eine gemeinsame Vision über die Arbeit im und als Projekt entwickeln, 3. Schritt

- Bewertung durch Punkten:
  Welche dieser Ideen unserer Arbeit im Projekt
  – liegt mir besonders am Herzen
  – wäre o.k., ist aber nicht unbedingt erforderlich
  – sollten wir auf keinen Fall verfolgen?

Ende 1. Tag

2. Tag vormittags

Vorbereitung auf die nächsten Schritte

- Eine gemeinsame Aufgabe lösen:
  z.B. ein rohes Ei mit Hilfe von verschiedenen Materialien aus dem zweiten Stock auf die Erde befördern 30 Min.

Reflexion der Aufgabe

- Selbstreflexion und Feedback zur bearbeiteten Aufgabe 10 Min.

Bestandsaufnahme der vorhandenen Glaubenssysteme/ Einstellungen im Projekt

- Regeln:
  Jeder schreibt 5 ungeschriebene Regeln auf, die aus heutiger Sicht für die Arbeit in diesem Projekt gelten
- Austausch in 3 Vierergruppen
  Jede Gruppe präsentiert die 10 wichtigsten Regeln, die in diesem Projekt gelten

Integration und Abstimmung

- Diskussion:
  Welche Regeln müssen wir verändern, um unserer gestern genannten Zielsetzung der Projektarbeit gerecht zu werden?

Mittagspause

2. Tag nachmittags

Zusammentragen der für die Projektarbeit notwendigen Fähigkeiten

- Fähigkeiten der Gruppe:
  Welche Fähigkeiten brauchen wir als Gruppe, um unseren Projektauftrag entprechend unserer eigenen Zielsetzung bestmöglich zu erfüllen ?

2. Tag nachmittags (Fortsetzung)

- Zuruffrage auf Karten, anschließend: Clustern

Bestandsaufnahme der vorhandenen Fähigkeiten

- Meine eigenen Stärken/Schwächen
  - Jeder schreibt für sich auf
  - Austausch und Feedback in 3er-Gruppen
  - Jeder schreibt anschließend seine 3 bedeutendsten Fähigkeiten mit Namen auf jeweils eine Karte

Abgleich zwischen den notwendigen und vorhandenen Fähigkeiten

- Kompetenzlücken feststellen:
  - Jeder hängt die 3 Karten zu den Clustern aus dem vorletzten Schritt
  - Diskussion im Plenum: Welche Kompetenzlücken gibt es für uns als Projektgruppe? Wie können wir sie ausgleichen?

Commitments/future steps

- Was tue ich persönlich, um die Arbeit in diesem Projekt zu unterstützen/voranzubringen?
  Jeder schreibt 3 Commitments auf eine Karte, klebt sie auf ein vorbereitetes Packpapier und unterschreibt
  Die Commitments müssen folgenden Kriterien entsprechen:
  - positiv formuliert
  - von ihm oder ihr selbst erreichbar
  - überprüfbar
  - die eigene Entwicklung unterstützend

Ende des Workshops

Abschluß

- 1-Punkt-Frage:
  Wie zufrieden bin ich mit Ablauf und Ergebnis der letzten beiden Tage?

Literaturtip: Maaß/Ritschl: Teamgeist. Spiele und Übungen für die Teamentwicklung, 1997

30 Erfahrungen sichern und nutzen

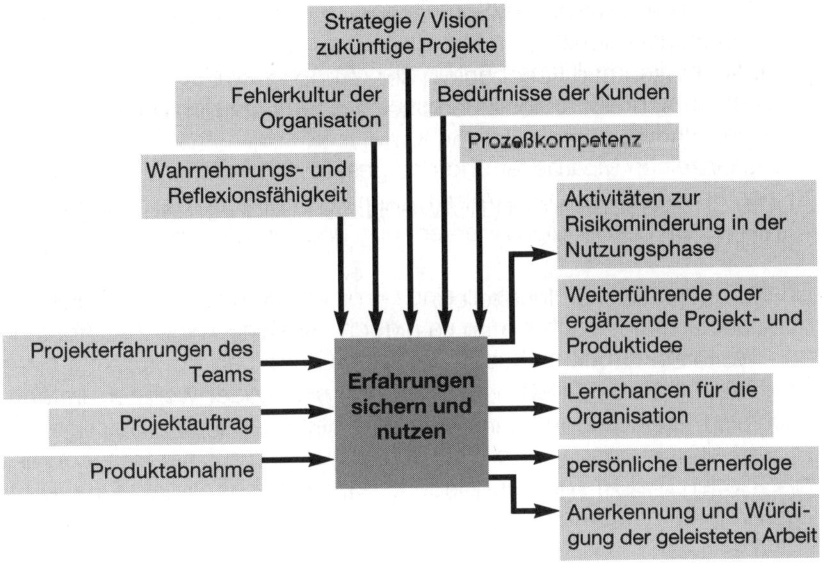

Abb. 26: KontextModell zur Erfahrungssicherung

Ausgangssituation

Die meisten Projekte enden mit einem Endspurt, der mit einer großen Anstrengung der Beteiligten verbunden ist. Andere Projekte werden überhaupt nie offiziell abgeschlossen und versanden irgendwo in der Hektik des Alltags. Einige wenige werden bewußt abgebrochen. Beinahe allen Projekten gemeinsam ist, daß sie enden, ohne daß man bewußt aus den Erfahrungen im Projekt lernt.

Die einen sind froh, daß „alles vorbei ist", die anderen wollen lieber „nicht mehr dran rühren"; man kann sich endlich wieder dem Alltagsgeschäft oder einer neuen herausfordernden Aufgabe zuwenden; in vielen Organisationen gibt es schlichtweg keine Kultur, Fehler zu besprechen und daraus lernen zu dürfen.

Wenn keine Erfahrungssicherung durchgeführt wird, sind die Folgen vielschichtig:

- Risiken für die Umsetzungs- oder Gewährleistungsphase eines Projektes werden nicht rechtzeitig erkannt. Dadurch steigen die

Kosten, die Unzufriedenheit der Kunden, oder es sinkt der Nutzen der Projektergebnisse.

- Lernen im Projekt findet, wenn es überhaupt bewußt wahrgenommen wird, lediglich auf der individuellen Ebene der einzelnen Mitarbeiter statt. Im Projekt gewonnene Erfahrungen sind in der Regel nur wenigen Mitarbeitern zugänglich.
- Fehler in der inhaltlichen Arbeit, der Vorgehensweise und in der Gestaltung des Gruppenprozesses wiederholen sich bei jedem neuen Projekt.
- Die einzelnen Mitarbeiter und das gesamte Projektteam erhalten kein Feedback über ihre Arbeit. Damit entfällt auch die für jeden Menschen notwendige Anerkennung und Würdigung.

Erfahrungssicherung innerhalb eines Projektes kann Teil des Projektabschlusses sein. Manchmal ist es jedoch hilfreich, einige Zeit Abstand von der Projektarbeit zu haben. Je nach Größe und Komplexität eines Projektes kann die Erfahrungssicherung mehr oder weniger umfangreich sein. Auch die Frage, inwieweit Kunden oder andere Beteiligte am Projekt eingebunden werden müssen, ergibt sich aus der Besonderheit eines jeden Projekts und der Bedeutung, die dieses Projekt für zukünftige Projekte der Organisation hat.

Ziel der Erfahrungssicherung

Kontinuierliche Verbesserung der Projektarbeit (Abschnitt 8)

Ziel der Erfahrungssicherung ist es, positive und negative Erkenntnisse für sich und andere nutzbar zu machen. Das erlaubt den Projektmitarbeitern und ihrer Organisation, sich in einer rasch verändernden Umwelt beständig weiterzuentwickeln. Aus eigenen Fehlern und Erfahrungen lernen zu können gilt heute als eine der wichtigsten Erfolgsfaktoren der Wettbewerbsfähigkeit (vgl. Abschnitt 8 „Kontinuierliche Verbesserung der Projektarbeit").

Unabhängig von der Endabnahme durch den Kunden ist es hilfreich, Qualität und Effizienz der inhaltlichen Arbeit im Team zu reflektieren. Wahrscheinlich kennt das Team die Schwachstellen seiner eigenen Arbeit sehr viel besser als der beste Sachverständige beim Kunden.

Das Ergebnis der inhaltlichen Reflexion kann einerseits zukünftige Nacharbeit oder Gewährleistungsansprüche deutlich und damit behandelbar machen. Andererseits gilt es, im Sinne eines kontinuierlichen Verbesserungsprozesses auch die Qualität der in Projekten erstellten „Produkte" ständig weiterzuentwickeln. Außerdem entwickeln sich in der inhaltlichen Reflexion oft neue, weiterführende oder ergänzende

Produkt- oder Projektideen, die die Akquisition weiterer Projekte ermöglichen.

Auch in der Projektarbeit hängt die Erreichung der Projektziele (Zeit, Kosten, Qualität) sehr stark von der Qualität des Projektprozesses und damit von der Funktionalität der im Verlauf des Projektes gewählten Methoden und Vorgehensweisen ab. Obwohl diese in den letzten Jahren in vielen Projekten stark in den Fokus des Bewußtseins gerückt sind, ist es für viele Organisationen immer noch nicht an der Tagesordnung, deren Einsatz regelmäßig zu überprüfen und den Erfordernissen der jeweiligen Situation anzupassen (vgl. Abschnitt 12 „Planung im Projekt").

Planung im Projekt (Abschnitt 12)

Zusammenarbeit im Team und die Qualität des Gruppenprozesses werden erst in jüngster Zeit als wichtige Faktoren für erfolgreiche Projektarbeit betrachtet (vgl. Abschnitt 15 „Teambildung und Teamentwicklung"). Gerade weil dieses Thema nur selten in ausreichendem Umfang Bestandteil der Ausbildung der Projektmitarbeiter ist, ist die regelmäßige Reflexion der Zusammenarbeit auch am Ende der Projektarbeit eine wichtige Quelle für persönliches und organisationales Lernen. Sie ist damit ein wichtiger Bestandteil der kulturellen Weiterentwicklung einer Organisation.

Teambildung (Abschnitt 15)

Viele Menschen leiden nicht nur in der Projektarbeit unter der fehlenden Anerkennung und Würdigung der Arbeit, die sie geleistet, und der Erfahrungen, die sie eingebracht haben. Für viele Projektmitglieder wird dieser Mangel durch die eigenen Linienvorgesetzten verstärkt, die nicht über die im Projekt geleistete Arbeit informiert sind und sie sogar oft noch als lästig und überflüssig empfinden. Hier kann eine Erfahrungssicherung, die auch anderen zugänglich ist, einen Teil der fehlenden Anerkennung leisten.

Beteiligte bei der Erfahrungssicherung

Projektleiter und Prozeßbegleiter organisieren die Erfahrungssicherung. Die im Rahmen der Erfahrungssicherung zu beteiligenden Personen lassen sich in mehrere Gruppen unterteilen:

1. Beteiligte (Projektteam und Leitungs- bzw. Lenkungskreis)
2. Auftraggeber
3. Betroffene (Anwender, Endnutzer).

Die Erfahrungssicherung sollte bei großen Projekten in zwei Phasen erfolgen, indem man erstens die Beteiligten und den Auftraggeber und zweitens die Betroffenen hinzuzieht. Im Vorfeld können Interviews geführt oder Erfahrungen mittels Fragebogen erfaßt werden.

Wie gehen wir vor?

Die Erfahrungssicherung gehört zum Aufgabenbereich des Projektleiters und des Prozeßbegleiters. Hierfür kann ein Leitfaden erstellt werden, der zielgruppenspezifisch Erkenntnisse zu folgenden Projektaspekten sichert (siehe auch „Zu klärende Fragen"):

- Qualität der erzielten Ergebnisse
- Zeitplanung
- Abstimmung / Nahtstellen
- Zusammenarbeit im Team
- Rollenverteilung
- Zusammenarbeit mit dem Auftraggeber/Steuerteam
- Änderungsmanagement
- Projektplanung
- Dokumentation
- Administration
- Controlling
- Führung
- Ressourcen (Räume, technische Ausstattung, Personal).

Die Erfahrungssicherung wird im Rahmen eines Workshops durchgeführt (siehe hierzu den Beispielablauf).

Zu klärende Fragen

- Welche positiven Erfahrungen haben wir im Laufe der Projektarbeit gemacht?
- Was hätten wir besser machen können?
- Was müssen wir noch nachbessern, in Gang setzen?
- Wem sollten wir unsere Erfahrungen in welcher Form weitergeben?

Werkzeuge und Methoden

Hier sind die Werkzeuge und Methoden angekreuzt, die diese Phase im Projekt vorantreiben.

Einsatz von Moderationsmethoden	**X**
Umfeldanalyse	**X**
KontextModell	**X**
SystemModell	**X**
Vernetzung	
Methoden der Projektplanung	**X**
Simulation	
Systemisch fragen	**X**
Wahrnehmen-vermuten-bewerten / reagieren	**X**
Feedback	**X**
Skulpturarbeit	
Prozeßschritte der Konfliktbearbeitung	
Übungen zur interkulturellen Zusammenarbeit	
Präsentationen	
Prozeßmodell Entscheidungsfindung	

Werkzeuge und Methoden (Teil 4).

Beispielablauf Erfahrungssicherung

Gesamtzeit 1 Tag

Im Verlaufe des Projektes ist viel Spannung aufgebaut worden. Das Projekt abzuschließen ist auch eine Wertschätzung und Würdigung aller Projektstrapazen. Die Erfahrungen zu reflektieren heißt auch, den Wert zu erkennen und ihn zu sichern. Die Veranstaltung dauert ca. einen Tag.

Ins Gespräch kommen

- Wie zufrieden bin ich mit Ablauf und Ergebnis unseres Projektes? 20 Min.

Sammeln der relevanten Themen für die Erfahrungssicherung

- Worüber müssen wir sprechen, wenn wir die in der Projektarbeit gemachten Erfahrungen zukünftig nutzen wollen? (für die Nutzungsphase oder für andere ähnliche Projekte) 40 Min.

Arbeitspakete schnüren

- Welche Themenfelder wollen wir hier bearbeiten? 20 Min.

Prioritäten setzen

- Von welchem der Themenfelder erwarten wir uns den größten Nutzen für unsere zukünftige Arbeit? 5 Min.

Erfahrungen zusammentragen
Verbesserungsideen entwickeln

- Was lief gut?
- Womit waren wir nicht so zufrieden?
- Was sollten wir noch für dieses Projekt tun?
- Welche Verbesserungsideen gibt es für zukünftige Projekte?

Mittagspause

Persönliches Feedback

- Was mir in unserer Zusammenarbeit gut getan / nicht gefallen hat
  Was ich mir von dir/Ihnen in einer ähnlichen Zusammenarbeit wünschen würde 3 x 20 Min.

Aktivitäten planen
Informationswege klären

- Was sollten wir tun?
- Wer sollte von welchen Ergebnissen informiert werden? 45 Min.

Abschied Abschied von der Gruppe 20 – 30 Min.

Teil 4

Werkzeuge und Methoden prozeßorientierter Projektgestaltung

Dieser Teil ist der „Handwerkskasten“ unseres Buches. Alle Werkzeuge sind in der Praxis erprobt und eignen sich besonders, das in diesem Buch vorgestellte Konzept prozeßorientierter Projektarbeit umzusetzen. Sie dienen der Anregung und sollen Sie ermuntern, weitere, für den jeweiligen Zweck geeignete Methoden aus der aktuellen Literatur heranzuziehen. Systemisches Vorgehen in der Projektarbeit bringt es mit sich, daß auch die im allgemeinen verborgenen Seiten von Menschen und Systemen beleuchtet werden. Gerade wirksame Methoden lösen nicht immer nur Begeisterung aus, sondern erzeugen oft Widerstände. Wer immer mit diesen Methoden arbeitet, muß mit solchen Reaktionen umgehen können. Er muß vor allem seine eigene Rolle klären und gegenüber den Betroffenen mit offenen Karten spielen. Prüfen Sie also bitte bei jedem Einsatz einer Methode, die Ihnen geeignet erscheint, ob Sie über ausreichende Kompetenz und Erfahrung zu ihrer Bewältigung verfügen.

Moderation
Umfeldanalyse
KontextModell
SystemModell
Vernetzung
Projektplanung
Simulation
Systemisch fragen
Wahrnehmen
Feedback
Skulpturarbeit
Konfliktberatung
Übungen interkulturell
Präsentation
Entscheidungsfindung

Nebenstehende Piktogramme zu den einzelnen Werkzeugen und Methoden kennen Sie bereits als Seitenvermerke aus den Teilen eins bis drei dieses Buches, so daß Sie wissen, in welchen Phasen sie eingesetzt werden und wann sie Hilfestellung bieten.

31 Einsatz der Moderationsmethode im Projekt

Wozu dient diese Methode?

Die Moderationsmethode strukturiert Problemlösungs- und Arbeitsprozesse in Gruppen. Ihr Einsatz ermöglicht den Projektmitarbeitern, sich aktiv an der Themenbearbeitung bzw. Problemlösung zu beteiligen. Sie unterstützt die Kommunikation in Gruppen. Sie schafft Transparenz über Meinungen, Sichtweisen, Einstellungen, Bedürfnisse, Erwartungen, Werte usw. aller Teilnehmer, über bestehende Probleme oder ablaufende Prozesse innerhalb von Projektgruppen.

Ziel der Moderationsmethode ist es,

- Transparenz über Probleme, Prozesse oder Ergebnis des Projektteams herzustellen,
- Lösungen für die genannten Probleme gemeinsam zu erarbeiten,
- Akzeptanz für die erarbeiteten Lösungen herzustellen,
- konkrete Handlungen für die einzelnen abzuleiten und zu verabreden,
- eine kommunikationsfördernde Atmosphäre herzustellen,
- latente Konflikte aufdecken zu helfen und manifeste Konflikte zu lösen bzw. für die Problemlösung zu nutzen sowie
- die Kreativität des Projektteams zu mobilisieren und
- Konsens zwischen allen Teammitgliedern über die Teil- und Endergebnisse herzustellen.

Die Moderationsmethode ist geprägt durch:

- eine neutrale Grundhaltung des Moderators in bezug auf die inhaltliche Lösung,
- die Arbeit nach einer bestimmten Methodik,
- den Einsatz spezieller Werkzeuge unter Verwendung von Hilfsmitteln und Materialien,
- die Beachtung eines definierten Verlaufs von Arbeitsprozessen in Gruppen.

In welchen Projektsituationen wird sie eingesetzt?

Die Moderationsmethode ist in jeder Projektarbeitssituation hilfreich, in der mehrere Menschen in einer Gruppe zusammenarbeiten. Die Projektsituationen sind zum Beispiel:

- Auftragsklärung
- Projekt starten
- Projektstatus feststellen
- Projektabschnitt(e) bilanzieren
- Kunden und Anwender einbeziehen
- Projektteam entwickeln
- Erfahrungen sichern und nutzen.

Prägende Projektsituationen (Teil 3)

Eine genaue Beschreibung von moderierten Gruppenarbeitssituationen finden Sie im gesamten Teil 3: „Prägende Projektsituationen mit Beispielabläufen".

Wie gehen wir vor?

Die nachfolgende Beschreibung gibt nur einige zentrale Hinweise. Um die inzwischen weitverbreitete Moderationsmethode zu verstehen, empfehlen wir die umfangreiche Fachliteratur zu diesem Thema. Das Literaturstudium sollte außerdem durch eine fundierte, praxisorientierte Ausbildung ergänzt werden. Nur hier erhält der zukünftige Moderator das notwendige persönliche Feedback.

Aufgabe des Moderators ist es, für die Arbeitsfähigkeit des Projektteams zu sorgen. Er trägt die formale Verantwortung dafür, daß die Gruppe ein Ergebnis erarbeitet. Für den Inhalt des Ergebnisses ist er nicht zuständig, dagegen aber für einen gezielten Einsatz der Moderationswerkzeuge, um das geplante formale Ziel der Veranstaltung zu erreichen.

Der Moderator ist der Spezialist für Methodik und Prozeßsteuerung. Seine Aufgabe ist es, die Zusammenarbeit des Projektteams zu ermöglichen und aufrechtzuerhalten. Dafür muß er einerseits die inhaltliche Arbeit methodisch unterstützen und andererseits den gruppendynamischen Prozeß steuern.

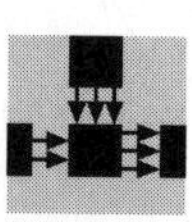

KontextModell (Abschnitt 33)

Vor Beginn der Veranstaltung werden Ziel und Ausgangssituation geklärt. Dabei ist es hilfreich, mit dem KontextModell und mit nachfolgenden Fragen zu arbeiten:

- Was ist der Anlaß?
  Warum sitzen wir zusammen? Was ist bisher zu dem Thema schon passiert? In welcher Phase befindet sich das Projekt?

- Wer ist unser Ansprechpartner?
  Woher kommt sie/er? Welche Rolle spielt er/sie im Projekt?
- Wie ist die Arbeitsgruppe zusammengesetzt?
  Hierarchisch? Nach Funktion? Nach Art der Tätigkeit?
  Nach Interessenlage?
- Was wollen die einzelnen Teilnehmer/Gesprächspartner?
  Ziele – Absichten – Erwartungen
- Was wissen die Teilnehmer/Gesprächspartner über das Thema?
  Vorwissen über das Problem? Kenntnisse der Hintergründe?
  Fachwissen?
- Was ist das formale Ziel der Veranstaltung? Gibt es ein inhaltliches Ziel? Gibt es bereits feststehende Tagesordnungspunkte?
  Erfahrungsaustausch – Problembewußtsein – Lösungsansätze entwickeln – erste Schritte vereinbaren
- Welche Konflikte können auftreten?
  Persönlich? Sachlich?
- Was kann/soll nach der Veranstaltung/dem Gespräch passieren?
  Welche Konsequenzen für die Projektarbeit gibt es?
  Sind Veränderungen in der Organisation zu erwarten?
  Sollen Energie und Engagement für die Umsetzung von Entscheidungen freigesetzt werden?
- Welche Rahmenbedingungen stehen schon fest?
  Gibt es Planungen für Material/Raum/Zeit?
  Welche Kompetenz hat die Gruppe/der einzelne?
  Wo ist der Veranstaltungsort?
  Welchen Entscheidungsspielraum hat die Gruppe/der einzelne?
- Wer hat die Veranstaltung/das Gespräch angeregt?
  Sind es Interessen des Auftraggebers?
  Gibt es Belastung und Unterstützung durch den Auftraggeber?
- Wie hoch ist der Lösungsdruck?
  Wie schnell muß das Problem gelöst sein?
  Feuerlöschen oder vorsorgen?
- Welche Erfahrungen haben die Teilnehmer/Gesprächspartner mit der geplanten Methode?
  Sind es überwiegend Neulinge? Gibt es eine Übersättigung?

Die Aufgabe des Moderators ist es, den emotionalen und den sachlichen Problemlösungsprozeß der Gruppe miteinander in Einklang zu bringen. Das bedeutet, daß er die Gestaltung seiner Moderation den Bedürfnissen, Wünschen, Erwartungen und Fähigkeiten seiner Zielgruppe anpassen muß. Daraus leitet sich der Moderationszyklus ab, der folgende Phasen enthält (siehe auch Klebert, Schrader, Straub, 1987, S. 125 ff):

Phasenmodell zur Moderation von Projektgruppen

	Funktion (inhaltlich)	Funktion (atmosphärisch)
1. Phase:	**Einstieg** Anlaß und Ziel der Veranstaltung klären (formal und inhaltlich) Rolle klären Rahmenbedingungen vereinbaren zum Thema hinführen	ankommen vertraut werden mit... Erwartungen, Wünsche vereinbaren
2. Phase:	**Themenorientierung** Themen, Probleme, Aspekte Sichtweisen sammeln, ordnen, verdichten	Meinungsvielfalt ermöglichen Einsicht und Verständnis für andere Sichtweisen fördern Problembewußtsein schaffen Interesse wecken
3. Phase:	**Themenbearbeitung** Bearbeitungsprioritäten festlegen Teilthemen präzisieren Ursache und Hintergründe klären Wünsche transparent machen Lösungsideen entwickeln Entscheidungen vorbereiten	Einwände ernst nehmen Kreativität und Visionsdenken fördern
4. Phase:	**Ergebnisintegration** Konsequenzen und Auswirkungen von Lösungsideen durchdenken Lösungen auf Realisierbarkeit abwägen Entscheidungen treffen	Bedenken, Schwierigkeiten gegen Lösungen besprechbar machen Konsens herstellen
5. Phase:	**Handlungsorientierung** Arbeit planen Vereinbarungen treffen (Folge-)Aktivitäten festlegen (was, wer, mit wem, bis wann?) Weiterarbeit an unfertigen Themen sicherstellen	Umsetzung absichern Verbindlichkeit erzielen Realitätsbewußtsein herstellen
6. Phase:	**Abschluß** Abschluß finden Qualität des Ergebnisses reflektieren	Zufriedenheit und Unbehagen mit dem Ergebnis und dem Verlauf transparent machen verabschieden

Für jede Phase hat sich der Moderator genau zu überlegen, welches Ziel erreicht werden muß, um das Gesamtziel der Zusammenkunft zu erreichen. Es ist daher besonders wichtig, jede Moderation gründlich vorzubereiten. Dafür stehen dem Moderator eine Reihe von Werkzeugen sowohl für die Vorbereitung als auch phasenspezifisch für die Durchführung zur Verfügung. Diese werden im folgenden aufgeführt und hinsichtlich ihrer Funktion und Vorgehensweise beschrieben.

Was ist dabei zu beachten?

Der Erfolg der Methode hängt im wesentlichen von der Rolle und den Fähigkeiten des Moderators ab. Der Moderator versteht sich als Katalysator im Veränderungs- bzw. Problemlösungsprozeß. Durch sein Verhalten soll die eigenständige Entwicklung des Projektteams ermöglicht werden und zu dessen Selbststeuerung beitragen. Der Moderator versteht sich als Dienstleister des Projektteams.

Die unterschiedlichen Einstellungen und Sichtweisen der einzelnen Teilnehmer werden für kreative Problemlösungen genutzt. Der hohe Grad der Interaktivität fördert und verdeutlicht psychologische Aspekte der Zusammenarbeit. Dadurch wird die Kooperation verbessert und ein Vertrauensverhältnis aufgebaut.

Es wird angestrebt, die Entscheidungsfindung, Problemlösung etc. im Konsens zu erreichen, wobei alle Teilnehmer als gleichrangig behandelt werden. Dadurch entstehen Arbeitsergebnisse, mit denen sich die Teilnehmer identifizieren können: eine Voraussetzung dafür, daß die erarbeiteten Maßnahmen auch umgesetzt werden.

Die unten beschriebenen klassischen Methoden der Moderation werden im Projekt kombiniert mit den grundlegenden Methoden der Projektplanung, die so angepaßt werden, daß ihre Handhabung auch in Gruppenarbeitssituationen möglich ist. So wird zum Beispiel bei der Projektstrukturplanung auf Kartenfrage, Bearbeitungsraster und Themenspeicher zurückgegriffen, um die Grundlagen des Projektstrukturplanes (vgl. Abschnitt „Methoden der Projektplanung") gemeinsam in der Gruppe zu erarbeiten.

Methoden in der Projektplanung (Abschnitt 36)

Der Einsatz der Moderationsmethode erfordert Kenntnisse im Umgang mit dem Phasenmodell und den einzelnen Elementen. Wenn man öfters moderieren wird, empfiehlt es sich, sich ausbilden zu lassen.

Ausgewählte Werkzeuge der Moderationsmethode

Funktion	Vorgehensweise

Einstieg

Ankommen und Einstimmung

Funktion

- Formelle Begrüßung
- Annäherung an die Gruppe
- Auftragsklärung mit der Gruppe durchführen
- Konsens über das gemeinsame Ziel herstellen
- Einstimmen der Teilnehmer auf die Moderationsmethode

Vorgehensweise

- Begrüßen und Eröffnung der
- Veranstaltung
- ggf. Vorstellen der Moderatoren und ihrer Rolle

Zielplakat

> Das Ziel dieser Veranstaltung sollte sein:
>
> 1 __________
>
> 2 __________
>
> 3 __________
>
> 4 __________

- vorbereitetes Plakat vorstellen
- Ziele der Teilnehmer erfragen und mitvisualisieren
- Konsens herstellen

Gruppenspiegel

Vorstellungsrunde

Funktion

- gegenseitiges Kennenlernen der Teilnehmer
- schnelles Miteinander-vertraut-werden
- gegenseitiges Kennenlernen der Teilnehmer
- Bedürfnisse, Wünsche und Erwartungen der Teilnehmer klären
- Rollenklärung

Dauer: hängt von der Anzahl der Teilnehmer ab, ca. 15-20 min

Vorgehensweise

- Jeder Teilnehmer stellt sich vor
- Die Beiträge sollen kurz sein, aber das Wesentliche enthalten

Gruppenspiegel

Name	Aufgabe	Erwartungen	Voraussetzungen
1			
2			
3			
4			

- Jeder trägt seinen Namen, seine Aufgaben, seine Erwartungen und Vorkenntnisse in den vorbereiteten Gruppenspiegel ein
- Jeder Teilnehmer stellt sich der Gruppe vor
- Rückfragen sind möglich

Ein-Punkt-Frage

Funktion

Ein-Punkt-Frage

- Klären der Ziele der Veranstaltung mit den Teilnehmern
- Erfassen von Meinungen, Haltungen, Einschätzungen, Sichtweisen
- Transparenz über den Stand der Diskussion schaffen

Dauer der Ein-Punkt-Frage:
ca. 10-15 min

Vorgehensweise

Gestufte Skala

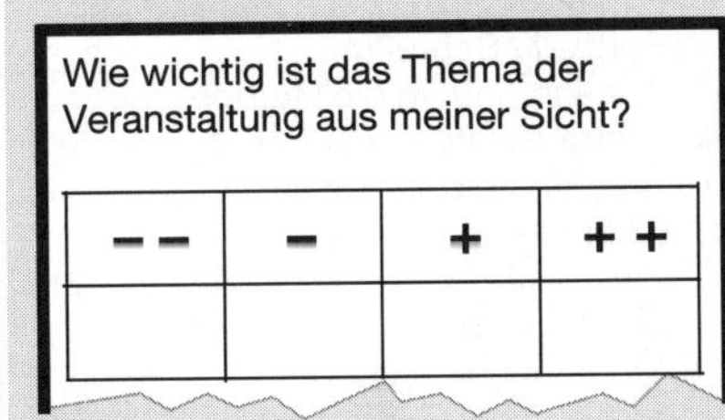

Korrelations-Diagramm

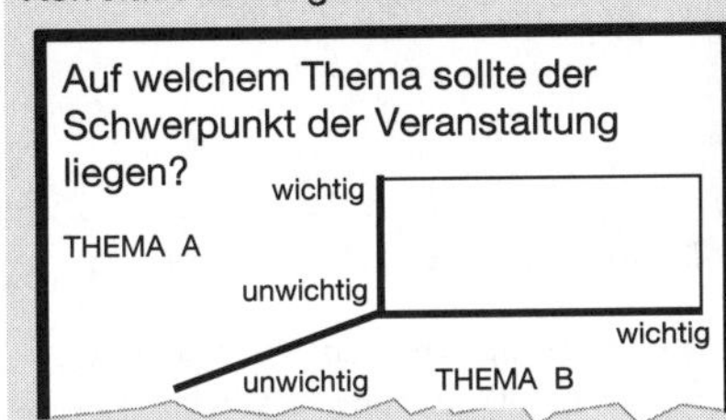

Gleitende Skala

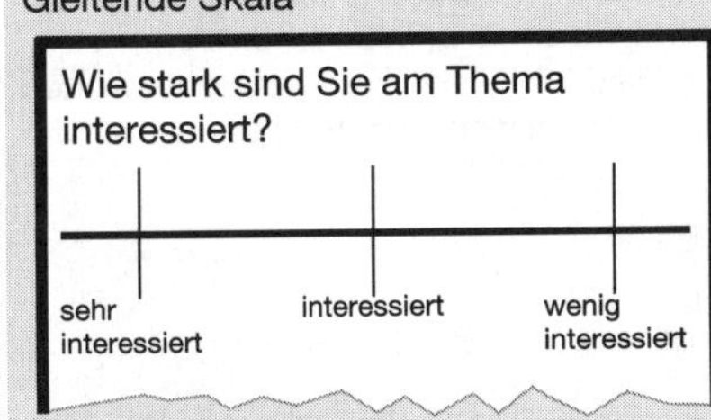

- Funktionsweise der Ein-Punkt-Frage erklären
- Frage vorstellen
- Punktekleben erklären (jeder bekommt einen Punkt und klebt diesen in das Quadrat seiner Einschätzung)
- Rückfrage zur Vorgehensweise
- Teilnehmer punkten lassen
- Punktekleben allgemein und im einzelnen besprechen und die Diskussion mitvisualisieren

Funktion	Vorgehensweise

Themenorientierung

Tagesordnung

Tagesordnung

Funktion

- Schaffen von Transparenz und Konsens über den Ablauf der Veranstaltung

Vorgehensweise

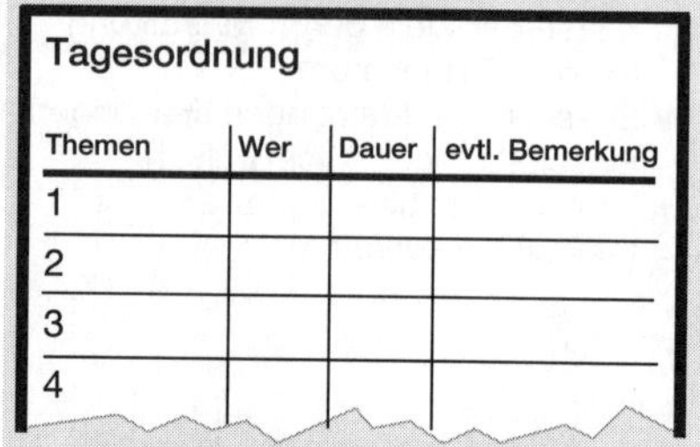

- Vorbereitetes Plakat vorstellen
- Einverständnis der Teilnehmer einholen
- Wünsche der Teilnehmer integrieren oder Tagesordnung gemeinsam erarbeiten

Zuruffrage/Brainstorming

Zuruffrage- bzw. Brainstorming

Funktion

- Einstieg ins Problem/Thema finden
- Ingangsetzen eines kreativen Prozesses
- Sammeln, Zusammentragen von Erwartungen, Wünschen und Bedürfnissen bzw. unterschiedlichen Sichtweisen und Aspekten zum Problem/Thema

Dauer: ca. 15-20 min

Vorgehensweise

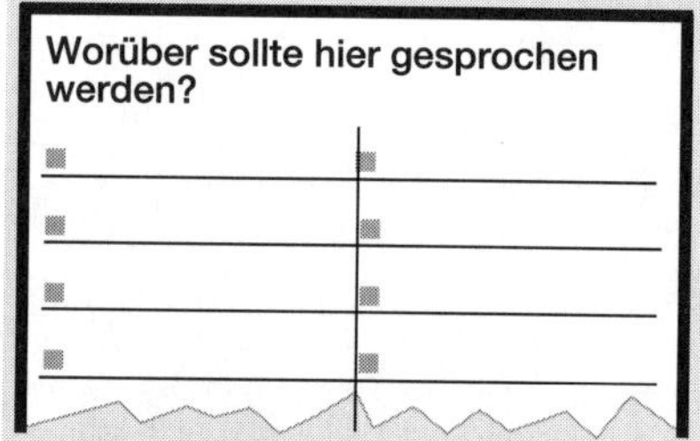

- Funktion der Zuruf-Frage erklären
- Frage nennen
- Alle Beiträge so wörtlich wie möglich mitvisualisieren oder auf Karten mitschreiben
- Sortieren der Beiträge nach Unterthemen gemeinsam mit der Gruppe

Kartenfrage

Kartenfrage

Funktion

- Einstieg ins Problem/Thema finden
- Ingangsetzen eines kreativen Prozesses
- Sammeln, Zusammentragen von Erwartungen, Wünschen und Bedürfnissen bzw. unterschiedlichen Sichtweisen und Aspekten zum Problem/Thema
- Aktivieren aller Teilnehmer

Vorgehensweise

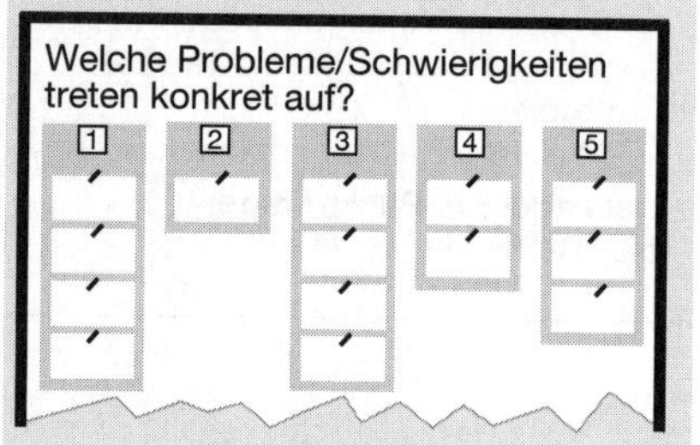

Funktion	Vorgehensweise
■ Anonymität und Zeit zum Überlegen ist notwendig Dauer: ca. 45 min	– Funktion der Karten-Frage erklären – Frage nennen – Kartenschreiben erklären – Karten und Stifte verteilen – Karten von den Teilnehmern beschreiben lassen – Karten werden vom Moderator vorgelesen – Sortieren bzw. Clustern der Beiträge nach Unterthemen gemeinsam mit der Gruppe

Kartenfrage (Fortsetzung)

Themenspeicher

Themenspeicher

Funktion

■ Überblick über zu bearbeitende Themen/Probleme schaffen
■ Grundlage für die Projektstruktur, Problemlösungsablauf

Dauer: ca. 20-30 min

Vorgehensweise

Welche Probleme/Schwierigkeiten treten konkret auf?

Nr.	Thema/Probl.	•	Rang	Nr.	Thema/Probl.	•	Rang
1				5			
2				6			
3				7			
4				8			

– Funktion erklären
– präzise formulierte Themen, Probleme etc. aus Zuruf- bzw. Karten-Abfrage in das Plakat eintragen
– Bewerten der Wichtigkeit bzw. Dringlichkeit der Bearbeitung der Themen durch die Teilnehmer

Bewertungs-Frage (mit Themenspeicher-Plakat)

Bewertungs-Frage

Funktion

■ Festlegen von Rang und Reihenfolge der Themen/Probleme
■ Werthaltungen, Ziele, Ängste, Wünsche etc. werden transparent
■ Themenspeicher mit Fragen wie z.B.:
„Was ist das wichtigste Thema/Problem?“
„Welches Thema/Problem kann am schnellsten gelöst werden?“
„Mit welchem Thema/Problem soll begonnen werden?“

Vorgehensweise

Fragestellung s.o.

Nr.	Thema/Probl.	•	Rang	Nr.	Thema/Probl.	•	Rang
1				5			
2				6			
3				7			
4				8			

	Funktion	Vorgehensweise
Bewertungs-Frage (Fortsetzung)	■ Prioritäten werden in der Gruppe festgelegt ■ Alle Teilnehmer sind gleichwertig an der Entscheidung beteiligt Dauer: 5-10 min	– Funktion erklären – Frage formulieren, damit alle Teilnehmer mit dem gleichen Ziel bewerten – Punktekleben erklären – Entsprechend der Anzahl der Teilnehmer werden Selbstklebepunkte verteilt. Jeder Teilnehmer erhält halb so viele Punkte, wie Themen/Probleme zur Auswahl stehen – Jeder Teilnehmer verteilt oder häufelt seine Punkte in der Problemspeicherspalte mit dem Punkt – Hat jeder Teilnehmer seine Punkte geklebt, zählt der Moderator die Klebepunkte – Aus der Anzahl der Klebepunkte ergibt sich die Rangordnung für die Themen-/ Problembearbeitung
Themenbearbeitung Kleingruppenarbeit	**Kleingruppenarbeit** ■ Diskussionsprozeß in der Gruppe schnell in Gang setzen ■ Transparenz über Erwartungen und Wünsche hinsichtlich der Problemlösung schaffen ■ Widersprüche und Gemeinsamkeiten identifizieren ■ Integration aller Teilnehmer in die Problembearbeitung ■ zu vergleichbaren und zusammenpassenden Ergebnissen gelangen Dauer: ca. 60 min	– Funktion erklären – Instrument vorstellen und erklären – Frage formulieren – Gruppenbildung nach: Zufall - Sympathie - Funktion mit 5-8 Teilnehmern je Kleingruppe – Gruppenarbeit eröffnen
Gruppendiskussion	**Gruppendiskussion** ■ Strukturieren der Diskussion ■ durch Schaffen von Transparenz schnelles Identifizieren der unterschiedlichen Standpunkte ■ Entscheidungen können im Konsens gefällt werden Dauer bis ca. 30 min	– aktiv zuhören und nachfragen – Diskussion, deren Struktur vorher nicht klar war, mitvisualisieren – Struktur der Diskussion identifizieren – Struktur wenn möglich abbilden

Funktion	**Vorgehensweise**

Sammel-/Bearbeitungsraster

Sammel-/ Bearbeitungsraster

- Analyse von Ausgangssituationen, Themen, Problemen
- Zusammentragen verschiedener Sichtweisen
- Überblick über das Thema/Problem verschaffen
- Ideen in der Gruppe entwickeln
- Plenumsdiskussion vorstrukturieren
- Lösungsansätze entwickeln
- Entscheidungen vorbereiten

Dauer: ca. 30-45 min Gruppenarbeit, ca. 10-15 min pro Gruppenpräsentation, ca. 10-15 min pro Gruppendiskussion

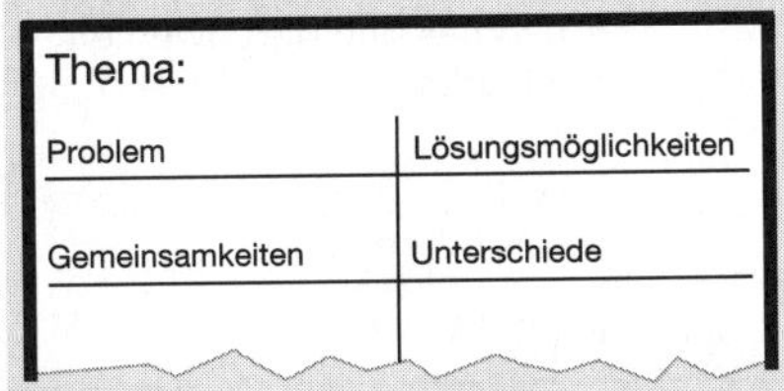

Ergebnisintegration

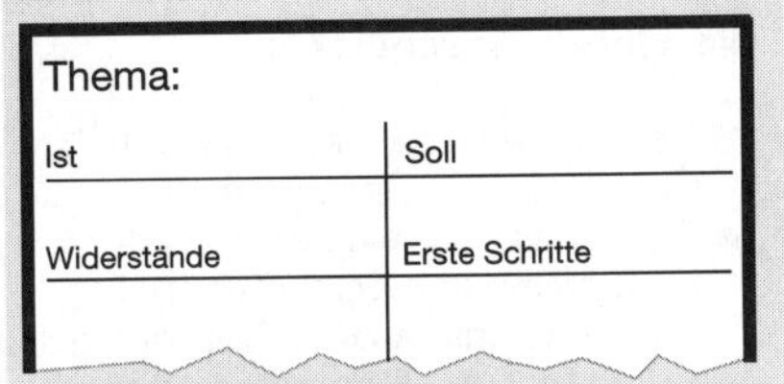

- Funktion erklären
- Frage formulieren
- Gruppenarbeit erklären
- Gruppen bilden
- Gruppe eigenständig arbeiten lassen
- Präsentation der Kleingruppenergebnisse
- Kleingruppenergebnisse im Plenum diskutieren und mitvisualisieren

Handlungsorientierung

Aktivitätenkatalog

Aktivitätenkatalog

- Aktivitäten festlegen und festhalten
- Verbindlichkeiten erzielen
- (Selbst-)Kontrolle ermöglichen
- weitere Arbeit planen

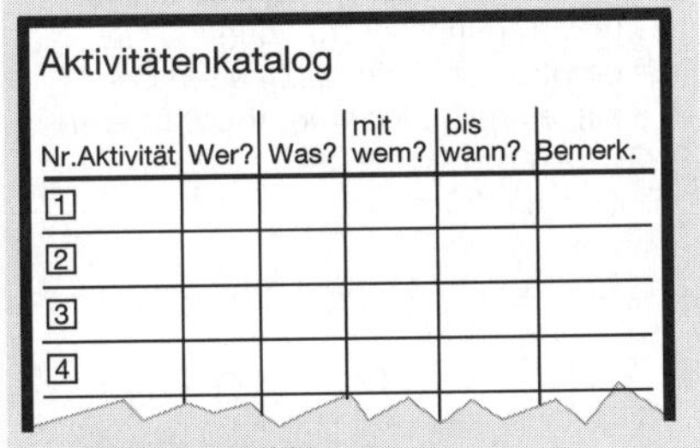

- Funktion erklären
- Aktivitäten konkret, einfach, überschaubar und präzise formulieren und festhalten
- Verantwortliche (nur Anwesende) für das Realisieren der jeweiligen Aktivität in der WER-Spalte festlegen

	Funktion	Vorgehensweise
Aktivitätenkatalog (Fortsetzung)	Dauer: ca. 30-45 min	– Personen, die für die Realisierung der Aktivität benötigt werden, in die MIT-WEM-Spalte eintragen – Termine in der BIS-WANN-Spalte für die Präsentation von Zwischenergebnissen festlegen
Vereinbarungsspeicher	**Vereinbarungsspeicher** ■ Vereinbaren bzw. Festlegen von Regeln für die Zusammenarbeit ■ Erzielen von Verbindlichkeiten für die Zusammenarbeit hinsichtlich: - Informationstransfer - Vertretungen - Umgangsstil - Kompetenzen etc. Dauer: ca. 15 min	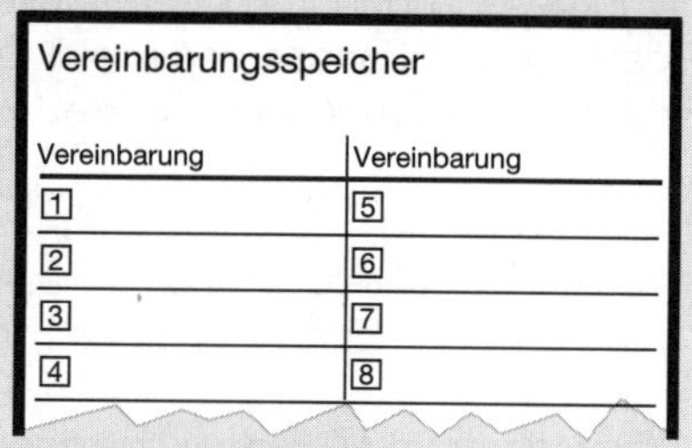 – Funktion erklären – Vorschläge aufnehmen – Vorschläge mit der Gruppe abstimmen – Vereinbarungen treffen und aufschreiben
Abschluß	**Blitzlicht** ■ Erwartungen, Wünsche, Bedürfnisse, Meinungen, Haltungen, Einschätzungen zusammentragen und transparent machen ■ emotionale Befindlichkeiten der einzelnen Teilnehmer identifizieren Dauer: ca. 20 min	– Funktion erklären – Regeln erklären: - jeder spricht für sich - keine Diskussion - kurz und bündig formulieren – Prozeß in Gang setzen

Literaturtip: Klebert, Schrader, Straub: KurzModeration,1987

32 Umfeldanalyse

Wozu dient die Umfeldanalyse?

Immer wieder passiert es Projektteams, daß spätestens bei der Umsetzung unvermutete Widerstände und Schwierigkeiten auftreten, die manchmal sogar bewirken, daß die erarbeiteten Ergebnisse „in der Schublade landen". Mit Hilfe der Umfeldanalyse erkennt das Projektteam die Einbindung des Projekts in sein Umfeld. Sie erleichtert die Hypothesenbildung und trägt wesentlich zur Absicherung der späteren Realisierungschancen des Projektes bei, wenn die aus ihr gewonnenen Erkenntnisse umgesetzt werden.

Sie hilft dabei,

- beim Projektleiter und dem Team das Bewußtsein für die systemische Einbindung des Projektes in ein größeres Ganzes zu schärfen;
- Personen und Gruppen zu identifizieren, die den Projekterfolg fördernd oder hemmend beeinflussen können. Das trägt dazu bei, diese Personen rechtzeitig in den Projektprozeß einbinden und darin berücksichtigen zu können;
- Informationsbedarf im Umfeld zu sehen und damit eine gezielte und effiziente Informationspolitik zu betreiben;
- Nahtstellen zu anderen Projekten oder Arbeitsgebieten zu erkennen und damit Abstimmungen zu ermöglichen und unnötige Doppelarbeit zu verhindern.

In welchen Projektsituationen wird sie verwendet?

Das Umfeld und den Kontext seines Projektes zu kennen und zu berücksichtigen ist während des gesamten Projektverlaufs erforderlich. In der Phase der Auftragsklärung hilft die Umfeldanalyse, die Rahmenbedingungen und Steuergrößen einschätzen zu lernen. Wenn erkannt wird, daß wichtige Partner bisher nicht einbezogen werden, verändert dies oft die Besetzung des Projektteams oder die Organisation des Projektes. Beim Projektstart ist sie Element des Startworkshops. Sie fördert einerseits das Bewußtsein für die Belange des Umfeldes bei den Beteiligten und erfordert in vielen Fällen auch die Planung konkreter Informations- oder Beteiligungsmaßnahmen. In der Teamentwicklung hilft sie zu unterscheiden, welche Themen und Konflikte innerhalb des Teams zu klären sind und welche außerhalb des Projektes innerhalb des Entscheidungsprozesses oder mit Hilfe geschickter Projektpolitik geklärt werden müssen.

Wie gehen wir vor?

- Die für die Phase des Projekts relevante Frage formulieren und visualisieren.
- Das Projekt in den Mittelpunkt der Visualisierung stellen.
- Für die Frage passende Einflußfaktoren (zum Beispiel Personen, Gruppen oder Arbeitsfelder) benennen, visualisieren (zum Beispiel auf Karten) und gegebenenfalls um den Mittelpunkt „Projekt" herum gruppieren.
- Die Stärke des Einflusses der einzelnen Faktoren benennen und darstellen (zum Beispiel über Nähe oder Distanz zum Mittelpunkt oder über die Strichstärke und Farbe der Verbindungslinien).
- Die wichtigsten Einflüsse in ihrer positiven oder negativen Qualität beschreiben lassen.
- Wenn es der Funktion des Schrittes entspricht, Handlungen und Aktionen ableiten.

Was ist dabei zu beachten?

Dieses Instrument dient der Hypothesenbildung und ist keine Eins-zu-eins-Darstellung der Wirklichkeit. Es hilft jedoch sowohl dem Team als auch dem Projektleiter, seine Aufmerksamkeit auf die für das Projekt bedeutenden Einflußfaktoren zu richten. Damit ist es ein wichtiges Hilfsmittel, ein Projekt erfolgreich zu steuern. Wenn mit Hilfe der Umfeldanalyse störende Einflüsse vermutet werden, ist es nicht immer notwendig, sofort und direkt den Gegner zu bekämpfen. Oft kann man davon ausgehen, daß es aus systemischer Sicht gute Gründe für diesen „Widerstand" gibt, die herausgefunden und im weiteren Verlauf berücksichtigt werden müssen.

Typische Fragen für dieses Instrument

Es ist wichtig zu wissen, wer mit dem Inhalt des Projektes zu tun hat, wer davon betroffen ist oder wer darauf Einfluß nehmen kann.

- Wer außerhalb des Projektes kann wesentlich zu seinem Gelingen oder Scheitern beitragen?

- Wer im Umfeld des Projektes beschäftigt sich noch mit dem Thema oder mit angrenzenden Themengebieten?
- Wer ist an den im Laufe der Projektarbeit entstehenden Informationen interessiert?
- Welche Faktoren beeinflussen den Erfolg oder Mißerfolg des Projektes?

Beispiel

Projekt: Neubau einer Destillationsanlage durch eine südamerikanische Landesgesellschaft eines deutschen Chemieherstellers. Fragen an die Projektteilnehmer/Schritte:

- Wer, glauben Sie, beeinflußt maßgeblich den Erfolg des Projektes? Erfolg ist hier definiert als rechtzeitige Fertigstellung zu gewünschten Kosten/Qualität. (Namen auf Karten schreiben)
- Wie stark ist der jeweilige Einfluß auf den Erfolg? (dicke/dünne Pfeile)
- Analyse der wichtigsten Partner: Wie genau kann der Einfluß des jeweiligen Partners aussehen? (Einfluß visualisieren)
- Welche Aktionen müssen wir bereits in dieser Projektphase starten, um diesen Einfluß positiv zu nutzen? (Vorschläge sammeln und auf der Pinnwand/dem Flipchart mitschreiben)

Das Ergebnis könnte wie folgt aussehen:

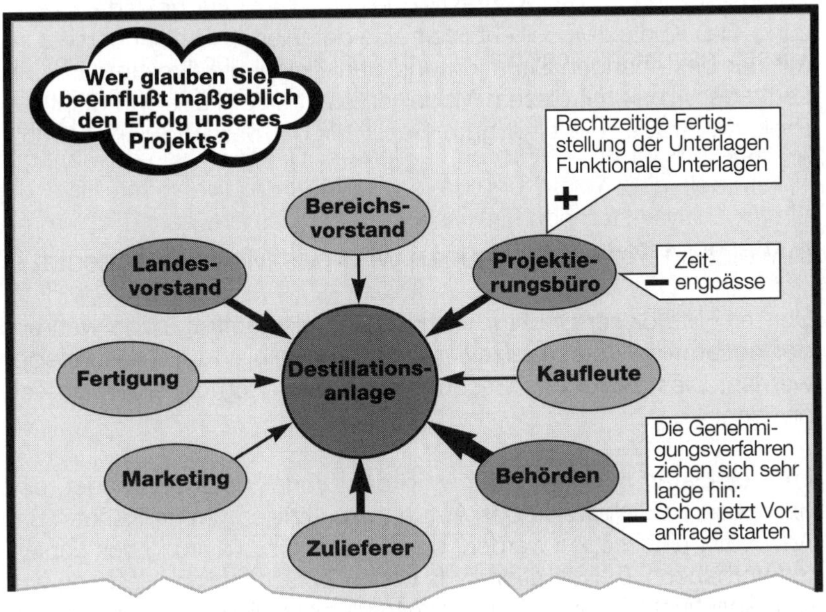

Abb. 27: Ergebnis einer Umfeldanalyse

33 KontextModell

Wozu dient dieses Modell?

Das Planen und Durchführen von Projekten oder Teilprojekten unterliegt einer hohen Komplexität. Dabei gibt es häufig Unklarheiten darüber,

- worin überhaupt das eigentliche Problem besteht,
- welche Ziele, welche Ergebnisse erreicht werden sollen,
- welche Ausgangssituation vorhanden ist,
- wie die Situation von außen beeinflußt wird.

Häufig werden diese Fragen im Vorfeld von Projekten nicht ausführlich geklärt oder zuwenig strukturiert. Die Folge ist wenig zielorientierte und ineffiziente Arbeit der beteiligten Mitarbeiter.

Mit Hilfe des KontextModells können Projekte und einzelne Teilprojekte geplant, Probleme, die im Laufe der Projektarbeit auftreten können, im vorhinein erkannt und übergeordnete Zusammenhänge anschaulich dargestellt werden. Die Eingangs-, Ausgangs- und Steuergrößen sowie deren Zusammenspiel werden dargestellt, so daß Übersichtlichkeit und Klarheit über das zu bearbeitende Thema hergestellt werden können. Voraussetzung für das KontextModell ist eine zuvor geklärte Zielsetzung. Das KontextModell erfordert eine detaillierte Auseinandersetzung mit der bestehenden Situation und den Zielen des Projektteams. Im Laufe der Arbeit mit diesem Modell entsteht eine präzisierte Sicht des Projektauftrags, die eine gute Basis für die darauffolgende Arbeit darstellt.

In welchen Projektsituationen wird das Modell eingesetzt?

Der mit Hilfe dieser Struktur formulierte Projektauftrag sollte während der gesamten Projektlaufzeit transparent sein und fortgeschrieben werden. Dies gilt für das Gesamtprojekt und auch die einzelnen Teilprojekte.

Projektstatus feststellen (Abschnitt 26)
Projektabschnitte bilanzieren (Abschnitt 27)

Im Projektstart mit dem Team wird das Modell dazu verwendet, eine gemeinsame Sichtweise des Auftrags zu erzielen. Wenn Kunden und Anwender einbezogen werden, dient es der Visualisierung des geplanten Vorhabens. Bei Situationen, in denen Zwischenbilanz gezogen wird (vgl. Abschnitte 26 und 27 „Projektstatus feststellen", „Projektabschnitte bilanzieren"), dient es als Grundlage für einen Soll-Ist-Vergleich.

Wie gehen wir vor?

Die Arbeit mit dem KontextModell ist für viele Menschen zunächst ungewohnt, da sie – wenn es in einer Gruppe erarbeitet wird – zunächst viele Diskussionen auslöst. Gerade diese sind aber gewollt und hilfreich, wenn eine gemeinsame Sichtweise erarbeitet werden soll. Die nachfolgend beschriebenen Arbeitsschritte werden für alle sichtbar auf einem Flipchart, einer Stellwand oder einem gemeinsamen Blatt Papier visualisiert. Dabei entsteht diese mit Inhalten gefüllte Graphik:

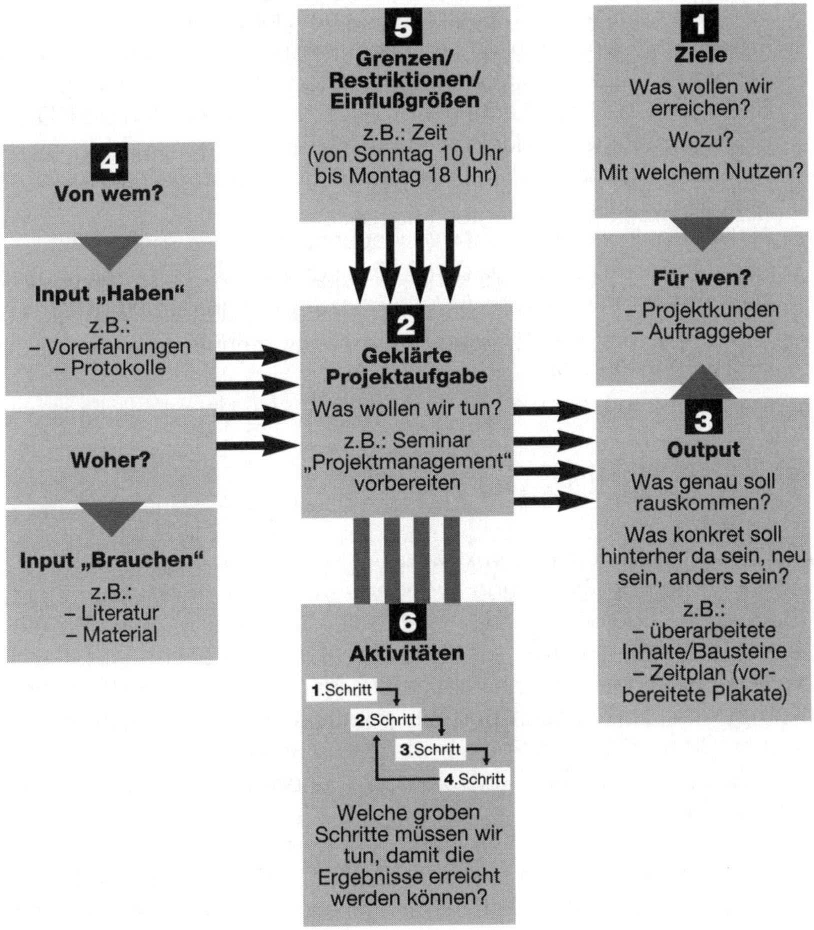

Abb. 28: KontextModell, Arbeitsschritte

Ziele

1. Wie lautet das Ziel des Projektes? Wozu liefert das Projekt einen Beitrag? Wie beeinflußt es Geschäftsziele des Kunden?

Geklärte Projektaufgabe

2. Welches Problem, welche Frage stehen im Mittelpunkt der Projektaufgabe?

Output

3. Output: Wie soll das gewünschte Ergebnis aussehen? (Es muß konkret und meßbar sein. Dabei ist zu bedenken, daß Ziele und Ergebnisse selten rein fachlicher Natur sind, sondern oft auch soziale Effekte – z.B. ein Modell zur Zusammenarbeit im Team entwickeln – bewirken sollen.)

Intput

4. Input: Was ist schon für die Arbeit als Voraussetzung vorhanden, was muß noch besorgt werden? (Das können zum Beispiel Vorarbeiten sein, Vorerfahrungen der Teilnehmer, Studien oder Analysen aus anderen Zusammenhängen, die für die spätere Arbeit hilfreich sind.)

Grenzen/Restriktionen/Einflußgrößen

5. Welche Einflüsse und Steuerungsgrößen kennen wir, die die Projektarbeit einschränken und behindern oder auch fördern? (Dazu gehören z.B. Zeitrestriktionen, Budget, fachliche oder kulturelle Bedingungen, die im Laufe der Projektarbeit zu beachten sind. Die Steuergrößen geben der Projektarbeit einen Rahmen und verhindern, gemeinsam mit klar formulierten Zielen, daß die Arbeit „aus dem Ruder läuft".)

Aktivitäten

6. Aktivitäten: In welche groben Aufgabenpakete oder Schritte läßt sich der Arbeitsprozeß gliedern? (Das können z.B. Teilprojekte, aber auch Projektphasen sein. Welche Art von Untergliederung gewählt wird, hängt von fachlichen und arbeitsorganisatorischen Gegebenheiten ab.)

Was ist dabei zu beachten?

Die Arbeit mit dem KontextModell erfordert Übung. Gerade die Abgrenzung von Zielen und Ergebnissen einerseits als auch Input, Steuergröße oder Aufgabenpaketen anderseits bereitet vielen Projektleitern und Teams immer wieder große Mühe. Dabei ermöglicht aber gerade das Ringen um die richtige Zuordnung, die Thematik in ihrer Komplexität zu erfassen und ein gemeinsames Bild entstehen zu lassen. Dieser Prozeß ist oft schwierig und konfliktbeladen. Die Kunst dabei ist, „dranzubleiben" und sich nicht verleiten zu lassen, oberflächlich zu arbeiten.

Gleichzeitig stellt sich immer wieder die Frage, wie detailliert das Modell ausgeführt werden muß, um wirklich hilfreich zu sein. Unserer Erfahrung nach ist es wichtig, sich aufs Wesentliche zu konzentrieren und die Komplexität nicht unnötig zu erhöhen. In der Praxis hat sich herausgestellt, daß mehr als 5 bis 6 Input- und Output-Pfeile selten hilfreich sind. Wenn eine Gruppe dennoch mehr Pfeile wünscht, ist zu prüfen, ob es eine latente Scheu gibt, sich wirklich auseinanderzusetzen, um die Kernpunkte zu formulieren.

Typische Fragen für das Instrument

- Welcher Wirkungszusammenhang soll überhaupt betrachtet werden, d.h., wie heißt das Problem bzw. das Thema, das bearbeitet werden soll?
- Wie kann das Problem bzw. Thema abgegrenzt werden?
- Was soll das Ergebnis sein? Was soll erreicht werden? Worin besteht der Nutzen?
- Welchen Einfluß haben Steuerungsgrößen auf die Qualität von Zielen und Ergebnissen?
- Welche Eingangsgrößen hat das System, oder welche wären erwünscht?
- Wo stehen wir gerade ? Welche Ausgangssituation besteht?
- Welche Ressourcen sind vorhanden und welche fehlen?
- Welche Ausgangsgrößen hat das System, oder welche wären erwünscht?
- Wodurch wird der Gruppenprozeß beeinflußt, d.h., welche Steuerungs- und Störgrößen gibt es?
- Welche Steuerungsgrößen hat oder benötigt das System?

Beispiel

Da Sie bei jeder Beschreibung der Projektsituation das dazugehörige KontextModell finden, haben wir auf weitere Beispiele verzichtet.

34 SystemModell

Wozu dient dieses Modell?

Die genaue und konkrete Aufgabenstellung eines Projektes ist oft schwer zu erfassen, so daß die Gefahr besteht, Sichtweisen zu verkürzen oder sich in Details zu verlieren. Das SystemModell hilft in dieser Situation, die einzelnen Bestimmungsfaktoren des Projektes in seinen Wechselwirkungen zu beschreiben. Dadurch wird die Komplexität ausreichend, aber nicht unnötig reduziert, so daß das Projektteam daraus Konsequenzen und Handlungen ableiten kann.

Das SystemModell dient sowohl der Analyse der aktuellen Lage eines Projektes als auch der Entwicklung eines zukünftigen Szenarios. In beiden Fällen entwickeln der Projektleiter und sein Team eine gemeinsame Sichtweise des Projektes in seiner Ganzheit und seinen Wechselwirkungen.

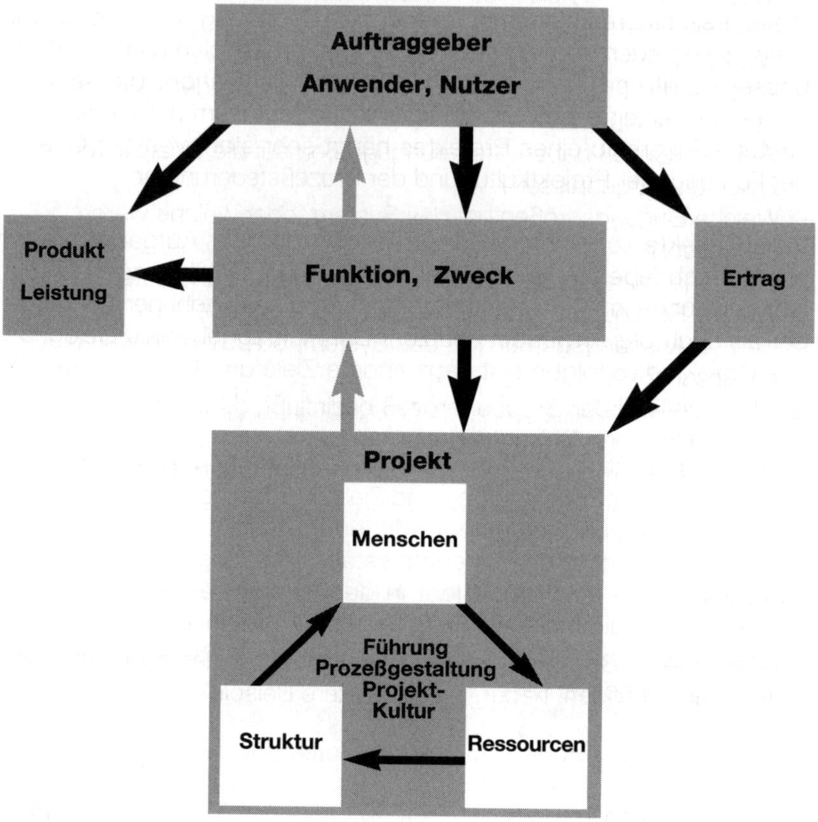

Abb. 29: SystemModell für Projekte

Jedes Projekt ist von drei wesentlichen Faktoren bestimmt:
- Menschen, die im Projekt arbeiten, mit ihren Vorstellungen, Fähigkeiten und Bedürfnissen. In vielen Fällen sind sie neben der Zugehörigkeit im Projektteam noch Mitglieder einer anderen Organisation(seinheit).
- Formelle oder informelle Strukturen, die den organisatorischen Aufbau (Projektorganisation) und den Ablauf der konkreten Arbeit (Prozesse) regeln. In der Projektorganisation werden Funktionen und Verantwortlichkeiten dargestellt, während bewußt definierte oder zufällig entstandene Prozesse den Ablauf der Projektarbeit bestimmen.

- Ressourcen (zum Beispiel Zeit, Budget und Ausstattung), die dem Projekt zur Verfügung stehen, sind gleichzeitig Grundlage und Rahmen für die Gestaltung und das Management der Projektarbeit.

Diese drei Faktoren stehen in einer engen Beziehung und Wechselwirkung. So erfordert zum Beispiel ein sehr enger Zeitplan Menschen, die besser qualifiziert sind, und eine Projektorganisation, die sehr viel Handlungsfreiheit bietet. Die Wirksamkeit des Zusammenspiels dieser Faktoren innerhalb eines Projektes hängt sehr stark von der Qualität der Führung, der Projektkultur und der Prozeßsteuerung ab.

Viele Projekte scheinen bei der Betrachtung ihrer Aufgabe mit den eben beschriebenen Faktoren auszukommen. Dabei vergessen sie, daß der Kunde im Mittelpunkt stehen muß, d.h. sowohl der Auftraggeber als auch der Anwender (Nutzer). Der Auftraggeber als Geldgeber des Projektes verfolgt meist ganz andere Ziele und Interessen als die späteren Nutzer.

Zweck und Funktion, die das Projekt für den Kunden erfüllen soll, sind die Grundlage für Projektauftrag und Ziele. Beide sind nur selten bereits zu Beginn eindeutig festgelegt. Mit jedem Schritt der Planung und Realisierung wächst der Erkenntnisstand in bezug auf das Ziel des Projektes. Auch der Kunde lebt in der Regel in einem turbulenten Umfeld, so daß auch hier eine regelmäßige Anpassung des Projektauftrages an die neuen Bedingungen und Erkenntnisse im Umfeld des Kunden gewährleistet sein muß.

Abhängig von der Funktion, die das Projekt für den Kunden erfüllen soll, werden die einzelnen Produkte oder Leistungen definiert, die in regelmäßiger Abstimmung mit dem Auftraggeber und Anwender angepaßt werden.

Der Ertrag des Projektes fließt materiell in Form von Ressourcen und immateriell in Form von Anerkennung an das Projekt zurück. Dabei entsteht im optimalen Fall ein Zugewinn an Mitteln oder Prestige.

In welchen Projektsituationen wird diese Methode eingesetzt?

In der Phase des Projektstarts unterstützt das Modell den Entwurf des Projektes. Es kann bei der vorläufigen Projektauftragsklärung als Diskussionsrahmen für das Gespräch zwischen Auftraggeber und dem zukünftigen Projektleiter dienen. Im Startworkshop trägt das mit Inhalten gefüllte Modell dazu bei, eine gemeinsame Sichtweise über die Ausgangssituation und den zukünftigen Gestaltungsrahmen des Projektes zu erlangen.

Schwierige Situationen im Projekt, wie zum Beispiel Konflikte, Qualitäts- oder Zeitprobleme, werden oft in einer Klausur oder einem Teamentwicklungs-Workshop besprochen. Hier trägt das SystemModell oft dazu bei, das Problem in seiner Ganzheit zu erfassen und sich nicht auf eindimensionale Lösungen zu konzentrieren.

In der Phase der Erfahrungssicherung kann das Modell als Auswertungsraster dienen, das dabei hilft, die im Projekt gemachten Erfahrungen sinnvoll und in ihrer Vernetzung zu strukturieren.

Wie gehen wir vor?

- Klären, wozu man das SystemModell genau nutzen will. Die entsprechenden Fragen zur Arbeit mit dem Modell formulieren und das Vorgehen festlegen (zum Beispiel, wer mit wem die Inhalte erarbeitet und wie sie vorgestellt und in den weiteren Arbeitsprozeß eingebunden werden).
- Das SystemModell vorstellen und die einzelnen Elemente zunächst theoretisch erläutern.
- Erklären, wozu das Modell in der darauffolgenden Arbeit dient, und genaue Arbeitsanweisungen für das weitere Vorgehen geben.
- Die einzelnen Elemente beschreiben lassen (Auftraggeber, Anwender, Ertrag, Funktion, Ziel, Produkte oder Leistungen, Menschen, Strukturen, Ressourcen) und visualisieren.
- Die für das Problem oder die Frage relevanten Beziehungen zwischen den einzelnen Systemelementen identifizieren.

Was ist dabei zu beachten?

Die Verwendung des SystemModells benötigt einige Übung des Projektleiters oder Prozeßbegleiters, um wirklich effizient eingesetzt werden zu können. Um den Gehalt des Modells wirklich zu durchdringen, empfiehlt es sich, sich vorher ausführlich mit den einzelnen Elementen und Wechselwirkungen zu beschäftigen. Nur so sind Sie in der Lage, die richtigen Fragen zu stellen und nützliche Hinweise zu geben.

Insgesamt ist es unbedingt notwendig, sich bei der Beschreibung der einzelnen Elemente und Faktoren auf einige zentrale Kernaussagen zu beschränken.

Das Festlegen der Funktion fällt vielen Projektteams schwer. Es gelingt oft nicht, von den Produkten abzugrenzen. Dabei ist es hilfreich, sich beim Festlegen der Funktion die Frage zu stellen: „Wozu machen wir das Projekt?" und beim Festlegen der Produkte und Leistungen: „Was genau sollen wir unseren Kunden liefern, um die Funktion möglichst optimal zu erfüllen?". Ein Beispiel verdeutlicht das vielleicht: Für die Hamburgischen Electricitäts-Werke (HEW) ist es sinnvoll, sich als Energieversorger (Funktion) und nicht nur als Stromlieferant (Produkt) zu begreifen. Dadurch werden sie bei der Erschließung von konkreten Leistungsfeldern viel flexibler und können auch Beratung zum Stromsparen gegen Entgelt anbieten.

Zur Analyse der Projektkultur: Das Verhalten jedes sozialen Systems (zum Beispiel eines Projektteams, eines Unternehmens, eines bestimmten kulturellen Umfelds) wird durch soziale Regeln bestimmt, die entweder explizit (zum Beispiel Standards, Gesetze, Vorgaben) oder implizit (zum Beispiel informelle Regeln) gelten. Diese Regeln bestimmen gemeinsam mit den Normen und Werten die Kultur des Projektes. Soziale Regeln sind situationsspezifisch und sorgen für ein relativ stabiles Verhalten von Personen in sozialen Gruppen. Sie bestimmen darüber, was innerhalb eines Systems (zum Beispiel eines Unternehmens) von den einzelnen Personen als angemessenes Verhalten angesehen wird und was nicht.

Umfeldeinbindung: Die Themen und Probleme eines Systems (zum Beispiel eines Projektteams oder einer Abteilung) können oft nicht isoliert gelöst werden. Deshalb sollte das SystemModell möglichst mit der Umfeldanalyse verbunden werden.

Umfeldanalyse (Abschnitt 32)

Typische Fragen für das Instrument

- Was sind die wesentlichen Kennzeichen der einzelnen Elemente für dieses Projekt?
- Was sollten zukünftig die wesentlichen Kennzeichen der einzelnen Elemente für dieses Projekt sein?
- Was läuft bei den einzelnen Faktoren gut, was ist nicht so zufriedenstellend?
- Welche unterschiedlichen Sichtweisen gibt es zu den einzelnen Faktoren?

- Was muß verändert werden?
- Was ändert sich bei Element X, wenn Element Y verändert wird?
- Was konkret sollten wir tun oder in die Wege leiten?

Beispiel

Ein Projektteam hat die Aufgabe, den Online-Auftritt eines Unternehmens zu gestalten.

Der Projektleiter, sein Auftraggeber und ein Prozeßbegleiter nutzen das SystemModell, um den groben Rahmen festzulegen. Entlang den einzelnen Elementen des Systemmodells diskutieren und visualisieren sie den Projektrahmen:

Der Auftraggeber ist der Vorstand des Unternehmens, während die Anwender potentielle Nutzer der Online-Kommunikation sind, wie zum Beispiel Verbraucher (Produktinformationen und Bestellungen), potentielle Bewerber (freie Stellen), Mitarbeiter, interessierte Öffentlichkeit, Presse (Neuigkeiten aus dem Unternehmen). Bereits in diesem Bereich werden Interessenkonflikte zwischen Auftraggeber und Anwendern, aber auch zwischen den verschiedenen Nutzergruppen deutlich, für die die Online-Kommunikation des Unternehmens eventuell sehr unterschiedliche Funktionen haben kann. An dieser Stelle müssen vom Auftraggeber bereits Prioritäten und Schwerpunkte gesetzt werden.

Abhängig von der erwarteten und vom Projekt angebotenen Funktion lassen sich zu diesem Zeitpunkt erst einige vage Produktideen oder Leistungen herausarbeiten, die im Rahmen der Online-Kommunikation angeboten werden sollen.

Erst wenn vorläufig klar ist, welche Anforderungen erfüllt werden müssen, kann erarbeitet werden, welche und wie viele Menschen mit welchen Fähigkeiten in diesem Projekt mitarbeiten werden, welche Ressourcen benötigt und zur Verfügung gestellt werden und welche Struktur das Projekt benötigt bzw. in welchen organisatorischen Rahmen es sich einfügen muß.

Der in diesem ersten Gespräch erarbeitete Rahmen wird im Laufe der nachfolgenden Projektplanung weiter ausdifferenziert.

35 Vernetzung

Wozu dient diese Methode?

Für viele Projektaufgaben und -inhalte reichen tradierte Verfahren und Denkweisen, die sich eher linear in Ursache-Wirkungs-Zusammenhängen bewegen, oft nicht mehr aus, um zu einem befriedigenden Ergebnis zu gelangen.
Man weicht deshalb auf Methoden aus, die eine zyklische und systemische Sichtweise ermöglichen: Das Instrument „Vernetzung" ist bestens geeignet, komplexe Situationen zu erfassen, zu begreifen und zu gestalten. Durch vernetztes Denken werden

- Informationsüberflutungen reduziert,
- Mißstände nicht mehr nur isoliert betrachtet,
- Beziehungen, Interaktionen oder Regelkreise im System betrachtet,
- die Rolle der einzelnen Elemente einer Situation klar,
- Nebenwirkungen bzw. Konsequenzen von Veränderungen in die Betrachtungen einbezogen.

Diese Methodik hilft nicht nur, zu umfassenden Lösungen zu kommen, sondern auch im persönlichen Umgang mit komplexen Situationen sicherer zu werden.

In welchen Projektsituationen wird sie verwendet?

Bei der Analyse von komplexen Inhalten, mit denen sich das Projekt beschäftigt, hilft das Vernetzungsmodell. Das gilt besonders für die Phase des Projektstarts. Man erhält eine exzellente Grundlage für die spätere Planung und Abwicklung.

Wie gehen wir vor?

Die vorgeschlagenen Problemlösungsschritte werden zwar wie bei der Lösung kausaler Probleme aufeinander aufbauend beschrieben. Tatsächlich handelt es sich aber bei der Problembearbeitung um einen iterativen und in sich vernetzten Prozeß:

1. Problem abgrenzen und Ziel der Vernetzung festlegen.
2. Problem in Wirkungsfaktoren gliedern: Wenn die Anzahl der einzelnen Wirkungsfaktoren zu groß wird (10-12 Faktoren),

ist es nötig, mehrere Faktoren zu einer Gruppe zusammenzufassen.

3. Wirkungsverläufe analysieren: Die im zweiten Schritt aufgezeigten Faktoren müssen nun daraufhin untersucht werden, wie sie sich gegenseitig beeinflussen. Dabei muß geprüft und erfaßt werden,
   a) welcher Faktor positiv oder negativ auf einen anderen wirkt (zum Beispiel höhere Qualität führt zu höherer Kundenzufriedenheit). Die Wirkungen mit verstärkender Art werden bei der bildlichen Darstellung mit einem (+), die mit negativer Wirkungsrichtung mit einem (-) versehen;
   b) wie stark die Faktoren aufeinander wirken (dicker Pfeil/ dünner Pfeil);
   c) wie schnell oder langsam die Faktoren aufeinander wirken (Darstellung der Dynamik).
4. Erfassen und Interpretieren der Lenkungsmöglichkeiten der Situation: Entwicklungstendenzen oder Verhaltensweisen des (Teil-)Systems werden simuliert, um die Auswirkungen bzw. Konsequenzen bestimmter Maßnahmen zu beurteilen und abzuschätzen. Dies wird mit Hilfe von Szenarien durchgeführt. Anschließend werden die eigenen Lenkungsmöglichkeiten diskutiert und die aus Sicht des Projektes beeinflußbaren Faktoren gekennzeichnet.
5. Planen von Strategien und Maßnahmen: Art und Weise des Eingriffs in die Problemsituation werden festgelegt. Bei der Entwicklung von Strategien zur Gestaltung und Lenkung der Problemsituation sollten immer die „systemischen Lenkungsregeln“ befolgt werden.
6. Verwirklichung der Problemlösung: Problemlösungen sind so zu realisieren, daß sie sich auch in kritischen Situationen bewähren. Um die entwickelten Lösungen auch tatsächlich umsetzen zu können, werden Maßnahmenlisten benötigt, in denen klar formuliert ist, wer, was, mit wem und bis wann erledigt. Sind die Mitarbeiter an der Problemlösung beteiligt, identifizieren sie sich mit der Aufgabe.

Was ist dabei zu beachten?

Moderationsmethode (Abschnitt 31)

Vernetzung muß nicht grundsätzlich bei jeder im Projekt auftretenden Fragestellung angewendet werden. Da diese Methode viel Zeit erfordert und für die Gruppe sehr anstrengend ist, genügt es bei einfachen Problemen und Fragen häufig, klassische Instrumente wie zum Beispiel den Themenspeicher aus der Moderationsmethode zu verwenden.

Dennoch ist die Wirkung der Vernetzung auf das Bewußtsein und die Wahrnehmungsfähigkeit der Teilnehmer nicht zu unterschätzen. Ein Zusammenhang, der schon einmal diskutiert und verstanden wurde, kann nicht mehr ignoriert werden, wenn für einzelne Fragen Lösungen erarbeitet werden. Wichtig ist dabei, daß die Vernetzung in der Gruppe und nicht von einer einzelnen Person erarbeitet und präsentiert wird. Erst die Diskussion in der Gruppe, die sich bei den einzelnen Arbeitsschritten ergibt, ermöglicht eine gemeinsame Sichtweise der Situation, die für eine spätere gemeinsame Problemlösung dringend erforderlich ist. Beim Erarbeiten der Strategien und Maßnahmen sind die systemischen Lenkungsregeln zu beachten.

Systemische Lenkungsregeln:

- Lenkungseingriffe der Komplexität der Problemsituation anpassen:
  - Wird an mehreren Stellen gleichzeitig angegriffen?
  - Wurden einseitige Sichtweisen und Denkweisen vermieden?
  - Haben wir uns irrtümlicherweise auf einen Schwerpunkt konzentriert?
- Unterschiedliche Rollen und Elemente im System berücksichtigen:
  - Setzen wir bei den Maßnahmen bei aktiven, evtl. kritischen Größen an?
- Unkontrollierbare Entwicklungen durch stabilisierende Rückkopplungen vermeiden:
  - Nutzen wir die stabilisierenden Kreisläufe?
  - Werden durch die Maßnahmen auch keine wichtigen Kreisläufe aufgebrochen?
- Eigendynamik des Systems zum Erzielen von Synergieeffekten nutzen:
  - Nutzen wir die positiven Kräfte bei Mitarbeitern, in der Umgebung etc.?
  - Nutzen wir die Stärken des Systems?
  - Nutzen wir alle nur möglichen Synergien?
- Harmonisches Gleichgewicht zwischen Bewahrung und Wandel herstellen:
  - Wird die gesunde Mischung zwischen Sicherheit und Herausforderung, Stabilität und Veränderung, Flexibilität und Spezialisierung beachtet?
- Autonomie der kleinsten Einheit fördern:
  - Wird genügend Selbstverantwortlichkeit an alle Mitarbeiter abgegeben?
  - Können die Mitarbeiter entsprechend ihren Fähigkeiten und Fertigkeiten autonom arbeiten?
- Mit jeder Problemlösung die Lern- und Entwicklungsfähigkeiten fördern:
  - Was lernt das System beim Problemlösungsprozeß?

– Wird der Lernprozeß ausreichend unterstützt?
– Erhöht sich dabei die Lernfähigkeit und -geschwindigkeit?

Typische Fragen für diese Methode

Was sind unsere Ziele?
Welche sind die problemrelevanten Faktoren?
Wie sind die Faktoren miteinander verknüpft?
Wie wirken die Faktoren aufeinander?
Auf welcher Kompetenzebene kann/soll das Problem gelöst werden?
Welche Eingriffsmöglichkeiten in die Situation bestehen?
Welche Wirkungen gehen von Lenkungseingriffen aus?
Welche grundsätzlichen Handlungsalternativen bestehen, und was sind ihre Wirkungen?
Welche Strategie wollen wir verwirklichen?
Wie kann die gewählte Strategie in konkretes Handeln umgesetzt werden?

Beispiel

Zur Verdeutlichung hier im Beispiel die Wirkungszusammenhänge der Projektarbeit:

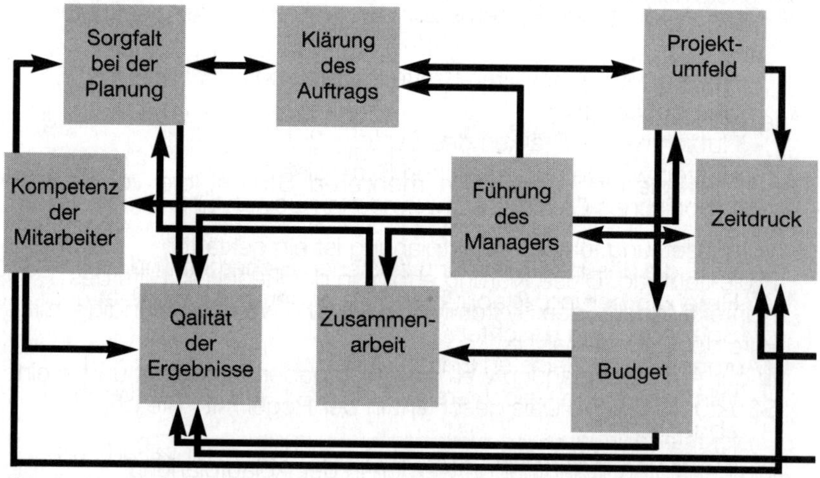

Abb. 30: Vernetzung

Literaturtip: Probst / Gomez: Vernetztes Denken. Ganzheitliches Führen in der Praxis, Bern 1991

36 Methoden der Projektplanung

Wozu dient dieses Werkzeug?

Die klassischen Werkzeuge der Projektplanung helfen, den Weg zum Projektziel zu strukturieren. Mit ihrer Hilfe werden Projektaufgaben gegliedert, Zeiten geplant und Ressourcen zugeordnet. Die Projektplanung bildet die Grundlage für das Projektcontrolling und die Projektsteuerung. Sie dient dazu, den Projektmanagementprozeß zu gestalten.

Da es zu diesem Thema eine Menge guter und nützlicher Literatur gibt, werden wir zu den Instrumenten der Projektplanung nur einen kurzen Überblick geben.

In welchen Projektsituationen wird es verwendet?

Die Instrumente der Projektplanung werden in allen Situationen eingesetzt, in denen der Arbeitsprozeß im Projekt oder Teilaufgaben geplant und strukturiert werden. Dies ist vor allem zu Beginn des Projektes beim Projektstart, aber auch zu Beginn eines jeden Projektabschnittes (Meilensteins) notwendig.

Wie gehen wir vor?

Die Projektplanung verläuft in mehreren Stufen, die voneinander abhängen.

- Voraussetzung für die Projektplanung ist ein geklärter Projektauftrag. Diese Klärung erfolgt in der Regel mit Hilfe des KontextModells, des SystemModells und – wenn notwendig – mit Hilfe der Umfeldanalyse.
- In der Aufgabenplanung werden Teilaufgaben festgelegt und in eine Struktur gebracht. Dies geschieht in der Regel mit Hilfe der Projektstrukturplanung.
- Die geplanten Teilaufgaben werden in der Ablaufplanung zueinander in eine Bearbeitungslogik gebracht. Dies geschieht in der Ablaufplanung. Instrumente dafür sind das Ablaufdiagramm oder der erste Teil der Netzplanung.
- Zu den in der Aufgabenplanung festgelegten Aufgabenpaketen

werden Schätzungen für den benötigten Zeitbedarf erstellt. Diese bilden im Zusammenhang mit der Ablaufplanung die Grundlage für die Zeitplanung. Daraus gehen Eckdaten hervor, auf deren Grundlage der zeitliche Fortschritt des Projektes gemessen werden kann. Dies geschieht zumeist mit Hilfe des Balkendiagramms oder einer vollständigen Netzplanung.

- Letzter Schritt im Planungszyklus ist die Ressourcenplanung. Dazu gehören Personaleinsatz- und Kapazitätenplanung (z.B. Räume, Technik). In der Kostenplanung werden die benötigten Ressourcen bewertet, sie bildet daher die Grundlage für das Projektbudget.

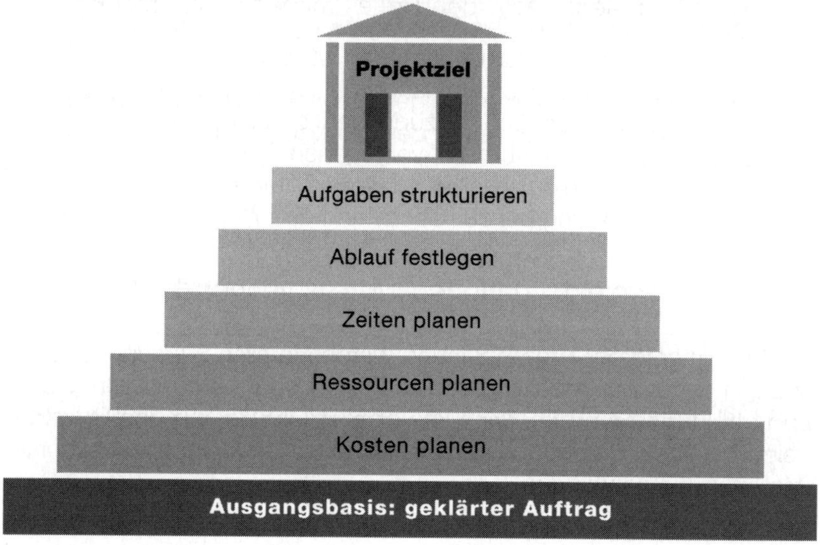

Abb. 31: Stufen der Projektplanung

Da sich aus der nachfolgenden Planungsstufe oft neue Erkenntnisse für den vorhergehenden Planungsschritt ergeben, sind immer wieder Rückkopplungsschleifen notwendig. So ist z.B. eine Zielkorrektur notwendig, wenn im Laufe der Planung festgestellt wird, daß das Projektbudget nicht ausreicht.

Was ist dabei zu beachten?

Die wichtigsten Punkte für einen guten Planungsprozeß sind:

- einen wirklich gut geklärten Auftrag als Voraussetzung zu haben;
- die Planung nicht zu oberflächlich und nicht zu detailliert zu machen. Wir empfehlen dabei, zu Beginn das Projekt nur in groben Zügen zu planen und nur die nächsten Schritte detailliert zu

planen. Da die Planung immer wieder an die Erkenntnisse aus der fortlaufenden Arbeit angepaßt werden muß, erspart dies überflüssige Arbeit;

- die richtigen Menschen zum richtigen Zeitpunkt an der Planung zu beteiligen. Die Effizienz der Personaleinsatzplanung erhöht sich ganz erheblich, wenn alle beteiligten Projektmitarbeiter mit ihrem Terminkalender anwesend sind;
- EDV-Technik gezielt und mit Bedacht einzusetzen. In vielen Fällen ist es wesentlich hilfreicher, eine Planungswand zu verwenden anstelle komplizierter und aufwendiger Eingaben in ein Projektplanungstool. In diesem Fall gleicht die Unschärfelogik des menschlichen Gehirns viele Planungslücken aus, die in der EDV zu Verzerrungen und Unklarheiten führen würden;
- im gesamten Planungsprozeß ist darauf zu achten, die Komplexität der Planung nicht unnötig auszudehnen, sondern eher nach dem Motto „Weniger ist mehr" vorzugehen. Dabei hilft es, mit Zielvereinbarungen zu arbeiten, die dem Mitarbeiter relativ viel Selbstverantwortung bei der Gestaltung des Weges überlassen.

Typische Fragen für dieses Werkzeug

Die Planungsfragen ergeben sich aus der Logik des Planungsprozesses.

Beispiel

Nachfolgend sehen Sie einen Beispielablauf für eine moderierte Projektplanung, deren Ergebnisse anschließend ergänzt werden und letztendlich die Basis für das Projektbudget bilden. Für die Moderation eines Planungsprozesses brauchen Sie das notwendige Basiswissen zu den verwendeten Instrumenten (siehe weiterführende Literatur) sowie Kenntnisse und Übung in der Moderationsmethode.

Moderationsmethode (Abschnitt 31)

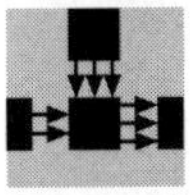

KontextModell (Abschnitt 33)

Umfeldanlyse (Abschnitt 32)

Ablaufplanung

- Voraussetzungen schaffen:
  KontextModell zum Projekt erstellen, gegebenenfalls Umfeldanalyse duchführen
  Ergebnis: geklärter Projektauftrag, arbeitsfähige Gruppe
- Teilaufgaben definieren:
  Was müssen wir tun, um die Projektaufgabe zu lösen?
  Methode: Kartenfrage, Sammeln, Ordnen

Hilfsmittel: Pinnwand, Packpapier, Nadeln, Filzstift, Karten
Zeit: 40 min

- Teilaufgaben verdichten: Arbeitspakete schnüren
  Welche Aufgabenpakete sollten wir hier bearbeiten?
  Achtung: Hier müssen Sie ein durchgängiges, sinnvolles Ordnungskriterium verabreden!
  Und besonders gut auf die Formulierung der Aufgaben achten!
  Methode: Themenspeicher auf Basis der geordneten Karten
  Hilfsmittel: Pinnwand, Packpapier, Nadeln, Filzstift
  Zeit: 30 min
- Aufgabenpakete strukturieren: Projektstrukturplanung
  Welche Teilaufgaben sind innerhalb dieses Arbeitspaketes zu bearbeiten?
  Methode: Gruppenarbeit: Ergebnisse auf Karten
  Hilfsmittel: Stellwände, Karten, Filzstifte
  Zeit: 20 min Gruppenarbeit und Präsentation
- Aufwände schätzen, Bearbeiter vorläufig festlegen
  Wieviel Zeit benötigen wir für die einzelnen Pakete?
  Wer kann oder muß dieses Paket bearbeiten?
  Methode: Bearbeitungsraster in Kleingruppen
  Hilfsmittel: Pinnwand, Packpapier, Nadeln, Filzstift
  Zeit: abhängig von Arbeitsform und Zahl der Themen
- Ablauf festlegen und Zeitplanung vornehmen
  Welche Pakete müssen wir in welcher Reihenfolge bearbeiten?
  Wann können wir mit welchen Aufgaben beginnen?
  Methode: Pakete in vorbereitete Zeittafeln (z.B.Balkendiagramm) mit Zeitstrahl eintragen
  Hilfsmittel: Pinnwände, Papier, Filzstifte, Karten
  Zeit: 60 min
- Ressourcen klären
  Wer macht was, bis wann, mit wem?
  Was müssen wir sonst noch planen und reservieren?
  Methode: Aktivitätenkatalog
  Hilfsmittel: Pinnwand, Packpapier, Nadeln, Filzstift
  Zeit: 90 min
- Kostenplanung
  Wird nicht mehr in der gesamten Gruppe, sondern vom Projektleiter oder Kaufmann vorgenommen.

Literaturtip: H.D. Litke: Projektmanagement, München 1998
Zum Weiterlernen mit dem Computer: Siemens: Projektmanagement Grundlagen. Lernsoftware für Computer

37 Simulation

Wozu dient diese Methode?

Eine Simulation ist eine fiktive Vorwegnahme der durch ein Projekt zu schaffenden Realität unter ausgewählten Bedingungen. Sie hat das Ziel, herauszufinden, wie sich Menschen und/oder Programme voraussichtlich unter realen Bedingungen verhalten werden. Mit ihrer Hilfe können Annahmen, die vom Projekt vorgegeben werden, realistischer überprüft werden als durch bloßes Nachdenken über die zu erwartenden Reaktionen.

In den Natur- und Ingenieurwissenschaften – zum Beispiel in der Raumfahrt – sind Simulationen weit verbreitet, weil das Mißlingen eines Projekts mit hohen Kosten oder mit der Gefahr für Menschenleben verbunden wäre. Um die Implementierung von Projektergebnissen möglichst gut vorzubereiten und aufwendige Nachbesserungen zu vermeiden, eignet sich diese Methode auch für Organisationsprojekte.

In welchen Projektsituationen?

Simulationen finden vor allen Dingen in folgenden Projektsituationen Anwendung:

- Projektstatus feststellen
- Projektabschnitte bilanzieren
- Kunden und Anwender einbeziehen.

Projektstatus feststellen (Abschnitt 26)
Projektabschnitte bilanzieren (Abschnitt 27)
Kunden und Anwender einbeziehen (Abschnitt 28)

Wie gehen wir vor?

In ingenieurwissenschaftlichen Projekten gibt es umfangreiche und komplexe Versuchsanordnungen, die hier nicht näher beschrieben werden können. Das gleiche gilt für das Testen von EDV-Programmen mit ausgewähltem Datenmaterial.

Unüblicher ist es bisher, auch die Reaktionen von Menschen auf Veränderungen auszuprobieren, die durch ein Projekt eingeführt werden. Dabei handelt es sich um eine Art von Großrollenspiel, in dem verschiedene Personengruppen auf der Grundlage eines vorher entwickelten Szenarios miteinander interagieren.

Folgende Probleme können zum Beispiel dabei überprüft werden:
- das Zusammenspiel von Organisationseinheiten
- die Übergabe von Informationen an Nahtstellen
- neue Organisationsaufbaustrukturen
- neue Ablaufstrukturen
- Konflikte zwischen Hierarchieebenen
- die Akzeptanz von angestrebten Lösungen.

Einer Verhaltenssimulation wird ein konkreter Fall, also eine Situation, die getestet werden soll, in einem „Drehbuch" zugrunde gelegt. Für die beteiligten Gruppen oder Einzelpersonen werden Rollen geschrieben, die es ihnen erlauben, die Situationen anzuwenden, die ausprobiert werden sollen. Das „Spiel" verläuft in einer Reihe von mündlichen oder schriftlichen Kontakten, in denen die Spieler zu einer befriedigenden Lösung ihres Problems zu gelangen versuchen. Eine Simulation kann zwischen einem halben und zwei Tagen dauern.

Das Wichtigste an einer solchen Simulation ist die anschließende Auswertung, die ebensolange dauert wie das Spiel selbst. In ihr werden die Erfahrungen ausgetauscht, die die Spieler im Laufe des Spiels gemacht haben. Sie geben Hinweise darauf, wie die Anwender später in der Praxis mit der zukünftigen Situation umgehen werden.

Auswertungsfragen für die Spieler können sein:
- Welches Ziel hat unsere Gruppe / habe ich verfolgt?
- Wie ist es uns gelungen, dieses Ziel zu erreichen?
- Welche Widerstände haben wir von wem gespürt?
- Was haben wir über unsere Situation erfahren?
- Was haben wir über andere erfahren?
- Wie müßte aus unserer Sicht eine Lösung aussehen?

Auswertungsfragen für die Projektgruppe könnten sein:
- Sind die von uns gewünschten Ergebnisse eingetreten?
- Woran sind die gewünschten Ergebnisse gescheitert?
- Welche neuen Informationen haben wir bekommen?
- Welche Widerstände müssen wir berücksichtigen, die wir bisher übersehen oder unterschätzt haben?
- Mit welchen Lösungen können wir das angestrebte Ziel erreichen?

Was ist dabei zu beachten?

1. Die Konstruktion eines Szenarios erfordert viel Erfahrung, um einerseits die zu prüfenden Verhältnisse ausreichend realistisch

abzubilden, andererseits die Simulation spielfähig zu machen. Zum einen muß das Szenario den Spielern genügend Handlungsspielraum bieten, damit sie im Spiel agieren können, zum anderen muß es den realen Verhältnissen ähnlich genug sein, um aus der Simulation Schlüsse ziehen zu können.
2. Das Spiel selbst löst leicht erhebliche emotionale Reaktionen aus. Die Spielleitung muß in der Lage sein, mit solchen Emotionen umzugehen.
3. Das Spiel muß ausreichend lange dauern, damit sich die Spieler in ihren Rollen entwickeln können, und es muß genügend Zeit zur Auswertung gegeben sein.
4. Abweichungen von den Erwartungen der Projektgruppe im Spielverlauf haben selten mit dem Unvermögen der Spieler, sondern eher mit Mängeln in den von der Projektgruppe erarbeiteten Lösungen zu tun. Schwierigkeiten, die in der Simulation sichtbar sind, sollten unbedingt ernst genommen werden.
5. Mit Verhaltenssimulationen läßt sich am ehesten die Reaktion von Menschen auf die vom Projekt vorgeschlagenen Veränderungen erfahren. Sie eignen sich weniger dazu, sachlich „richtige“ Ergebnisse zu produzieren.

Beispiel

Im Rahmen eines Veränderungsprozesses will ein Großhandelsunternehmen seine Aufbauorganisation von einer produktorientierten Gliederung auf eine an Kundengruppen orientierte Gliederung umstellen. Das erfordert eine neue Zusammenarbeit zwischen den Produktgruppenmitarbeitern. Neu zu schaffende Kundengruppenmanager haben die Aufgabe, die Kundeninteressen unternehmensintern zu vertreten und für eine schnellstmögliche Abwicklung zu sorgen.

In einer Simulation wird das Zusammenspiel an Hand eines Kundenauftrags durchgespielt. Den Spielern liegen dazu die Art von Daten vor, die ihnen auch in der Realität zur Verfügung stünden. Darüber hinaus enthalten ihre Rollenanweisungen Informationen über die bisherige Art der Zusammenarbeit und darüber, ob sie „Gewinner“ oder „Verlierer“ der Veränderung sind.

Das Spiel dauert einschließlich Spieleinführung ca. 6 Stunden. Wenn es morgens beginnt, können noch am selben Tag die Erfahrungen auf der Beziehungsebene ausgetragen werden. Am nächsten Tag erfolgt dann eine sachliche Auswertung mit der Frage, welche konkreten Auswirkungen die Erfahrungen auf die Projektvorschläge haben.

Das Spiel wird von Personen, die mit dieser Methode vertraut sind, gemeinsam mit Projektmitarbeitern vorbereitet und durchgeführt.

Literaturtip: Bernt Högsdal: Planspiele, Bonn 1997
Brenner u.a.: Pädagogisches Rollenspiel, Hamburg 1997

38 Systemisch fragen

Wozu dient diese Methode?

Viele Probleme und Themen werden in der Projektwelt nach wie vor zu einseitig in Ursache-Wirkungs-Zusammenhängen erklärt und gelöst. Jedoch ist die Wirklichkeit in Projekten häufig vielschichtiger und unübersichtlicher. Systemische Fragen helfen, bisher nicht erkannte Zusammenhänge wahrzunehmen und neue Lösungen zu entwickeln. Systemische Fragen zielen darauf, die Wahrnehmung und Wirklichkeitssicht der Projektbeteiligten zu verändern und zu erweitern.

Der Ursprung systemischer Fragen liegt in der Familientherapie (Mailänder Schule) und sollte dazu beitragen, den Blick weg vom Symptomträger (Problemfall Familie) hin zum Gesamtsystem Familie mit seinen Beziehungen und Wechselwirkungen zu richten. Dieser Denk- und Arbeitsansatz hat sich auch in der Arbeit mit Projektgruppen und Organisationen bewährt. Er hilft, die eingefahrenen Wege zu verlassen und eine ganzheitliche Lösung zu finden, statt einzelne Beteiligte (zum Beispiel einen überforderten Projektleiter) alleine verantwortlich zu machen.

In welchen Projektsituationen wird sie verwendet?

Systemische Fragen sind in allen Projektsituationen hilfreich, in denen Zusammenhänge aufgezeigt und kreative Lösungen entwickelt werden müssen.

Auftragsklärung (Abschnitt 24)
Projektteam (Abschnitt 29)

In der Auftragsklärung helfen sie, den Auftrag und seine Beteiligten ins richtige Licht, d.h. in den richtigen Kontext, zu rücken. In der Teambildung und Teamentwicklung zeigen sie die Dynamik und Vernetzung des sozialen Systems auf. Beim Entwurf von Lösungen für die aufgeworfenen Probleme regen sie zu neuen Ideen an und helfen, Denkblockaden aufzulösen. Bei einer Präsentation vor dem Lenkungsausschuß ermöglichen sie, Wechselwirkungen mit dem organisatorischen Umfeld zu erkennen, und in der Phase der Erfahrungssicherung ermöglichen sie Lernen durch neue Blickwinkel.

Präsentation im Projekt (Abschnitt 44)

In vielen Fällen werden mit Hilfe systemischer Fragen verblüffende Wirkungen erzielt, die mit klassischen analytischen Fragen nicht möglich gewesen wären.

Wie gehen wir vor?

Systemische Fragen werden in einem Interview als Einzelfragen eingestreut. Zuvor entwickelt und formuliert man dazu Hypothesen über das Arbeitssystem, auf die sich die systemischen Fragen dann beziehen. Systemische Fragen wenden sich u.a. an konkrete Personen, umfassen aber immer die gesamte Arbeitsumgebung.

Ziel ist es, mit Hilfe dieser Methode neue Informationen und Sichtweisen bei den Beteiligten entstehen zu lassen, die ein anderes Verständnis der Situation oder neue Lösungen ermöglichen.

Was ist dabei zu beachten?

Systemische Fragen müssen keine „wahren" Antworten hervorbringen, sondern sollen die Wahrnehmungs- und Beschreibungsfähigkeit der Betroffenen erweitern und neue Blickwinkel ermöglichen. Deshalb gibt es keine richtigen oder falschen systemischen Fragen.

Es ist auch nicht immer wichtig, Antworten zu erzielen. In vielen Fällen genügt es, den Denkprozeß bei den Beteiligten anzuregen und so einen Boden für ganzheitliche Lösungen zu bereiten.

Da manche systemische Fragen kulturelle Besonderheiten und Tabus eines Teams oder einer Organisation aufdecken, werden sie oft als „frech" oder „unverschämt" empfunden. Um so wichtiger ist es, beim Fragen den Kontakt zur Gruppe nicht zu verlieren und ein gutes Gefühl für Grenzen zu entwickeln.

Systemische Fragen unterstützen sehr gut den Einsatz von anderen Werkzeugen wie z.B. Umfeldanalyse, KontextModell, SystemModell.

Da dieses Werkzeug für unser Denken sehr ungewohnt ist, empfiehlt es sich, mit einfachen Fragen anzufangen, um dann seine Kompetenz mit Hilfe der erlangten Übung und Kreativität weiter auszudehnen.

Typische Fragen für diese Methode

Kontextfragen

- **Wozu dienen sie?** Um den thematischen und organisatorischen personenbezogenen Rahmen eines Prozesses transparent zu machen
- **In welchen Phasen im Prozeß?** Auftragsklärung, Themenorientierung, Themenbearbeitung
- **Wie geht es?** Nach Schnittstellen, Wechselwirkungen, Rahmenbedingungen fragen
- **Beispiele:** „Wer hat die Kompetenz, hier mitzureden?"
  „Wer hat Interesse, daß es (nicht) zu einer Lösung kommt?"
  „Was steht schon fest?"
  „Was bedeutet das in bezug auf ...?

Unterscheidungsfragen

- **Wozu dienen sie?** Um Unterschiede in der Wahrnehmung, Bewertung, Handhabung von Themen, Problemen und Personen deutlich zu machen
- **In welchen Phasen im Prozeß?** Auftragsklärung, Themenorientierung, Themenbearbeitung
- **Wie geht es?** Nach Unterschieden, Rangreihen, Prozentangaben etc. fragen
- **Beispiele:** „Ist das Problem für alle gleich?"
  „Wer würde zuerst feststellen...?"
  „Wieviel % Ihrer Probleme wären damit gelöst?

Fragen nach Ausnahmen

- **Wozu dienen sie?** Um Verallgemeinerungen aufzulösen, Differenzierungen in der Wahrnehmung, Bewertung, Lösung zu ermöglichen
- **In welchen Phasen im Prozeß?** Themenbearbeitung
  Wie geht es? Nach Ausnahmen fragen
  – situativ
  – zeitlich
  – kontextbezogen
- **Beispiele:** „War das schon immer so?"
  „Unter welchen Umständen könnte eine Ausnahme möglich sein?

Hypothetische Fragen

- **Wozu dienen sie?** Neue Ideen kreieren, neue Blickwinkel eröffnen, Visionen, Utopien eröffnen
- **In welchen Phasen im Prozeß?** Themenbearbeitung

Wie geht es? Unmögliches durch eine Frage denkbar machen, Zusammenhänge in einen ungewohnten Kontext stellen
Beispiele: „Angenommen, Ihr Problem hätte sich schon von heute auf morgen in Luft aufgelöst, was wäre anders?"
„Sie haben bei einer guten Fee drei Wünsche frei...?"

Zukunftsfragen

- **Wozu dienen sie?** Visionen, Utopien eröffnen, Gedanken frei machen, neue Blickwinkel eröffnen, neue, kreative Lösungen erarbeiten
- **In welchen Phasen im Prozeß?** Themenbearbeitung, Abschluß
- **Wie geht es?** Fragen stellen, die Spekulationen über die Zukunft zulassen; zeitliche Komponenten in Fragen einbauen
- **Beispiele:** „Wer hätte die Kompetenz, Ihr Nachfolger zu werden, wenn Sie befördert würden?`"
„Wie wird sich XY verändern, wenn dieser Prozeß erfolgreich ist?"

Umkehrfragen

- **Wozu dienen sie?** Einseitige Wahrnehmung und Lösung verhindern
- **In welchen Phasen im Prozeß?** Themenbearbeitung
- **Wie geht es?** Die Kehrseite einer Frage, eines Problems, einer Lösung erfragen; das Gute im Schlechten und umgekehrt erarbeiten
- **Beispiele:** „Was wird dadurch möglich, daß alles beim alten bleibt?"
„Was ist der Preis, den Sie für den Erfolg bezahlen?"

Triadische Fragen

- **Wozu dienen sie?** Unbewußtes bewußt machen, Wahrnehmung erweitern, Wechselwirkungen sichtbar machen, Unausgesprochenes ansprechbar machen
- **In welchen Phasen im Prozeß?** Auftragsklärung, Themenbearbeitung, Themenorientierung, Abschluß
- **Wie geht es?** Über Eck fragen, Tratschen in An- und Abwesenheit anderer über „heiße Kisten", Tabus, Kontakte, Vertrauen, eine Person über die Beziehung von zwei anderen fragen
- **Beispiele:** „Wie schätzt Ihr Chef Ihren Konflikt ein?"
„Was, glauben Sie, will Herr X damit erreichen?"
„Wie, glauben Sie, schätzt X das Verhalten von Y ein ?"

Literaturtip: Weiss: Familientherapie ohne Familie, München 1988

39 Wahrnehmen – vermuten – bewerten/reagieren

Wozu dient diese Methode?

In vielen Projekten gibt es immer wieder Konflikte, die scheinbar sachlicher Natur sind. Oft handelt es sich jedoch um Mißverständnisse, die in unbewußten Kommunikationsmustern der beteiligten Personen zu suchen sind. Die Folgen können Kurzschlußreaktionen sein, deren Ursache ohne die bewußte Reflexion der nachfolgend beschriebenen Übung unentdeckt bleibt und manchmal zu fatalen Folgen führt.

Wenn eine Person auf eine andere reagiert, durchläuft sie immer drei Stufen:

- Sie macht mit Hilfe ihrer fünf Sinne (Augen, Ohren, Tastsinn, Geruch und Geschmack) eine konkrete Wahrnehmung an einem anderen Menschen.
- Sie interpretiert diese Wahrnehmung entsprechend ihrer Vorerfahrungen und Vorurteile. Sie stellt also eine Vermutung darüber an, was diese Wahrnehmung zu bedeuten hat.
- Abhängig von dieser Vermutung erfolgt eine Reaktion. Diese kann nach außen in einer Handlung oder deren Unterlassung bestehen. Sie kann aber auch nach innen gerichtet sein: Dann besteht sie in einem Gefühl, in einem Werturteil oder einer Meinungsbildung.

Wir reagieren also nicht direkt auf die Wahrnehmung selbst, sondern auf die durch unsere Meinung und unseren Glauben gefilterte Interpretation. Im Alltag verwechseln wir leicht diesen Unterschied und glauben deshalb, daß das Handeln des Gegenübers unsere Reaktion unmittelbar bedingt.

Daß wir unsere Interpretation für die Realität halten, produziert viele Mißverständnisse. Oft hört man von Projektleitern: „Er hat keine Einwände geäußert, also war er einverstanden." Diese Vermutung kann stimmen, das Schweigen kann aber auch auf einem anderen, unbekannten Grund beruhen.

In dieser Situation ist es sehr hilfreich, das oben beschriebene Muster zu kennen und anwenden zu können. Erst das kritische Hinterfragen der eigenen Interpretation ermöglicht es, weitere Beobachtungen zu machen oder nachzufragen. Auf diesem Weg entsteht dann eine gemeinsame Sicht der Dinge, das heißt eine gemeinsame Konstruktion der Wirklichkeit. Erst in dieser geklärten Situation können dann beide Personen nachvollziehbar und realitätsnah handeln.

In welchen Projektsituationen wird die Methode verwendet?

In allen Situationen und Phasen eines Projekts wird kommuniziert: Die Menschen reden miteinander oder stimmen ihr Verhalten und ihre Handlungen aufeinander ab. In all diesen Situationen können Mißverständnisse auftreten, die den erfolgreichen Projektverlauf behindern.

Besonders kritisch wird es allerdings immer dann, wenn die Zusammenarbeit durch Konkurrenz, Interessenunterschiede, Hektik oder persönliche Spannungen belastet ist. In diesen Fällen lohnt es sich, die Zwangsläufigkeit zwischen der Wahrnehmung und der Schlußfolgerung zu überprüfen.

Dieser Zusammenhang ist deshalb besonders in Konflikt- und in Feedbacksituationen zu beachten. Er spielt aber auch eine Rolle, wenn Aussagen über andere Projekte, Auftraggeber, Kunden, Anwender oder Entscheider gemacht werden. Auch wenn die Menschen im Team einen sehr unterschiedlichen fachlichen oder kulturellen Hintergrund besitzen, kommt es oft zu Fehlinterpretationen, die geklärt werden müssen.

Feedback (Abschnitt 40)

Wie gehen wir vor?

Die Sensibilisierung für den Unterschied zwischen Wahrnehmung, Vermutung und Reaktion läßt sich in erster Linie durch persönliches Training erreichen. Eine geeignete Übung ist z.B., eine Situation zu beobachten und dazu mindestens drei, möglichst unterschiedliche, Interpretationen zu finden. Die unterschiedlichen Deutungen lassen erkennen, wie leicht falsche Vermutungen entstehen. Bei genügend Übung geht diese Einsicht in Fleisch und Blut über und kann auch in kritischen Momenten genutzt werden. Die auf der nächsten Seite folgende Abbildung verdeutlicht das.

Im Teamentwicklungsprozeß kann zum Beispiel paarweise eine Übung durchgeführt werden, indem sich die Partner gegenseitig aktuelle oder kurz zurückliegende Wahrnehmungen, ihre Vermutungen und (inneren oder äußeren) Reaktionen mitteilen. Der Vorteil der Paarübung liegt darin, daß sofort überprüft werden kann, ob die Wahrnehmen-vermuten-reagieren-Kette richtig oder falsch war.

Projektteam entwickeln (Abschnitt 29)

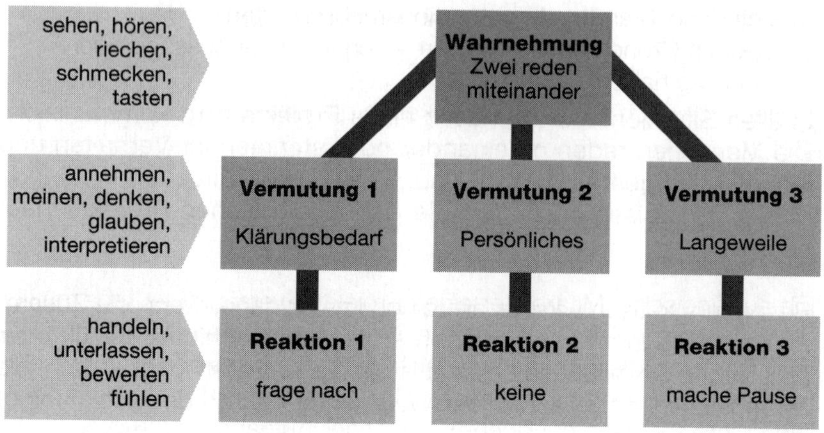

Abb. 32: Wahrnehmen – vermuten – reagieren (Beispiel)

Wenn ein Team darin geübt ist, diese unterschiedlichen Ebenen zu hinterfragen, kann es auch in schwierigen Situationen darauf aufmerksam gemacht werden.

Was ist dabei zu beachten?

Wichtig ist es zu wissen, daß bereits unsere Wahrnehmung selektiv ist. Wir neigen dazu, nur solche Wahrnehmungen in unser Bewußtsein aufzunehmen, die unserer vorgefaßten Meinung entsprechen: Wenn wir ein- oder zweimal miterlebt haben, daß jemand zu spät kommt, dann registrieren wir nicht mehr, wenn er pünktlich ist, sondern sind der festen Überzeugung, „daß er immer zu spät kommt". Das gleiche gilt für Urteile oder Gerüchte, die wir über die betroffene Person gehört haben. Dieser Falle entgeht man nur durch gezielte und bewußte Beobachtungen, um sich ein eigenes oder neues Urteil zu bilden.

Wenn eine Person von jemand anderem darauf hingewiesen wird, daß sie möglicherweise unzutreffend interpretiert, sollte das mit dem entsprechenden Einfühlungsvermögen und nicht schulmeisterlich gemacht werden.

Typische Fragen

- Was habe ich tatsächlich wahrgenommen?
- Wie habe ich diese Wahrnehmung interpretiert?

- Gibt es noch andere Interpreationsmöglichkeiten?
- Welchen Grund kann der andere noch für seine Aussage oder Handlung haben?
- Habe ich noch andere Möglichkeiten der Reaktion?

Beispiel

Ein ausländischer Mitarbeiter eines Projektes versäumt es regelmäßig, die vereinbarten Arbeitsergebnisse in der vereinbarten Qualität abzuliefern. Der Projektleiter beschwert sich beim disziplinarischen Vorgesetzten des Mitarbeiters über dessen Unzuverlässigkeit. Außerdem überläßt er ihm zukünftig nur noch „unwichtige" Aufgaben.

In einem Gespräch mit einem Kollegen vertraut der betroffene Mitarbeiter diesem an, daß er sich ungerecht behandelt fühlt, da er seine Aufgaben doch immer vollständig abgegeben habe. Erst durch intensives Nachfragen findet der Kollege heraus, daß es nicht an der Unzuverlässigkeit des Mitarbeiters, sondern an sprachlichen Barrieren gelegen hat, daß die Arbeiten nicht in der erwünschten Form vorgelegt worden sind.

Der tatsächliche, aber „falsche" Verlauf:	Der geklärte und „bessere" Verlauf:
Wahrnehmung: Die Arbeitsergebnisse haben nicht die vereinbarte Qualität.	Wahrnehmung: Die Arbeitsergebnisse haben nicht die vereinbarte Qualität.
„Falsche" Vermutung: Der Mitarbeiter ist unzuverlässig	„Richtige" Vermutung: Der Mitarbeiter hat die Aufgabe nicht verstanden
„Falsche" Reaktion: Der Mitarbeiter erhält nur noch unwichtige Aufgaben.	„Richtige" Reaktion Der Projektleiter macht die Aufgabe verständlich.
Ergebnis: Der Mitarbeiter ist demotiviert. Ressourcen liegen brach	Ergebnis: Der Mitarbeiter liefert seine Aufgaben in der gewünschten Qualität.

Die rechtzeitige Anwendung der oben beschriebenen Übung hätte den Projektleiter in dieser Situation vor seinem vorschnellen Urteil bewahren und den Arbeitsfortschritt sicherstellen können. Der Projektleiter hätte sein Mißverständnis bemerkt und die anstehenden Aufgaben noch verständlicher erklären können.

Literaturtip: Watzlawick, Paul / Kreuzer, Franz: Die Unsicherheit unserer Wirklichkeit, München 1988

Watzlawick, Paul: Wie wirklich ist die Wirklichkeit?, München 1995

40 Feedback

Wozu dient Feedback?

Viele Mißverständnisse zwischen Personen ergeben sich daraus, daß versucht wird, Information auf der Sachebene auszutauschen, obwohl es sich eigentlich um das subjektive Empfinden hinsichtlich einer Verhaltensweise, Eigenschaft oder eines Ereignisses handelt. Dabei neigen wir dazu, Ursachen entweder in der Situation oder bei anderen Personen, selten jedoch bei uns selbst zu suchen. Das führt zu Mißverständnissen, Streit oder Beschimpfungen und verhindert eine zielgerichtete, zweckmäßige Zusammenarbeit.

Um das eigene soziale Verhalten überprüfen und verändern zu können, bedarf es expliziter Rückmeldungen, die von einem anderen gezielt zum eigenen Verhalten und seinen Wirkungen gegeben werden. Dadurch können die eigenen „blinden Flecken" verringert und die Reaktion unserer Mitmenschen nachvollzogen werden.

Ein Feedback findet dann statt, wenn ein Gesprächspartner dem anderen ausdrücklich mitteilt, wie er den Gesprächspartner und sein Verhalten wahrnimmt und erlebt. Damit ist nicht die in allen Interaktionsprozessen implizit enthaltene, sondern die bewußte und beabsichtigte Rückmeldung gemeint. Feedback ist damit ein Vorgang, bei dem Person A Person B Informationen darüber gibt, wie A die Person B erlebt hat. Folgende Merkmale sind charakteristisch:

- Es handelt sich immer um eine Zweiersituation, auch wenn mehrere Personen bei dem Gespräch anwesend sind.
- Es geht dabei um Eindrücke, also um subjektive Informationen.
- Person A und Person B befinden sich in gleichwertigen Rollen. Das Feedback könnte also auch in der umgekehrten Richtung erfolgen, wenn die beiden Beteiligten es wünschen.

Ziel des Feedbacks in einem Projekt ist es,
- die Zusammenarbeit im Projekt zu verbessern bzw. eine gute Zusammenarbeit zu gewährleisten,
- das Entstehen von unnötigen Konflikten zu vermeiden,
- Konflikte zu bearbeiten,
- die persönliche Entwicklung der Projektmitglieder zu fördern,
- die Projektarbeit durch Abbau von Reibungsverlusten effizienter zu machen,
- den Lernprozeß im Projekt zu fördern.

Feedback ist keine Personalbeurteilung, die in vielen Unternehmen mehr oder weniger systematisch durchgeführt wird. Ein Feedback ist ein freiwilliger Austausch zwischen zwei gleichberechtigten Personen. Durch regelmäßiges Feedback werden Informationsdefizite ausgeglichen und Bedürfnisse, Wünsche und Erwartungen deutlich.

Feedback, richtig eingesetzt, ermöglicht zum einen die kritische Auseinandersetzung mit den eigenen Verhaltensweisen und sensibilisiert zum anderen für die Bedürfnisse, Wünsche und Erwartungen anderer Personen.

Feedback ist ein Hilfsmittel zur Verbesserung von Kommunikationsprozessen. Folgende Wirkungen können erzielt werden:
- Der Feedbackempfänger erhält Informationen, die ihm die Planung seines zukünftigen Verhaltens ermöglichen.
- Der Feedbackempfänger wird in einer bestimmten Verhaltensweise oder Eigenschaft bestätigt.
- Der Feedbackempfänger erfährt, daß eine bestimmte Verhaltensweise oder Eigenschaft des Feedbackempfängers vom Feedbackgeber als unangenehm empfunden wird.

Für jede dieser Wirkungen lassen sich mögliche Konsequenzen annehmen; für den ersten Fall etwa ein effektiveres Folgeverhalten, daraus wiederum resultieren zufriedenstellende Beziehungen. Eine Bestätigung der eigenen Verhaltensweisen kann zur Steigerung des Selbstwertgefühls führen. Das Erlebnis der Diskrepanz zwischen der Absicht und der tatsächlichen Wirkung einer Verhaltensweise führt häufig zur Motivation, diese zu verändern. Dafür ist es notwendig, daß der Feedbackgeber den -nehmer darüber informiert, wie er sich die angemessene Verhaltensweise vorstellt und wie diese Verhaltensänderung vollzogen werden könnte. Für den Erfolg von Feedback ist die Einhaltung der Regeln Voraussetzung.

In welchen Projektsituationen wird Feedback eingesetzt?

Feedback kann, zumal es wenig Zeit in Anspruch nimmt, bei den unterschiedlichsten Anlässen angewendet werden:

- in der Projektarbeit, z.B. wenn Konflikte auftreten;
- bei Workshops, z.B. zum Abschluß, um die Zufriedenheit der Teilnehmer zu überprüfen;
- bei Trainings, um den Wissensstand zu überprüfen;
- institutionalisiert im alltäglichen Umgang miteinander, bei Problemen, Mißverständnissen und Konflikten.

Wie wird ein Feedback durchgeführt?

Ein Feedbackgespräch zwischen zwei Personen beginnt im allgemeinen mit der Feststellung, ob beide Partner derzeit innerlich und äußerlich zum Feedback bereit sind. Wenn ein gegenseitiges Feedback verabredet wird – was die Regel sein sollte –, wird entschieden, wer mit dem Feedback beginnt.

Beim Feedback teilt ein Gesprächspartner dem andern mit, wie er das Verhalten des anderen erlebt und welche Reaktionen es bei ihm ausgelöst hat. Dadurch können die Zusammenarbeit störende Verhaltensweisen zunächst verbalisiert und später korrigiert werden. Weder Feedback zu bekommen, noch Feedback zu geben ist für die meisten Menschen problemlos, denn es ist bisher in unserer Gesellschaft nicht üblich, Emotionen zu verbalisieren oder persönliche Konflikte einzugehen. Eine Reihe von Regeln helfen, Feedback wirkungsvoll zu nutzen. Ein Feedback sollte folgendermaßen formuliert werden (vgl. Lumma 1988, S. 107 ff; Antons, 1996, S. 110):

Regeln für den Feedbackgeber

- Beschreibend (Ich-Aussagen): Es sollten die eigene Beobachtung und die darauf folgende Reaktion beschrieben werden, denn dann wird dem Feedbackempfänger überlassen, ob er die Informationen in sein Selbstbild integriert und für Veränderungen nutzt oder nicht. Anklagen, Verurteilungen und Bewertungen sollten vermieden werden, denn der Feedbackempfänger muß sich sonst verteidigen.
- Konkret: Es sollte die konkrete Situation, in der die Verhaltensweise des Feedbackempfängers aufgetreten ist, beschrieben werden. Wo und wann hat der Feedbackgeber was wahrgenommen (gesehen,

gehört etc.)? Dabei ist es wichtig, Wahrnehmungen von Vermutungen und Reaktionen zu trennen.

- Angemessen (positive Formulierungen): Feedback kann zerstörend wirken, wenn der Feedbackgeber nur an seine eigenen Bedürfnisse, Wünsche und Erwartungen denkt und die des Feedbacknehmers nicht genügend berücksichtigt. Ein Feedback muß den Bedürfnissen, Wünschen und Erwartungen beider gerecht werden. Es ist keine Aufforderung zur Selbstkritik.
- Brauchbar: Konkretes und angemessenes Feedback muß für den Feedbacknehmer Bedeutung haben. Es ist nur nützlich, wenn es sich auf Verhaltensweisen bezieht, die der Feedbackempfänger auch tatsächlich verändern kann, und bezieht sich auf negative wie positive Verhaltensweisen. Letztere sind leichter und schneller zu verstärken, als erstgenannte abgebaut werden können.
- Erbeten: Feedback darf nicht aufgezwungen werden. Es ist am wirkungsvollsten, wenn der Feedbacknehmer darum bittet. Möchte eine Person einer anderen Person unbedingt ein Feedback geben, so muß der potentielle Feedbacknehmer zunächst einwilligen. Damit Mitarbeiter ihrem Vorgesetzten im Unternehmen Feedback geben können, muß die Führungskraft gemeinsam mit den Mitarbeitern einen bestimmten Rahmen dafür festlegen und systematisch Feedbackprozesse durchführen, bis es zur Routine wird.
- Zur rechten Zeit: Feedback ist um so wirksamer, je kürzer der zeitliche Abstand zwischen dem betreffenden Verhalten und der Information über die Wirkung des Verhaltens ist. Es müssen jedoch andere Gegebenheiten berücksichtigt werden, wie z.B. die Bereitschaft der betreffenden Person, Feedback überhaupt anzunehmen.
- Klar und konkret formuliert: Feedback ist allgemeinverständlich und in kurzen, logischen Sätzen zu formulieren, damit der Feedbackempfänger es auch verstehen und verarbeiten kann. Es bezieht sich dabei auf konkrete Verhaltensweisen, nicht auf Eigenschaften des Feedbackempfängers („Ich finde, Sie haben sehr viel geredet", nicht „Sie sind ein Vielredner"). Ein gutes Feedback besteht daher aus der Schilderung konkreter Situationen, in denen die darzustellenden Verhaltensweisen des Feedbackempfängers sichtbar geworden sind, und der inneren oder äußeren Reaktionen (Meinungen, Gefühle), die sie beim Feedbackgeber ausgelöst haben. Je konkreter die Schilderung ist, desto leichter kann der Feedbacknehmer nachvollziehen, worum es dem Feedbackgeber geht. Es empfiehlt sich, dabei auf Verallgemeinerungen wie „man", „wir", „es fällt auf" usw. zu verzichten und statt dessen per „ich" und „du" oder „Sie" zu sprechen.

Es ist schwierig, ein Feedback zu geben. Es ist jedoch auch schwierig, Feedback entgegenzunehmen. Ein Feedback kann noch so gut formuliert sein und trotzdem negativ auf den Feedbackempfänger wirken, wenn dieser nicht bereit ist, es zu akzeptieren. Um die Akzeptanz von Feedback beim Empfänger zu erhöhen, werden folgende Regeln empfohlen (vgl. Antons, 1996, S. 109 ff):

Regeln für den Feedbacknehmer

- Feedback ist ein Geschenk! Das Feedback ist ein wechselseitiger Prozeß. Die Hilfe des Feedbackgebers hängt von der Offenheit des Feedbacknehmers ab und von der Art und Weise, wie die Fragen gestellt werden. Ein Feedback ist grundsätzlich etwas Positives, denn eine andere Person teilt mit, wie die Verhaltensweisen des Gesprächspartners auf sie wirken, d.h., welche Emotionen die Verhaltensweisen des Gesprächspartners ausgelöst haben. Dadurch werden dieser Person unbewußte Ebenen bewußt gemacht.
- Gegenargumentationen und Verteidigungen erst am Ende des Feedbacks: Ein Feedback wird, besonders wenn es negative Eigenschaften, Verhaltensweisen oder Ereignisse betrifft, als Angriff verstanden. Diese Abwehr gegenüber einem Feedback kann jedoch nicht dadurch ausgeschlossen werden, daß sie nicht geäußert werden darf. Es ist günstiger, sie zuzulassen, so daß der Feedbackgeber darauf eingehen kann. Dadurch können Mißverständnisse sofort ausgeräumt werden.
  Wichtig für die Verarbeitung des Feedbacks ist jedoch, daß der Empfänger zunächst nur zuhört, höchstens nachfragt, auf die unmittelbare Abwehr bzw. Verteidigung jedoch so lange verzichtet, bis er das gesamte Feedback angehört hat. Damit wird einer unüberlegten Spontanverteidigung vorgebeugt, und der Feedbacknehmer kann später, wenn es noch notwendig ist, Stellung nehmen. Zur Regulation von Abwehrhaltungen kann die Vereinbarung getroffen werden, daß der Feedbackempfänger vorab Verteidigung, Erklärung und Zustimmung seinerseits signalisiert. Dadurch wird der eigene Verteidigungsmechanismus oft relativ schnell bewußt und kann eingeschränkt werden.

Werden diese Regeln für Feedbacknehmen und -geben beachtet, so ist eine gegenseitige positive Verhaltensbeeinflussung möglich. Ein kontinuierlich, systematisch und wechselseitig durchgeführtes Feedback schafft zwischen den Projektteammitgliedern eine offene und vertrauensvolle Atmosphäre. Das Feedback bleibt auf die Sache konzentriert, durch Ich-Aussagen verbalisierte Emotionen können nicht bezüglich ihres Vorhandenseins in Frage gestellt werden.

Fragen für Feedback

Welche Fähigkeiten schätze ich an Ihnen?
Welche Fähigkeiten vermisse ich (manchmal) an Ihnen?
Was gefällt mir an unserer Zusammenarbeit?
Was gefällt mir an unserer Zusammenarbeit nicht?
Welches Verhalten wünsche ich mir von Ihnen für unsere Zusammenarbeit?

Was ist bei einem Feedback zu beachten?

- Am leichtesten ist Feedback als Standardsituation einzuführen, wenn es keine akuten Spannungen im Projektteam gibt. Das ist am ehesten in der Anfangsphase gegeben.
- Feedback braucht Ruhe und Konzentration, um von der Alltagskommunikation auf die spezielle Feedbackkommunikation umschalten zu können. Es empfiehlt sich deshalb, für ein Feedbackgespräch Zeiten großer Hektik zu meiden. Es kann kurz angekündigt werden („Ich würde gerne mit Ihnen ein Feedbackgespräch führen, wenn wir wieder Zeit dazu haben“) und ein günstiger Zeitpunkt gesucht werden.
- Ein Feedback kann mit Vereinbarungen enden, muß es aber nicht. Ein offenes Feedback ist für den Geber eine besondere Herausforderung, denn Ehrlichkeit und Offenheit sind keine üblichen Verhaltensmuster. Deshalb endet es nach guter Sitte mit einem Dank des Feedbackempfängers an den -geber.
- Feedbackgespräche sind in der Regel Zweiergespräche, weil sie einen sehr persönlichen Erfahrungsaustausch darstellen. Sehr „reife“ Projektteams, die in Feedbacks erfahren sind, können sie auch in einer größeren oder kleineren Gruppe durchführen („Feedbackrunde“). Die Person B kann dann von mehreren Personen Feedback nacheinander bekommen. Es muß allerdings darauf geachtet werden, daß die Feedbacks sorgfältig voneinander getrennt sind, damit für B keine Verwirrung in den subjektiven „Spiegeln“ entsteht, die ihm vorgehalten werden. Die größte Gefahr eines Gruppenfeedbacks liegt jedoch darin, daß es zu einem „Scherbengericht“ ausartet. Der Feedbackempfänger wird gedemütigt und verletzt, seine Fähigkeit zur Zusammenarbeit

eingeschränkt und seine Abwehr gegen die Feedbackinformationen eher verstärkt als gemindert.

Zusammenfassende Übersicht:

Regeln für das Feedbackgeben

- Feedback nur aus dem Material der Hier- und Jetzt-Situation geben
- Angaben so genau wie möglich machen und alle Punkte mit konkreten Beispielen des Verhaltens belegen
- Den Feedbackempfänger nicht bedrängen, sondern seine Bedürfnisse, Wünsche und Erwartungen wahrnehmen und versuchen, das betreffende Verhalten aus seiner Sichtweise zu sehen
- Die Wirkung des Verhaltens beschreiben (Ich-Aussagen), jedoch nicht bewerten, interpretieren und Motive suchen
- Ggf. mit dem Feedbackempfänger seine Fragen durchgehen.

Regeln für das Feedbacknehmen

- Feedback ist ein wechselseitiger Prozeß. Die Hilfe des Feedbackgebers hängt von der Offenheit des Feedbacknehmers ab und von der Art und Weise, wie die Fragen gestellt werden
- Gegenargumentationen und Verteidigungen erst am Ende des Feedbacks
- Zuhören, ggf. nachfragen und klären.

Beispiel

Das Projektteam, das die Fusion zweier großer Versicherungsgesellschaften organisiert und aus Teilnehmern beider Unternehmen zusammengesetzt ist, trifft sich nach einer dreimonatigen Einarbeitungszeit zu einer Klausurtagung.

Da sich im Laufe der Sacharbeit immer wieder persönliche Differenzen ergeben, führen sie organisiertes Feedback (den Feedback-Markt) als einen Bestandteil der Tagesordnung durch. Geplant sind dafür 3 Runden zu zweit à 20 Minuten mit folgenden Vorgaben:

Der Feedback-Markt

Fragen zum Austauschen

- Was gefällt mir an unserer Zusammenarbeit?
- Was gefällt mir nicht an unserer Zusammenarbeit?
- Was wünsche ich mir für unsere zukünftige Zusammenarbeit?

Dabei hilft:
- Feedback ist ein Geschenk: nicht diskutieren, nicht rechtfertigen
- Feedback hat mit dem Feedbackgeber ebensoviel zu tun wie mit dem -nehmer: Man kann entscheiden, ob man etwas verändern will
- Feedback möglichst konkret wahrnehmen, vermuten, bewerten.

41 Skulpturarbeit: Durch Menschen dargestellte Analysen

Wozu dient diese Methode?

In vielen Projektsituationen, in denen die Zusammenarbeit der Projektbeteiligten besprochen wird, helfen klassische Methoden der Moderation und Gesprächsführung nicht immer, die erwünschte Klärung herbeizuführen. Statt dessen ist es notwendig, eher ungewohnte Problemzugänge zu beschreiten. Es ist also besonders dann hilfreich, wenn zuviel geredet und doch nichts klar wird.

Die Skulpturarbeit ist ein Instrument der systemischen Familientherapie, das in solchen Situationen helfen kann, neue Erkenntnisse zum Funktionieren sozialer Systeme zu bringen.

Abhängig von der gewählten Form und Fragestellung gewinnt man mit Hilfe der Skulpturarbeit meist schnell und unkompliziert Transparenz über:
- den Standpunkt einzelner Gruppenmitglieder zu bestimmten Fragestellungen
- Distanz und Nähe in einer Gruppe
- Wechselwirkungen zwischen dem Projekt und seinem Umfeld
- die Gesamtkonstruktion einer Projektgruppe
- das Erkennen von Themen, die später zu bearbeiten sind
- Zusammenarbeit und Führung im Team
- Veränderungswege, die noch zu beschreiten sind.

Skulpturarbeit verstärkt die Selbst- und Fremdwahrnehmung der beteiligten Personen und damit der gesamten Gruppe.

In welchen Projektsituationen wird die Skulpturarbeit verwendet?

Skulpturarbeit ist in vielen Projektsituationen einsetzbar. Zum Projektstart beschreibt sie die Wechselwirkungen zwischen dem Projekt und anderen Beteiligten oder ist Teil der Maßnahmen zur Teambildung. Bei einem Abstimmungsprozeß bringt sie schnell und unkompliziert Transparenz in die Standpunkte der einzelnen Teammitglieder, und in einer Teamentwicklung hilft sie Licht in die Konflikte einer Gruppe zu bringen. Mit zunehmender Übung sind der Phantasie eines Prozeßbegleiters keine Grenzen gesetzt, wann und wie er diese Methode einsetzt.

Wie gehen wir vor?

Einsatz der Moderationsmethode (Abschnitt 31)

Skulpturarbeit ist ein Verfahren, das sehr viele Facetten haben kann und auf unterschiedlichen Stufen der Wahrnehmung und Komplexität eingesetzt und ausgewertet wird. Das reicht von einer einfachen Frage, die auch in einer Ein-Punkt-Frage (vgl. Abschnitt 31 „Einsatz von Moderationsmethoden im Projekt") gestellt werden kann, bis hin zu sehr fein modellierten Skulpturen, bei denen auch Mimik und Gestik der Beteiligten modelliert und ausgewertet werden.

Bei der Skulpturarbeit stellen sich beteiligte Mitarbeiter persönlich oder stellvertretend mit Bezug zu der gestellten Frage in einem definierten Raum auf. Sie bilden eine menschliche Skulptur, die die Situation möglichst genau beschreibt. Hierbei nutzen sie im Raum markierte Punkte und Grenzen und die Beziehung zueinander als Orientierungspunkte.

Wie immer, wenn man sich für ein bestimmtes Werkzeug entscheidet, ist die erste Frage: Welches Ziel möchte ich mit diesem Schritt verfolgen? Abhängig von der Zielsetzung wird die konkrete Frage formuliert, die in der Situation zu bearbeiten ist.

Die Arbeit mit der Gruppe verläuft in folgenden Schritten:
- Ziel des nächsten Schrittes erklären
- Frage stellen
- genaue Vorgehensweise beschreiben: Dabei müssen Markierungspunkte im Raum und Hinweise zur eigenen Positionierung benannt werden, so daß eine gute Ausgangsbasis für die spätere Auswertung geschaffen wird.
- Den Teilnehmern Gelegenheit geben, in Ruhe und ohne miteinander zu reden, körperlich zu der jeweiligen Frage Position zu beziehen.

Alternativ kann die Skulptur von einem der Teilnehmer (zum Beispiel dem Vorgesetzten oder einem „Neuling“) gestellt werden.

- Auswerten der Skulptur mit der Gruppe nach vorher vorbereiteten oder aus der spontanen Wahrnehmung des Begleiters entstandenen Fragen. Dabei ist es hilfreich, vom Allgemeinen zum Besonderen zu kommen und die Wahrnehmung der Teilnehmer durch Fragen zu lenken.
- Auflösung der Skulptur
- Bearbeiten der gewonnenen Erkenntnisse mit klassischen Methoden der Moderation und Gesprächsführung.

Was ist dabei zu beachten?

Für den Erfolg dieser Methode sind entscheidend die Qualität der Frage, die für die Skulptur gestellt wird, sowie die nötige Ruhe und Sensibilität bei deren Auswertung. Während des Aufstellens soll nicht gesprochen werden.

Da einige Formen der Skulpturarbeit (zum Beispiel ein Gruppensoziogramm, bei dem die Distanz und Nähe der einzelnen Gruppenmitglieder gestellt werden) sehr schnell und relativ offen Informationen sichtbar machen, die sonst nur sehr schwer erkennbar sind, sollte man nicht allzu sorglos mit diesem Instrument umgehen und besonders auf einen guten Kontakt zur Gruppe und die eigene innere Haltung achten. Hierbei ist therapeutischer Hintergrund hilfreich, aber kein Muß, wenn der Begleiter viel Erfahrung mit Gruppen besitzt.

Da diese Methode für viele Gruppen ungewohnt ist, ist es besonders wichtig, daß der Begleiter sich seiner Sache sicher fühlt. Er sollte auf diese Methode verzichten, wenn er sie noch nie selbst erlebt hat.

Typische Fragen für dieses Werkzeug

- Wie sicher sind Sie sich, daß wir unser Ziel erreichen?
- Wie zufrieden sind Sie mit unserer bisherigen Arbeit im Projekt?
- Wie stehen Sie zu den anderen Mitgliedern im Team?
- Wie erleben Sie die Zusammenarbeit in dieser Gruppe?
- Wie erleben Sie den Konflikt in dieser Gruppe?
- Wie steht das Projekt im Umfeld des Unternehmens?
- Wie hoch ist Ihre Energie, an diesem Vorhaben mitzuwirken?
- Wie nahe sind wir dem Ziel, das wir uns vorgenommen haben?

- Wie erleben Sie die Einflußnahme einzelner in dieser Gruppe?
- Welche Subsysteme gibt es in dieser Gruppe (Zugehörigkeit, Alter, Ausbildung, ...)?

Beispiel 1

Ausgangssituation

Eine Gruppe von Entwicklern hat lange diskutiert, welche Schritte sie planen muß, um das Ziel, 40 neue Produkte im Jahr zu entwickeln, zu erreichen. Im Laufe der Sitzung gewinnt der Prozeßbegleiter den Eindruck, daß die Gruppe nicht sicher ist, ob sie überhaupt in der Lage ist, ihr Ziel zu erreichen. Er weiß, daß die Gruppe ihre Arbeit nicht mit Erfolg planen kann, wenn sie dieses innere Einverständnis in bezug auf das gemeinsame Ziel nicht hat. Deshalb greift er die Methode Skulpturarbeit auf, um die Situation zu klären. Eine genaue Zeitvorgabe für dieses Meeting ist nicht möglich, da Skulpturen, die die Situation genau erfassen, manchmal nur langsam entstehen.

Vorgehen

- Erklären, daß der nächste Schritt dazu dient, herauszufinden, wie einig sich die Gruppe in bezug auf das gemeinsame Ziel ist.
- Alle stehen von den Stühlen auf und schaffen Platz im Raum.
- Der Begleiter legt mit Hilfe von Tesakrepp vier Hilfslinien in den Raum, die jeweils eine Markierung für die Teilergebnisse 10, 20, 30 und 40 Produkte pro Jahr darstellen.
- Die Teilnehmer werden gebeten, sich dort hinzustellen, wo sie sich wirklich mit innerer Überzeugung sehen.
- Auswertung.
  Erst darum bitten, die entstandene Skulptur allgemein zu beschreiben. Dann jeden einzelnen bitten zu erklären, warum er diesen Standpunkt eingenommen hat.

Ergebnis

In dieser Skulptur wurde deutlich, daß neben dem Vorgesetzten nur wenige Mitarbeiter überzeugt waren, daß das gesetzte Ziel von 40 Produkten zu erreichen ist. Die niedrigsten Angaben lagen bei 10 Produkten.

Beim Blick auf die Skulptur wurde dem Vorgesetzten und den Mitarbeitern schmerzlich bewußt, daß sie versäumt hatten, bei der Zielfindung Einigkeit herzustellen. Dies wurde in einem schwierigen Klärungs- und Verhandlungsprozeß nachgeholt, bevor es in die nächste Planungsphase ging.

Beispiel 2

Ausgangssituation

Eine neue Projektgruppe ist in der Phase des Kennenlernens und der Teambildung. Sie hat die Aufgabe, ein neues Verfahren zur Mitarbeiterbeurteilung zu entwickeln und einzuführen. Ziel ist es, allen Mitgliedern schnell Orientierung zu ihrer Position in der Gruppe zu geben. Die Skulpturarbeit soll dabei helfen.

Vorgehen

Es wird eine Variante der Skulpturarbeit „Subsysteme transparent machen" gewählt. Nach einer kurzen Vorstellungsrunde erklärt der Begleiter der Gruppe, daß es in jeder Gruppe Gemeinsamkeiten und Unterschiede gibt, die den Prozeß der Subsystembildung fördern. Ziel des nächsten Schrittes sei es, dieses transparent zu machen. (Ziel beschreiben!). Er erklärt, daß er nachfolgend Fragen stellen wird, die durch Aufstehen oder Auf-dem-Stuhl-Sitzenbleiben beantwortet werden können:

- Wer kommt aus der Abteilung Personal (Betriebsrat, Technik, Vertrieb, ... usw.)?
- Wer ist weniger als fünf Jahre im Unternehmen (zwischen 5 und 10 Jahre, zwischen 10 und 20 Jahre, ... usw.)?
- Wer ist von der Ausbildung her Kaufmann (Personal, Techniker, ... usw.)?
- Wer hat Erfahrungen mit Projektarbeit?
- Wer hat schon mal mit wem zusammengearbeitet (es stehen immer die auf, die in bezug auf eine konkrete Situation, die von den Teilnehmern benannt wird, zusammengearbeitet haben).
- Usw.

Ergebnis

Durch diese Methode wird dem einzelnen und dem Begleiter schnell deutlich, wie sehr die Gruppe vernetzt ist. Dadurch erhalten die Teilnehmer Orientierung und Ansatzpunkte für Zusammenarbeit und weitere Gespräche.

42 Prozeßschritte der Konfliktbearbeitung

Wozu dient die Methode?

Viele Konflikte werden, wenn sie überhaupt zur Sprache kommen, unsystematisch und wenig zielgerichtet bearbeitet. Dies verhindert oft eine schnelle und lösungsorientierte Klärung. Zurück bleibt im besten Fall eine weiterhin ungeklärte Situation und im schlechtesten Fall „verbrannte Erde“, die die Situation im Projekt noch verschlimmert.

Dieses Phasenmodell hilft, Konflikte so zu bearbeiten, daß

- noch ernstere Konflikte verhindert werden
- Verantwortung an die Stelle delegiert wird, wo sie hingehört (zum Beispiel bei verschobenen Konflikten)
- Chancen und Möglichkeiten eröffnet werden, neue Wege zu erforschen und auszuprobieren
- die Kommunikation im Team verbessert und der Zusammenhalt im Team gefördert werden
- Energie für die eigentliche Arbeit frei und damit die Leistung und Zufriedenheit der Mitarbeiter gefördert wird
- Probleme und Ziele klarer und deutlicher formuliert werden.

In welchen Projektsituationen wird die Methode eingesetzt?

In jeder Phase der Projektarbeit können Konflikte auftreten.

Wie gehen wir vor?

Oft sind Kontrahenten nicht vertraut mit den grundlegenden Regeln und Methoden einer konstruktiven Konfliktlösung. Ein unabhängiger Moderator ermöglicht durch die methodische Vorgehensweise allen Kontrahenten, ihre Sichtweise vorwurfsfrei und ausführlich darzulegen, so daß für alle ein klares und umfassendes Gesamtbild über das Konfliktthema entsteht. Die Kontrahenten werden befähigt, auf kooperative und kreative Weise neue Lösungen zu finden.

Vorüberlegungen zu Konfliktklärungen:

Eigene Befindlichkeit:

- Wodurch wurde ich auf den Konflikt aufmerksam?
  - Was nehme ich wahr?
  - Wer hat den Konflikt? Bin ich involviert? Wie bin ich involviert?
  - Wurde ich offen oder verdeckt mit der Konfliktklärung beauftragt?
- Woher kommen Veränderungswünsche?
  - meine eigenen
  - Aufträge

Konfliktː

- Worum geht es eigentlich? Kann ich das allein beurteilen?
  - Sachkonflikt
  - Beziehungskonflikt
- Welcher Teil des Konflikts ist im Projektauftrag enthalten?
- Wie lange besteht der Konflikt bereits?
- Wie hat er sich entwickelt?
- Was wurde bereits unternommen?
- Welchen echten Nutzen könnte der Konflikt für das Projekt oder die Organisation haben?
- Was würde besser oder effizienter laufen, wenn der Konflikt geklärt wäre?
- Welcher Teil des Konfliktes entstammt vielleicht dem Umfeld und sollte dort geklärt werden?

Beteiligte:

- Wer ist davon direkt oder indirekt betroffen?
- Wer muß beteiligt werden?
- Wie stehen diese Personen zum Konflikt? (Motivation, Widerstände, Fronten)
- Wer hat am meisten davon, wenn der Konflikt bestehen bleibt?
- Wer hat am meisten davon, wenn der Konflikt gelöst wird? Wer verliert?

Eigene Rolle:

- Hat es überhaupt Sinn, etwas zu unternehmen?
- Bin ich die richtige Person (neutrale Haltung)?

Ziele:

- Was genau ist mein Anliegen/Wunsch?
- Was will ich erreichen?

Vorgehen:

- Welche Art der Veranstaltung muß ich planen?
- Welche Struktur muß ich entwickeln, damit der Konflikt konstruktiv gelöst werden kann?
- Welche Frage muß ich formulieren, um den Konflikt konstruktiv zu lösen?

Bei der Bearbeitung von Konflikten ist es notwendig, sowohl die Sach- als auch die Beziehungsebene im Auge zu behalten. Die meisten Methoden zur Konfliktregelung beruhen auf einem schrittweisen Vorgehen. Die genauen Inhalte des jeweiligen Konfliktbearbeitungsschrittes hängen jedoch von der Art und der Bedeutung des Konfliktes ab.

1. Eröffnungsphase: In dieser Phase werden Erwartungen und Befürchtungen der Beteiligten besprochen sowie Regeln und Vorgehensweisen verabredet.

2. Themenfindung und Analyse: Zuerst wird das Ziel der Konfliktbearbeitung festgelegt (zum Beispiel: Ist es notwendig, sich zu einigen?). Dazu ist hilfreich, die beteiligten Positionen erneut genau zu beschreiben. Im zweiten Schritt wird der Konflikt analysiert. Dabei ist darauf zu achten, daß keine Ursachenforschung betrieben wird („schmutzige Wäsche waschen"), sondern eher Wechselwirkungen, Konsequenzen und Muster aufgezeigt werden.
3. Themenbearbeitung: In dieser Phase werden Lösungsideen entwickelt und deren Umsetzbarkeit geprüft. Vor einer endgültigen Entscheidung wird meist verhandelt. Dabei ist es wichtig, möglichst wenig sachliche oder emotionale Verlierer zu erzeugen und dafür zu sorgen, daß alle Beteiligten von der gefundenen Lösung profitieren.
   Vor der endgültigen Entscheidung sollte geprüft werden, ob die angedachte Lösung auch auf Akzeptanz im Umfeld der Beteiligten stößt, sofern diese davon betroffen sind.
4. Handlungen und Vereinbarungen festlegen, abrunden: Nach der Entscheidungsfindung gilt es, konkrete, nachprüfbare Handlungen festzulegen und Vereinbarungen, zum Beispiel zur Verhaltensveränderung, zu treffen. Da der oben beschriebene Prozeß eine Menge emotionale Distanz erforderlich macht, ist es am Ende unbedingt notwendig, einen emotionalen Abschluß zu finden. Manchmal genügt hier schon ein Händedruck, verbunden mit einem ehrlich gemeinten „Danke".

Unabhängig von der Art, vom Eskalationsgrad des Konfliktes und den Positionen der Konfliktparteien sollte ein unparteiischer Moderator die Phasen für eine konstruktive Konfliktlösung beachten und einhalten. In allen Phasen wird großer Wert auf klare Kommunikation, hohe Transparenz und wertschätzenden Umgang gelegt. Die Vorgehensweisen sind für Sach- und Beziehungskonflikt unterschiedlich.

Prozeßschritte zur Konfliktbearbeitung

Einstieg: ins Thema kommen

Sachkonflikt

- Transparenz über die Bedeutung des Konfliktes schaffen
- Hinführen zum Thema

Beziehungskonflikt

- Transparenz über die Bedeutung des Konfliktes schaffen
- Hinführen zum Thema

Konfliktorientierung: Konfliktlandschaft abstecken

Sachkonflikt
- Ziele abstimmen
- Sammeln der konfliktträchtigen Themen und Aspekte wie z. B.: Gemeinsamkeiten, Unterschiede, Interessen, Sichtweisen, Forderungen etc.
- ggf. ordnen und verdichten
- Problembewußtsein für das Thema schaffen
- Problem formulieren durch geschickte Fragestellung

Beziehungskonflikt
- Ziele abstimmen
- Klarstellen, worum es den Kontrahenten geht
- Die Kontrahenten formulieren die eigenen Sichtweisen, Bedürfnisse, Wünsche und Erwartungen in Form von Ich-Botschaften
- Einsicht und Verständnis für die unterschiedlichen Sichtweisen fördern
- Die Kontrahenten definieren den jeweils eigenen Anteil am Konflikt
- Beteiligung aller Teilnehmer gewährleisten

Konfliktbearbeitung: Lösungsmöglichkeiten entwickeln, Konsequenzen aufzeigen, Entscheidungen treffen

Sachkonflikt
- Priorisieren und Präzisieren der zu bearbeitenden Probleme
- Entwickeln von Lösungsideen
- Risiken und Chancen der Lösungsalternativen transparent machen
- Priorisieren der einzelnen Lösungsalternativen
- Einwände und Widerstände transparent machen

Beziehungskonflikt
- Klärung der gegenseitigen Wünsche, Bedürfnisse und Erwartungen
- Formulieren der Wünsche oder Forderungen an den Kontrahenten
- Aushandeln von Kompromissen

Ergebnisintegration: Akzeptanz der Lösungsalternativen klären

Sachkonflikt
- Integrieren der Einwände und Widerstände
- Konsequenzen der Lösungsalternativen prüfen
- Realisierungschancen der Lösungsalternativen prüfen
- Entscheidung treffen
- Überprüfen, ob eine konstruktive und für alle befriedigende Konfliktlösung erreicht wurde

Beziehungskonflikt
- Alle Bedenken, Schwierigkeiten gegen Lösungsalternativen aussprechen lassen bzw. besprechbar machen
- Konsens zwischen den einzelnen Teilnehmern herstellen

Handlungsorientierung: Ergebnisse sichern

Sachkonflikt
- weiteres Vorgehen verabreden
- Vereinbarungen treffen
- Aktivitäten festlegen

Beziehungskonflikt
- Vereinbarungen treffen
- Umsetzung planen
- Monitoring vereinbaren und sicherstellen

Abschluß:

Sachkonflikt
- Zufriedenheit erfragen

Beziehungskonflikt
- Zufriedenheit erfragen
- eigene Befindlichkeit schildern

Typische Fragen für dieses Werkzeug

Beziehungskonflikte

Konfliktursache
- Starke Emotionen (z.B. Angst, Frust)
- Wahrnehmungsverzerrungen (z.B. Stereotypisierung)
- mangelnde Kommunikation, Mißverständnisse
- verschiedene Kriterien zur Bewertung von Ideen oder Verhalten
- sich ausschließende Ziele von innerem Wert
- unterschiedliche Lebensformen, Ideologien und Religionen

Fragen zur diagnostischen Klärung
- Welche Bedürfnisse, Wünsche und Erwartungen haben die jeweiligen Personen?
- Welches Rollenverhalten besteht bei den jeweiligen Personen?
- Wer hat welchen Einfluß auf wen?
- Welche Regeln verbergen sich dahinter?
- Welche Kommunikationsstrukturen bestehen?
- Welche Beziehungen haben sich dahinter aufgebaut?
- Sind formale und informelle Regeln bekannt?
- Welche Folgen haben Abweichungen?
- Welche Glaubenssätze/Botschaften bestimmen das jeweilige Verhalten?
- Wie stark sind die Gegner ihren Werthaltungen verpflichtet?
- Berühren die Einstellungen die Identität der jeweils anderen Persönlichkeit?

– Stehen die Einstellungen im Widerspruch zu Erwartungen oder Zielen der Organisation?
– Sind die Einstellungen das Ergebnis der bisherigen Beziehung?

Sachkonflikte

Konfliktursache
- unterschiedliche Sichtweisen über die Vorgehensweise der Problemlösung bzw. Themenbearbeitung
- Mangel an Information hinsichtlich der Arbeitsaufgaben und -abläufe
- mangelnde Überschaubarkeit der Gesamtaufgabe
- Fehlinformationen
- komplexe Aufgabenstellungen
- unklare Aufgabenstellungen oder -abgrenzungen
- unterschiedliche Einschätzungen darüber, was wichtig ist
- unterschiedliche Interpretation von Daten und Fakten
- destruktive Verhaltens- und Interaktionsmuster
- ungleiche Verteilung oder Kontrolle von Mitteln und Ressourcen
- ungleiche Macht und Autorität
- organisatorische oder umfeldbezogene Faktoren, die die Zusammenarbeit behindern
- Zeitzwänge
- angenommene oder tatsächliche Konkurrenz:
  – reale (inhaltliche) Interessen
  – Verfahrensinteressen
  – psychologische Interessen (Macht und Anerkennung)
- Mittel und Ressourcen

Fragen zur diagnostischen Klärung
– Sind organisatorische Ziele klar und unmißverständlich formuliert?
– Werden diese Ziele im Konsens getragen?
– Gelten die Ziele als verbindlicher Maßstab, oder sind es nur Lippenbekenntnisse?
– Sind die Arbeitsaufgaben interessant, abwechslungsreich bzw. herausfordernd?
– Sind die Aufgabenstellungen klar definiert und für jeden verständlich?
– Sind die Arbeitsabläufe klar definiert und für jeden überschaubar?
– Woher werden die Informationen bezogen?
– Wie werden Informationen übertragen (auf welchem Weg, mit welchen Medien, in welcher Form)?
– Welche Entscheidungs- / Interaktionsspielräume sind vorhanden?
– Sind die Verantwortungsbereiche klar/unklar?
– Welche Entwicklungsmöglichkeiten stehen zur Verfügung?
– Sind Art und Niveau der fachlichen Qualifikation ähnlich/unterschiedlich?

- Welche Macht- und Statusunterschiede gibt es?
- Wie wird mit Ressourcen umgegangen?
- Wie werden Entscheidungen getroffen? (Vorgehensweisen)
- Welche Personen werden an der Entscheidungsfindung beteiligt? (Art der Qualifikation; Position)
- Welches konkrete Anliegen verfolgen die Gegner?
- Was genau sind die jeweiligen Interessen?
- Kann die Situation klar und differenziert wahrgenommen werden?
- Kennen die Beteiligten ihren Anteil am Konflikt?
- Kennen die Beteiligten die aneinander gerichteten Erwartungen?
- Wie wird die Lage relativ zum Gegner eingeschätzt?
- Welche Gemeinsamkeiten und welche Unterschiede sind erkennbar?

Was ist zu beachten?

Konflikte im Projekt (Abschnitt 17)

Zur Begleitung einer Konfliktklärung ist ein grundlegendes Verständnis der Konfliktproblematik mit ihren unterschiedlichen Facetten notwendig. Eine ausführliche Darstellung der Thematik „Konflikte im Projekt" finden Sie im Abschnitt 17.

Literaturtip: Besemer: Mediation. Vermittlung in Konflikten
Redlich: KonfliktModeration, Hamburg 1998

43 Übungen zur interkulturellen Zusammenarbeit

Wozu dienen diese Übungen?

Mit zunehmender Globalisierung und Internationalisierung großer Konzerne treten immer häufiger Situationen auf, in denen Menschen aus unterschiedlichen Kulturen zusammen arbeiten wollen und müssen, um ein weltweit akzeptiertes Produkt zu entwickeln. Das führt zu einem Zusammentreffen von verschiedenen Einstellungen, Werten und Normen und birgt somit viel Konfliktstoff. Wenn es gelingt, eine interkulturelle Arbeitsgruppe zu einem funktionierenden Team zu entwickeln, können die unterschiedlichen Werte und Normen gewinnbringend für das Projekt genutzt werden.

Die folgenden Übungen haben als Zielsetzung:

- Wissenserweiterung über kulturelle Unterschiede
- Sensibilisierung für kulturelle Unterschiede
- Transparenz und Bewußtheit über die eigene Kultur
- kulturelle Unterschiede ansprechbar zu machen
- verfeinerten Umgang und verbesserte Kommunikation mit fremden Kulturen.

Sie entstammen teilweise den Übungen zur Teamentwicklung und sind für interkulturelle Teams adaptiert worden, teilweise wurden sie auch speziell für die interkulturelle Zusammenarbeit entwickelt.

In welchen Projektsituationen werden die Übungen verwendet?

Besonders beim Projektstart ist es wichtig, eine gemeinsame Sprache zu finden und gemeinsame Spielregeln festzulegen, damit es in der Projektarbeit nicht zu Reibungsverlusten kommt (zum Beispiel auf Grund von unterschiedlich verstandenen Begriffen). Dies ist in interkulturellen Teams wegen der kulturellen Unterschiede noch wahrscheinlicher als in „normalen" Arbeitsgruppen.

Aber auch im Verlaufe des Projekts ist darauf zu achten, daß tiefgehende kulturelle Werte der einzelnen Projektmitarbeiter nicht verletzt werden.

Wie gehen wir vor?

1. Kartenspielen

Dieses Spiel ist besonders hilfreich, die Gefühle und Reaktionen beim Kontakt mit fremden Kulturen schnell sichtbar zu machen: Die Teilnehmer sitzen in Gruppen zu viert um einen Tisch und sollen Karten spielen. Sie erhalten jeweils eine kurze schriftliche Regelbeschreibung, die in jeder Gruppe anders ist und nach dem Durchlesen wieder abgegeben wird.

Dann spielen sie unter Zeitdruck und ohne miteinander sprechen zu dürfen eine Runde. Die beiden Gewinner eines Tisches ziehen jeweils zum nächsten Tisch weiter.

In neuer Besetzung startet die nächste Runde. An den Tischen treffen nun zwei „Kulturen“ aufeinander und erleben andere Regeln als in der 1. Runde. Auch jetzt dürfen die Spieler nicht miteinander reden.

Nach erneutem Tausch und einer 3. Runde folgt eine gemeinsame Reflexion des Erlebten sowie die Übertragung auf das Erleben von echten Kulturunterschieden.

2. Manfred Mustermann

Diese Übung dient der kulturellen Standortbestimmung und hat zum Ziel, Regeln zur interkulturellen Zusammenarbeit im Projektteam zu entwickeln. Die einzelnen Schritte sind:

- Präsentation der kulturellen Dimensionen nach Geert Hofstede
- Diskussion der Dimensionen und gemeinsames Einordnen von einem typischen Vertreter des Landes, das die Kultur der Projektarbeit am ehesten dominiert (in Deutschland zum Beispiel Manfred Mustermann)
- Jedes Teammitglied einschließlich Leiter ordnet sich selbst im Vergleich zu Manfred Mustermann ein und stellt das im Team vor
- Diskussion der Unterschiede und Entwicklung von Regeln, wie damit umzugehen ist.

3. Intercultural Mating (vgl. Christoph Leibenath in: Hauc, Proceedings: 14th World Congress on Project Management).

Intercultural Mating verbessert die Kommunikation und Kooperation im Team. Diese Übung verläuft in drei Schritten:

- Schwierige Situationen aus dem Alltag der Zusammenarbeit spielen: Die Teilnehmer benennen schwierige Situationen ihrer alltäglichen Zusammenarbeit und entwickeln dazu kurze Rollenspiele, die sie dann auch durchführen.
- Das versteckte kulturelle Skript entdecken:
  Das Rollenspiel wird wiederholt. Teilnehmer aus einer anderen Kultur haben jedoch die Möglichkeit, sich hinter einen Rollenspieler zu stellen und ihre Vermutungen darüber zu äußern, warum er sich so verhält (vgl. Abschnitt 39 „Wahrnehmen-vermuten-bewerten/reagieren“). Dann fragt er den Rollenspieler, ob seine Interpretation der Situation richtig ist.
- Im dritten Schritt werden neue Verhaltensweisen entwickelt. Alle Teilnehmer haben die Chance, in einer dritten Runde spielerisch alternative Verhaltensmöglichkeiten zu entwickeln. Sie tun das, indem sie das Spiel stoppen, eine Rolle übernehmen und eine andere Verhaltensweise als die bisherige spielen.

Wahrnehmen-vermuten-bewerten/reagieren (Abschnitt 39)

Was ist dabei zu beachten?

Auch bei diesen Übungen sind Ruhe und Sensibilität und ein wertschätzendes Klima äußerst wichtig. Es passiert leicht, daß man dem Vertreter einer anderen Kultur unbewußt und ungewollt „auf den Schlips tritt". Insofern ist Respekt vor der Andersartigkeit fremder Kulturen oberste Priorität. Darüber hinaus ist es notwendig, daß man als Projektbegleiter Klarheit über seine eigene kulturelle Prägung erlangt hat.

Typische Fragen zu diesen Übungen

- Wie, denken Sie, mag sich der andere fühlen?
- Wie fühlen Sie sich selbst?
- Wie erleben Sie Ihren ausländischen Partner?
- Welche Unterschiede sehen Sie, und wie können Sie sich den Umgang mit diesen vorstellen?
- Warum, denken Sie, hat sich Ihr Kollege aus einem anderen Land so verhalten?
- Wie könnte er sich Ihr Verhalten erklären?
- Was können Sie an Ihrer Kommunikationsweise verändern, damit Verhandlungen effektiver werden?
- Wo sehen Sie Unterschiede zwischen sich und Ihren Kollegen, und zu welchen Problemen könnte das führen?
- Wie wollen wir mit den Unterschieden umgehen?
- Was kann man tun, damit diese unnötigen Konflikte verhindert werden?

Beispiel zum Intercultural Mating

Ausgangssituation

In einer Projektgruppe von Entwicklern tritt das Problem auf, daß sich einige deutsche Mitglieder immer wieder über die Unpünktlichkeit (30 Minuten) ihrer französischen Kollegen mokieren. Die Atmosphäre ist schon etwas vergiftet: Die Deutschen werfen den Franzosen mangelnde Einsatzbereitschaft vor, und die Franzosen antworten mit dem Vorwurf, daß die Deutschen sowieso alles bestimmen müssen. Die Zusammenarbeit wird als zäh erlebt, es geht nicht recht voran, gemeinsam erarbeitete Ergebnisse sind rar.

Der Prozeßbegleiter hat die Idee, daß das eigentliche Problem in dem unterschiedlichen Verständnis von Pünktlichkeit liegt, und bietet die Übung an.

Vorgehen

Der Prozeßbegleiter fordert die Gruppe auf, die Situation als Rollenspiel darzustellen (Franzose kommt 30 Minuten nach der vereinbarten Zeit – Deutscher regt sich auf – bezichtigt seinen Kollegen der mangelnden Einsatzbereitschaft – Franzose beschimpft den Deutschen – daß dieser alles bestimmen muß – die Atmosphäre ist vergiftet – gute, gemeinsame Arbeit schwer möglich).

Im nächsten Durchgang des Rollenspiels stellt sich dann ein Vertreter der Deutschen hinter den spielenden Franzosen und ein Franzose hinter den spielenden Deutschen. Diese äußern dann Vermutungen darüber, warum der Franzose immer zu spät kommt und der Deutsche sich so unangemessen darüber beschwert. Die Interpretationen werden den Rollenspielern mitgeteilt und von diesen korrigiert. Es tritt zutage, daß, wenn man in Frankreich 30 Minuten nach dem vereinbarten Termin kommt, man immer noch pünktlich ist. In Deutschland dagegen bedeutet Pünktlichsein, auf fünf Minuten genau einzutreffen.

Im letzten Durchgang werden neue Verhaltensweisen für den Umgang mit dem unterschiedlichen Verständnis von Pünktlichkeit entwickelt.

Ergebnis

Die Projektmitarbeiter sind sich dieses Unterschiedes bewußt geworden, sie führen Streitigkeiten nicht mehr persönlich aus, sondern machen das unterschiedliche kulturelle Verständnis von Pünktlichkeit für die Spannungen verantwortlich. Sie haben sich mit Hilfe des Prozeßbegleiters auf eine akzeptable „Verspätung" von 15 Minuten geeinigt.

44 Präsentationen im Projekt

Wozu dienen Präsentationen?

Einsatz der Moderationsmethode im Projekt (Abschnitt 31)

Präsentationen dienen der Information und haben das Ziel, eine Diskussion auszulösen, die den Projektfortschritt fördert. Es ist heute allgemein verbreitet, daß die zu transportierenden Informationen in visualisierter Form dargestellt werden (vgl. auch 31 „Einsatz von Moderationsmethoden“). Einfach zu erstellende Medien sind Overheadfolien, Flipcharts und Moderationsplakate. Aufwendiger sind Modelle, Computeranimationen, Videos, Filme und Simulationen.

Präsentationen leiten häufig einen Diskussionsprozeß ein, der dann in Form einer Moderation durchgeführt wird. Sie finden statt, wenn

- Information innerhalb des Projekts, z.B. bei der Abstimmung zwischen Teilprojekten, vermittelt werden soll;
- Information in das Projektumfeld gegeben und das Feedback der Stakeholder eingeholt werden soll: Durch den damit verbundenen Aufbau und die Pflege der Kontakte wird eine gute Grundlage für die spätere Realisierung gelegt;
- „Projektmarketing“ betrieben wird, durch das für Aufmerksamkeit und Unterstützung für das Projekt gesorgt, Mißtrauen abgebaut und Gerüchten vorgebeugt werden soll. Die Absicht ist dann oft, Identifikation mit dem Projekt in bezug auf Ziele, das Vorgehen, die Ergebnisse herzustellen;
- Feedback benötigt wird, um Übereinstimmungen und Abweichungen zu erkennen;
- „politischer Boden“ vorbereitet wird, z.B. zur Implementierung von Projektergebnissen. Eine Präsentation vor dem Auftraggeber oder Lenkungsgremium eines Projektes ist oft die einzige Grundlage für grundlegende Entscheidungen, die im Projekt getroffen werden;
- Ordnung und Übersicht durch Strukturieren und Verdichten von Informationen hergestellt werden sollen.

In welchen Situationen werden sie verwendet?

Projektabschitte bilanzieren (Abschnitt 27)

Präsentationen finden in allen Projektabschnitten Anwendung. Bereits bei der Auftragsklärung werden zum Beispiel schon erste Ideen für das zukünftige Projekt präsentiert. In der Phase des Projektstarts wird dem Projektteam selbst der bisherige Stand der Dinge präsentiert.

Besonders wichtig ist die Präsentation jedoch für das Bilanzieren von Projektabschnitten. Hier müssen Entscheidungen hinsichtlich der nächsten Schritte im Projekt getroffen werden. Die Präsentation trägt dazu bei, die bisher erarbeiteten Ergebnisse für alle verständlich darzustellen und ggf. Entscheidungen vorzustrukturieren.

Situation	Teilnehmer	Mögliche Inhalte
Projektstart	Auftraggeber Projektleiter Anwender	■ Was bisher geschah ■ Auftrag, Ziele ■ erwarteter Nutzen ■ Hintergründe / Absichten ■ Projektorganisation (sofern sie schon feststeht) ■ Was steht fest / was ist offen?
Kunden und Anwender einbeziehen	Projektmitglieder Anwender / Nutzer	■ konkrete Ziele ■ Projektorganisation ■ Vorgehen ■ Projektstand ■ vermuteter Nutzen / vermutete Probleme
Projektabschnitt bilanzieren (Rückkopplung an den Auftraggeber)	Entscheider Auftraggeber ggf. Projektmitarbeiter	■ Verständnis des Auftrags ■ Problembeschreibung Projektstand ■ Entscheidungsalternativen ■ Lösungsalternativen ■ Stand des Ressourcenverbrauchs
Projektstatus feststellen (Abstimmungen innerhalb des Projekts)	Projektmitarbeiter	■ Stand des Teilprojekts
Akzeptanz-Test von Lösungen	Projektmitarbeiter Anwender	■ Ideen ■ Lösungen ■ Vorschläge

Wie gehen wir vor?

Eine gute Präsentation muß rechtzeitig erfolgen und gut vorbereitet werden. Der Kreativität sind bei der Gestaltung zwar keine Grenzen gesetzt, für den optimalen Erfolg gilt es jedoch, zumindest die Grundlagen der bildhaften Darstellung zu kennen und zu berücksichtigen. Das erfordert Kenntnisse über:

- inhaltliche Vorbereitung und Planung der Präsentation: Dafür ist es zunächst notwendig, sich Klarheit über den Inhalt, das Ziel und die Zielgruppe der Präsentation zu verschaffen. Dieser Klärung folgt die Informationssammlung und -selektion.

Was?	Wozu?	Wie?
Zielgruppe definieren	Klären, wer genau der Adressat der Präsentation ist	■ Wer genau ist meine Zielgruppe? ■ Welche Information hat sie schon? ■ Wer braucht welche Informationen wozu in welcher Form?
Thema und Ziel	Formulieren des Ziels, um die Notwendigkeit der Präsentation zu präzisieren und notwendige Informationen einholen zu können	■ Was soll nach der Präsentation passieren? Wozu dient sie? – Interesse, Neugier – Problembewußtsein – Entscheidungen ■ Klare Zielformulierung: Warum ist das Thema ein Thema? Wofür wird die Visualisierung benötigt? Was genau ist das Ziel der Visualisierung?
Inhalt	Informieren der Zielgruppe entsprechend Thema und Ziel	■ Informationen bzw. Daten sammeln und selektieren ■ Informationen bzw. Daten komprimieren ■ Visualisieren der ausgewählten Inhalte

- Ablauf der Präsentation planen
  Wenn die Zielgruppe und die Inhalte der Präsentation festliegen, muß der Ablauf der Präsentation festgelegt werden. Damit ist nicht nur die Abfolge der präsentierten Inhalte gemeint, sondern auch deren Einbindung in den anschließenden Diskussionsprozeß oder das Einholen der gewünschten Rückmeldungen. Besonders wichtig ist es dabei zu klären, wieviel Zeit tatsächlich für die reine Information zur Verfügung steht. Ein Beispiel für einen Ablauf finden sie unter 27 „Projektabschnitte bilanzieren". Da jede Präsentation ein Kommunikationsprozeß und keine statische Information ist, muß der Ablaufplan der Präsentation so gestaltet werden, daß tatsächlich eine Zwei-Wege-Kommunikation zustande kommen kann.

Projektabschnitte bilanzieren (Abschnitt 27)

- Präsentation aufbereiten
  Erst wenn Ziele und Ablauf der Präsentation feststehen, sollte deren inhaltliche Aufbereitung erfolgen. Dies verhindert, daß die Präsen-

tation zuwenig effektiv vorbereitet wird. Bei der inhaltlichen Aufbereitung stellt sich auch die Frage, wie und mit welchen Medien präsentiert werden soll. Da es zu dieser Frage sehr viel zweckdienliche Literatur gibt, wollen wir sie hier nicht vertiefen. Es bleibt lediglich zu sagen, daß es auch dabei wichtig ist, auf die Erwartungen und Bedürfnisse der Teilnehmer einzugehen und Situation, Ziel und den Aufwand für die Präsentation in eine angemessene Relation zu setzen.

- Präsentation durchführen und nachbereiten
  Auch bei der Präsentation gibt es eine Sachebene und die Beziehungsebene. Letztere entscheidet darüber, wie die gegebenen Informationen bei den Zuhörern ankommen. Deshalb sollte der Präsentator auf seine persönliche Einstellung zu seinen Zuhörern (Ist er auf seine Zuhörer neugierig?) und sein Verhalten achten. Von besonderer Bedeutung ist dabei der Kontakt zu den Zuhörern. Erst wenn dieser hergestellt ist, sind sie wirklich aufnahmebereit. Präsentationen sind fast immer eine Verbindung zwischen visualisierter und mündlich vorgetragener Information. Das eine ersetzt nicht das andere.

Worauf man beim Präsentieren achten sollte

Die ersten sieben Minuten einer Präsentation sind für deren Erfolg entscheidend. Hier geht es darum, einen guten Kontakt zum Publikum zu erreichen und persönliche Akzeptanz zu erzielen. Das ist nur bedingt eine Frage der präsentierten Inhalte, sondern in erster Linie eine Frage der geschaffenen Atmosphäre und Beziehung. Erst dann ist der Boden für die inhaltlichen Darstellungen bereitet.

In den ersten Minuten des Kontaktaufbaus muß das Publikum das Gefühl haben, in dieser Veranstaltung richtig zu sein. Das wird einerseits mit sozialen Aktivitäten, wie z.B. durch die persönliche Begrüßung, einen guten Blickkontakt und Ausstrahlung des Redners, erzielt. Andererseits geht es darum, inhaltlich zunächst mit bekannten Aussagen zu beginnen, die vom Publikum geteilt werden können. Erst wenn der gute Kontakt hergestellt ist, können neue oder konfliktbeladene Themen angesprochen werden.

Ziel einer Präsentation ist es, Sachverhalte, Prozesse, Diskussionen einer vorher definierten Zielgruppe zu vermitteln. Dabei muß der Präsentierende darauf achten, daß er

- die Aufmerksamkeit des Publikums (Betroffene, Beteiligte etc.) konzentriert,

- das Publikum einbezieht,
- sicherstellt, daß alle von derselben Sache sprechen,
- Informationen leicht(er) erfaßbar macht,
- Informationsüberflutungen vermeidet,
- das Behalten bzw. die Merkfähigkeit fördert,
- Stellungnahmen herausfordert,
- die Kreativität anregt und
- zu Feedback und Diskussionen ermuntert.

Präsentationsmethoden werden vor allem von Anwendern und Betroffenen nach ihren bisherigen Erfahrungen mit Projekten beurteilt. Wenn also zum Beispiel in Projekten, die auf Widerstand gestoßen sind, überwiegend Overheadfolien zur Präsentation benutzt wurden, die immer ein bestimmtes gleiches Aussehen hatten, dann belastet sich ein neues Projekt schon dadurch, daß es die gleiche Darstellungsform benutzt.

Literaturtip: Barenberg: Die überzeugende Präsentation, Berlin 1994
Krämer: So lügt man mit Statistik, Frankfurt 1997
Schnelle-Cölln: Visualisieren in der Moderation, Hamburg1998
Schrader: Optische Sprache, Hamburg 1996

45 Prozeßmodell Entscheidungsfindung

§

Wozu dient diese Methode?

In jedem Projektverlauf werden innerhalb des Teams und im Kreis der Auftraggeber Entscheidungen getroffen, die für andere schwer nachvollziehbar sind. Sie wirken oft irrational. Es scheint so, als gäbe es immer wieder für das Projekt ungünstige Entscheidungen, die eher „aus dem Bauch heraus“ oder auf Grund bestimmter Machtverhältnisse entstehen.

Das Prozeßmodell „Entscheidungsfindung“ dient dazu, den Entscheidungsprozeß zu rationalisieren und für die Beteiligten transparent und nachvollziehbar zu machen.

Es hilft dem Team bei der Entscheidung von Sachkonflikten, den Projektsteuerguppen und Auftraggebern bei Grundsatzentscheidungen.

Projektleiter nutzen dieses Modell zur Entscheidungsvorbereitung im Entscheidergremium, da sie mit seiner Hilfe vorliegende Informationen so aufbereiten, daß sie mit großer Wahrscheinlichkeit sachlich und nicht vorrangig emotional diskutiert werden können.

Wie gehen wir vor?

Das Modell dient als Orientierungsrahmen und roter Faden für die Aufbereitung von Entscheidungsgrundlagen und zur Moderation von Entscheidungsprozessen in einer Gruppe.

Prozeßmodell zum Entscheidungsprozeß	
■ Ausgangssituation beschreiben	Was geschah bisher?
■ Ziel der Entscheidung festlegen:	Wozu treffen wir diese Entscheidung?
■ Analyse der Situation:	Daten, Fakten, Hintergründe
■ Entscheidungskriterien festlegen:	Woran erkennen wir, daß wir eine gute Entscheidung getroffen haben?
■ Lösungsideen entwickeln	
■ Lösungsideen bewerten	
■ Entscheidungen treffen	
■ Handlungen verabreden	
■ Nach der Umsetzung:	Entscheidung überprüfen

Abb. 33: Prozeßmodell zur Entscheidungsfindung

Ausgangssituation beschreiben

Hier geht es darum, den Kontext, in dem die Entscheidung stattfindet, möglichst so exakt zu beschreiben, daß alle notwendigen Grundinformationen vorliegen. Dazu gehört zum Beispiel eine Erinnerung an das Projektziel und den Verlauf der bisherigen Situation.

Ziel der Entscheidung festlegen

In diesem Schritt wird zunächst beschrieben, was genau wozu entschieden werden soll. Hier kann auch festgelegt werden, ob eine zielgenaue und eindeutige Entscheidung notwendig ist oder ob eine Bandbreite von Möglichkeiten oder gar mehrere Alternativen sinnvoll sein können.

Analyse der Situation

In dieser Phase werden alle für die Entscheidung notwendigen Daten,

Fakten und Zahlen analysiert, aber auch, wenn es notwendig ist, persönliche Bedürfnisse, die für die Entscheidung bedeutend sind.

Entscheidungskriterien festlegen

Dieser Schritt stellt einen Kunstgriff im Vergleich zu klassischen Vorgehensweisen dar. Indem man vor der Entwicklung von Lösungen Kriterien festlegt, an denen man die Entscheidungen messen kann, verhindert man, daß später „Hahnenkämpfe" um persönliche Lieblingslösungen geführt werden, denn man hat ja bereits zu Beginn festgelegt, wonach man spätere Lösungen beurteilen will.

Lösungsideen entwickeln

Erst jetzt beginnt die Phase, entweder Lösungsalternativen zu entwickeln oder sie in einer Präsentation aufzuzeigen. Dabei ist darauf zu achten, daß sie noch nicht bewertet werden.

Lösungsideen bewerten

Nun werden die vorhandenen Ideen oder Lösungsalternativen mit Hilfe der vorher definierten Kriterien bewertet. Durch die bereits vorhandenen Kriterien entfällt an dieser Stelle die Bewertung der Person, mit der eine Idee verbunden ist.

Entscheidungen treffen

Wenn die Entscheidung für eine oder mehrere Lösungen getroffen wird, sollte dies im Einklang mit den im Zuge der Teambildung festgelegten Regeln zur Entscheidungsfindung geschehen.

Handlungen verabreden

Zuletzt sind noch die aus der Entscheidung resultierenden nächsten Schritte zu besprechen und die Frage, wer sie bis wann erledigt.

Entscheidung überprüfen

Nach angemessener Zeit sollte die Entscheidung überprüft und gegebenenfalls angepaßt werden.

Worauf man achten sollte

Das Prozeßmodell ist ein sehr rationales Verfahren, bei dem die emotionale Seite einer Entscheidung zu kurz kommt. Deshalb ist bei Themen mit hohem emotionalen Gehalt dieser Aspekt unbedingt in der Entscheidungsfindung zu berücksichtigen. Dabei sollte über die emotionale Seite offen gesprochen und, wenn möglich, für alle beteiligten eine Win-Win-Situation hergestellt werden. Wenn dies nicht möglich ist, sollten durch die Entscheidung herbeigeführte persönliche Verletzungen oder Opfer nicht zum Schein versachlicht oder bagatellisiert, sondern angemessen gewürdigt werden.

Danksagung

Die Zeiten, da ein Immanuel Kant im stillen Kämmerlein die Welt gedanklich durchdrang und sie dann der staunenden Öffentlichkeit in einem Buch erklärte, sind lange vorbei. Wir heutigen Menschen befinden uns in einem ständigen Kommunikations- und Diskussionsprozeß, in dem Fragen gestellt und beantwortet, Ideen ausgetauscht, geprüft, verworfen und verändert werden. In vielen Fällen läßt sich deshalb nicht mehr feststellen, wer der Urheber welcher Idee gewesen ist und wann sie sich im Gehirn der Autoren festgesetzt oder fortgesetzt hat. Allen diesen namenlosen „Mitautoren" sei an dieser Stelle ein herzlicher Dank gesagt. Ohne ihre Anregungen und Widersprüche hätten die Autoren nicht lernen können, was sie in diesem Buch der Öffentlichkeit vorstellen.

Dennoch ist eine Sorgfalt mit dem geistigen Eigentum heute mehr denn je angebracht. So lassen sich zumindest noch geistige Orte finden, die diese Arbeit befruchtet haben. In erster Linie sind dabei unsere Kunden, die vielen Beteiligten an Projekten und unsere Seminarteilnehmer zu nennen, die im Laufe der Jahre durch ihre Kooperationsbereitschaft dazu beigetragen haben, den prozeßorientierten Ansatz der Projektarbeit zu entwickeln, ihn auszuprobieren und zu evaluieren.

Eine Quelle des hier vorgestellten Gedankenguts ist neben Dr. Karin Klebert „ComTeam" am Tegernsee, in und mit dem die Autoren die Grundideen für diesen Ansatz entwickelt haben. Die offene und kreative Diskussionsatmosphäre dort hat nicht nur viele Gemeinsamkeiten hervorgebracht, die auch heute noch erkennbar sind, sondern hat es auch zugelassen, unterschiedliche Wege zu gehen und abweichende Konzepte zu verfolgen. Den Kollegen von „ComTeam" danken die Autoren für diese anregende Zusammenarbeit.

Die Autoren selbst haben eigene Beratungsunternehmen gegründet: bei Daniela Mayrshofer ist das CONSENSA, bei Hubertus A. Kröger TEMAprojekte. Mitarbeiter in diesen Beratungsgesellschaften haben sehr konkret an der Entwicklung des Gedankenguts dieses Buches mitgewirkt und praktische Hilfe bei seiner Erstellung geleistet. Ohne ihre Hilfe wäre es nicht möglich gewesen, neben der Beratungsarbeit noch ein Buch zu schreiben. Stellvertretend erwähnt seien hier Andrea Schmuck, Dr. Wolf Reichhelm, Merle Runge (die den Teil zur interkulturellen Zusammenarbeit geschrieben hat) und Lars Büsing, unser Spezialist für Kommunikationsmanagement. Allen diesen Kollegen danken wir und hoffen, daß sie sich auch ein wenig mit darüber freuen können, daß nun das Buch gedruckt vorliegt.

Claudia und Sebastian Kostka haben uns streckenweise beim Schreiben und Korrekturlesen unterstützt, was gerade in einem beruflich bedingten zeitlichen Engpaß sehr dazu beigetragen hat, nicht einfach aufzugeben.

Der Herausgeber Einhard Schrader hat vor allem in der Konzeptionsphase die Arbeit der Autoren unterstützt und mit seinen eigenen Erfahrungen aus der Projektarbeit, aber auch aus der Veröffentlichungspraxis bereichert und viele der „nervigen“ und doch so wichtigen Abschlußarbeiten übernommen. Dem Windmühle Verlag mit seinen Mitarbeiterinnen und Mitarbeitern, besonders aber Horst-Jürgen Glockauer und Rita Bolte ist es schließlich zu danken, daß Sie dieses Buch nun in Händen halten können.

Wir hoffen, daß der Nutzen, den Sie als Leser ziehen, das Engagement und die Mühen gelohnt hat.

Daniela Mayrshofer und Hubertus A. Kröger

Literaturverzeichnis

Argyris, Chris:
Wissen in Aktion
Stuttgart 1994

Balck, Henning (Hrsg.):
Networking und Projektorientierung. Gestaltung des Wandels in Unternehmen und Märkten
Berlin 1996

Besemer, C.:
Mediation. Vermittlung in Konflikten
19...

Francis, D. Young, D.:
Mehr Erfolg im Team
Hamburg 1996

Hall, E.T., Reed Hall, Mildred:
Understanding Cultural Differences
Maine 1990

Hammer, M., Champy, J.:
Business Reengineering. Die Radikalkur fürs Unternehmen
Frankfurt/Main 1994

Hofstede, Geert:
Cultures and Organizations, Software of the Mind
London 1991

Högsdal, Bernt:
Planspiele. Einsatz von Planspielen in der Aus- und Weiterbildung.
Bonn 1996

Kindler, Herbert S.:
Konflikte konstruktiv lösen
Wien 1994

Klebert, K., Schrader, E., Straub, W.:
KurzModeration
Hamburg 1987

Klebert, K., Schrader, E., Straub, W.:
Moderationsmethode
Hamburg 1996

Kluckhohn, F.R., Strodtbeck, F.L.:
Variations in Value Orientation
Illinois 1961

Königer, P., Reithmayer, W.,:
Management unstrukturierter Informationen
Frankfurt 1998

Kostka, Claudia:
Techniken zur Entwicklung von Führungsqualität im Total Quality Management
Berlin 1998

Litke, Hans-Dieter:
Projektmanagement. Methoden, Techniken, Verhaltensweisen
München 1998

Lumma, K.,:
Die Teamfibel
Hamburg

Mayrshofer, D.:
Funktionstrennung zwischen Projektleiter und Prozeßbegleiter als Grundlage für effiziente Projekt steuerung. In: **Projektmanagement**
6.Jg. Nr.3, S.16-20, 1996

Mayrshofer, D.:
Konflikte nutzen im Projekt – Synergien erreichen durch gezielte Projektteamentwicklung
in: Schulz, A., Pfister, Ch. (Hrsg.):
Strukturwandel mit Projekt-management. Tagungsband / GfP
Essen, 1996

Pinto, J.K.,:
Power and Politics in Project Management
1996

Pirsing, Robert M.:
Zen od. die Kunst, ein Motorrad zu warten
Frankfurt am Main 1978

Probst, G.J.B., Gomez, P.:
Vernetztes Denken: Unternehmen ganzheitlich führen
Wiesbaden 1991

Project-Management- Institut:
A guide to the project management body of knowledge
USA 1996

Redlich, Alexander:
KonfliktModeration
Moderation in der Praxis, Bd. 2
Hamburg 1997

Satir, Virginia:
Selbstwert und Kommunikation.
Familientherapie für Berater und zur Selbsthilfe
München 1988

Schelle, Heinz:
Projekte erfolgreich managen
Köln 1994

Schelle, Heinz:
Die Lehre vom Projektmanagement. Entwicklung und Stand. In: Schelle, H., **Projekte erfolgreich managen,**
Köln 1994

Schneider, H., Knebel, H.:
Team und Teambeurteilung. Neue Trends in der Arbeitsorganisation
Köln 1995

Schnelle-Cölln, T., und Schnelle, E.:
Visualisieren in der Moderation,
Moderation in der Praxis, Bd. 5
Hamburg 1998

Schrader, E., Gottschall, A., Runge, Th.:
Der Trainer in der Erwachsenenbildung.
Rolle, Aufgaben, Verhalten
München/Wien 1984

Schulz, R.:
Wie beschreiben Konfliktmoderatoren ihr Vorgehen bei der Konfliktbehandlung in Arbeitsteams?
Unveröffentl. Diplomarbeit,
Hamburg 1994

Siemens AG:
Projektmanagement – Grundlagen.
Lernsoftware für Computer

Sprenger, Reinhard K.:
Das Prinzip Selbstverantwortung
Frankfurt/New York 1995

Sprenger, Reinhard K.:
Mythos Motivation
Frankfurt/New York 1994

Thoman, C., Schulz von Thun, F.:
Klärungshilfe.
Handbuch für Therapeuten, Gesprächshelfer und Moderatoren in schwierigen Gesprächen
Reinbek 1992

Verma, V. K.:
Human Resource Skills for the Project Manager
USA 1995

Watzlawick, P., Kreuzer, F.:
Die Unsicherheit unserer Wirklichkeit
München 1988

Watzlawick, Paul:
Wie wirklich ist die Wirklichkeit?
München 1976

Watzlawick, Paul:
Vom Schlechten des Guten
München 1986

Watzlawick, P. u.a.:
Menschliche Kommunikation
Bern 1969

Weber, Max:
Wirtschaft und Gesellschaft.
Grundriß der verstehenden Soziologie
Tübingen 1956

Wolf, Max L. J.:
Projektmanagement live.
Prozesse in Projekten durch Teams gestalten
Renningen-Maimsheim 1997

Zu den Autoren

Daniela Mayrshofer

Projektarbeit ist für mich die Arbeitsform der Zukunft. Ich bin fasziniert von den vielfältigen Chancen und Möglichkeiten, die sich durch sie für fast alle Unternehmen und Organisationen ergeben: Sie ist innovativ, ermöglicht oft ungeahnte Synergien und macht zudem auch noch Spaß, wenn sie gut gemacht ist.

Deswegen habe ich mich und mein Beratungsunternehmen CONSENSA in Hamburg seit vielen Jahren der Beratung und Begleitung von Projekten sowie der Qualifizierung von Projektmitarbeitern verschrieben. Letzteres am liebsten direkt im Projekt entlang der konkreten Aufgabe. Diese vielfältigen Erfahrungen aus beinahe zwei Jahrzehnten habe ich gemeinsam mit meinen Freunden und Kooperationspartnern hier festgehalten.

Ich bin 1959 in München geboren, Betriebswirtschaftlerin, Soziologin, ständig lernende und lehrende Teamchefin, Ehefrau und Mutter von drei Kindern.

Hubertus A. Kröger

Jahrgang 1948. Veränderungsprozesse und Projekte zu gestalten und zu coachen ist seit über zwei Jahrzehnten meine Profession. Studiert habe ich Philosophie und BWL. Das erste Fach inspirierte meine Ideen, das zweite hilft, sie zu verwirklichen.

Gestartet bin ich mit Projekten im EDV-Bereich eines Großkonzerns in Hamburg. Die Arbeit in einer renommierten Beratungsfirma ermöglichte mir, Projekte in verschiedenen Branchen mit unterschiedlichen Problemstellungen zu leiten und zu begleiten. 1988 gründete ich dann die TEMAprojekte GmbH. Was meine Partner und mich immer wieder freut, ist der Erfolg unserer Kunden, um den wir uns mit ihnen gemeinsam bemüht haben. Fasziniert sind wir stets neu von der systemischen Arbeitsweise und ihrem Beitrag zum Gelingen des Projektes. Das Anliegen des Buches entspricht dem Selbstverständnis unserer Arbeit.

Dr. Einhard Schrader

Geboren 1940 in Hamburg, Studium der Soziologie (mit Abschluß der Promotion) und der Wirtschaftswissenschaften in Freiburg i.Br. und Münster/Westf. Nach meiner Mitgliedschaft im Quickborner Team (1971-1974) Leiter eines betrieblichen Bildungswesens. Seit 1976 bin ich selbständiger Kommunikationsberater.

Veröffentlichungen: (u.a.) Moderationsmethode, KurzModeration, Kündigungsgespräche – alle jeweils mit Co-Autoren. Herausgeber der Reihe „Moderation in der Praxis“. Alle Bücher sind erschienen im Verlag Windmühle GmbH, Hamburg. Im C. Hanser Verlag, München ist darüber hinaus der Titel „Die Rolle des Trainers in der Erwachsenenbildung“ veröffentlicht worden.

So erreichen Sie die Autoren

Daniela Mayrshofer
CONSENSA
Kaiser-Friedrich-Ufer 2
20259 Hamburg
Telefon 040 / 404 172

Hubertus A. Kröger
TEMAprojekte
Caprivistraße 7
22587 Hamburg
Telefon 040 / 868 747

Diese Bücher qualifizieren Trainer und Seminarleiter

K. Klebert, E. Schrader, W.G. Straub
MODERATIONSMETHODE
Das Standardwerk
Überarbeitete Neuauflage 2001, ca. 350 Seiten, zahlr.Abb., geb.,
ISBN 3-922789-79-X

K. Klebert, E. Schrader, W.G. Straub
KURZMODERATION
Anwendung der ModerationsMethode in Betrieb, Schule, Kirche, Politik, Sozialbereich und Familie, bei Besprechungen und Präsentationen.
Mit 20 Beispielabläufen
166 Seiten, zahlr. Abb.,
ISBN 3-922789-23-4

Alexander Redlich
KONFLIKTMODERATION
Handlungsstrategien für alle, die mit Gruppen arbeiten.
Mit vier Fallbeispielen
Band 2 der Reihe Moderation in der Praxis
213 Seiten, zahlr. Abb.,
ISBN 3-922789-63-3

Karl Köhl
SEMINAR FÜR TRAINER
Das Situative Lehrtraining.
Trainer lernen lehren.
175 Seiten, geb.,
ISBN 3-922789-60-9

Hermann Weber (Hrsg.)
LITERATUR FÜR DIE AUS- UND WEITERBILDUNG IN ORGANISATIONEN
5 + 6
Wichtige Fachbücher für Management, Training und Weiterbildung.
Mit Kurzrezensionen.
Ausgabe 5+6, 3 Bände zusammen 550 Seiten, Br.,
ISBN 3-922789-69-2

O. G. Wack, G. Detlinger, H. Grothoff
KREATIV SEIN KANN JEDER
Kreativitätstechniken für Leiter von Projektgruppen, Arbeitsteams, Workshops und Seminaren.
Ein Handbuch zum Problemlösen.
159 Seiten, zahlr. Abb., geb.,
ISBN 3-922789-42-0

J. Dierichs, B. Helmes, E. Schrader, W.G. Straub
WORKBOOK
Ein Methoden-Angebot als Anleitung zum aktiven Gestalten von Lern- und Arbeitsprozessen, in Gruppen
520 Seiten, 4 Ringmechaniken, extra geb. Leitfaden, attraktiver Kunststoffordner
ISBN 3-922789-12-9

H. Weber, D. Röschmann
ARBEITSKATALOG DER ÜBUNGEN UND SPIELE
Ein Verzeichnis von über 1200 Gruppenübungen und Rollenspielen in 2 Bänden
Band 1: 852 Seiten, geb., mit ausklappbarem Faltblatt,
ISBN 3-922789-65-X
Band 2: 635 Seiten, geb.,
ISBN 3-922789-67-6

Doris Röschmann
111 x SPASS AM ABEND
Heitere Spiele zur Auflockerung von Teilnehmern in Seminaren, Kursen und Freizeiten
169 Seiten, zahlr. Abb.,
ISBN 3-922789-72-2

I. Brenner, H. Clausing, M. Kura, B. Schulz, H. Weber
DAS PÄDAGOGISCHE ROLLENSPIEL IN DER BETRIEBLICHEN PRAXIS
Konflikte bearbeiten
386 Seiten, zahlr. Abb., geb.,
ISBN 3-922789-59-5

Dave Francis, Don Young
MEHR ERFOLG IM TEAM
Ein Trainingsprogramm mit 46 Übungen zur Verbesserung der Leistungsfähigkeiten in Arbeitsgruppen
275 Seiten, zahlr. Abb., Checklisten und Tabellen, geb.,
ISBN 3-922789-64-1

Klaus Lumma
DIE TEAMFIBEL
oder das Einmaleins der Gruppenqualifizierung
215 Seiten, zahlr. Abb., Tafeln, Checklisten, Übungen und Arbeitsblätter, geb.,
ISBN 3-922789-54-4

Klaus Lumma
STRATEGIEN DER KONFLIKTLÖSUNG
Betriebliches Verhaltenstraing in Theorie und Praxis.
Mit 4 Seminarbeispielen
301 Seiten, geb.,
ISBN 3-922789-27-7

Windmühle GmbH Verlag und Vertrieb von Medien **www.windmuehle-verlag.de**
Postfach 551080 · 22570 Hamburg · Tel 040-86 83 07 · Fax 040-86 63 123 · e-mail: windmuehle@t-online.de

Fachbücher für Führungskräfte und Personalentwickler

W.G. Straub, L.Forchhammer, L.Brachinger-Franke
BEREIT ZUR VERÄNDERUNG
UnWege der Projektarbeit
126 S., geb., 2-farb.,
ISBN 3-922789-84-6
Veränderungsprojekte so zu managen, dass sie ihre Ziele erreichen ist Anliegen dieses Buches. Es liefert einen hilfreichen Routenplaner und beschreibt u.a. Auslöser für Widerstände, Ziele, Erfolgsfaktoren, Auftragsklärung und Projektgenese als Prozess.

K.Meinhardt, H.Weber
ERFOLG DURCH COACHING
Führung im 21. Jahrhundert
189 S., zahlr. Abb., geb.,
ISBN 3-922789-82-X
Ein Ratgeber für alle, die wissen wollen, wie man Coaching als Führungsinstrument nutzen kann, welche Gesprächstechniken sinnvoll sind, wie man Mitarbeiter motiviert, Einzelfallentscheidungen selbst zu treffen, wie man Probleme bespricht und Problemlösungskompetenz fördert. Ein Praktikerbuch für Führungskräfte.

M.Kalnins, D.Röschmann
ICEBREAKER
Wege bahnen für Lernprozesse
Ein Logbuch fürTrainer
231 S., zahlr. Abb., geb.,
ISBN 3-922789-80-3
Das Buch bereitet den Boden für Verhaltensänderungen und vermittelt Übungsmaterial zum Bearbeiten von Widerständen, zum Herstellen eines aktiven Lernklimas und zur Schulung der eigenen Wahrnehmungsfähigkeit. Die Autorinnen legen einen fundierten Mix von Theorie und Praxis vor.

Alexander Redlich, Jens A. Elling
POTENTIAL : KONFLIKTE
Ein Seminarkonzept zur Konfliktmoderation und Mediation für Trainer und Lerngruppen.
Mit Übungsmaterial und 10 Fallbeispielen
Moderation in der Praxis, Band 7
236 S., zahlr. Abb.,
ISBN 3-922789-78-1
Der Titel bietet ein komplettes Konfliktseminar von 2,5 Tagen an inkl. zehn Rollenspielen aus den fünf entscheidenden Moderationsphasen, einer Anleitung zur didaktischen Aufbereitung von Rollenspielen und einer Planungshilfe für den Büroalltag.

Peter Böhm
KUNDENKONFERENZ
Der intensive Dialog mit dem Partner Kunde. Moderationsveranstaltungen zur Erhöhung der Kundenbindung
Moderation in der Praxis, Band 6
116 S., zahlr. Abb.,
ISBN 3-922789-73-0
Eine Kundenkonferenz ist Gradmesser für Kundenorientierung im Unternehmen. Ihr wichtigstes Instrument ist der strukturierte Workshop, die Moderation ist methodisches Hilfsmittel. Der Autor definiert Ziele und Nutzen dieser Veranstaltung, arbeitet die acht Essentials heraus und zeigt die Vorgehensweisen detailliert und gut nachvollziebar.

Joachim Freimuth
MODERATION IN DER HOCHSCHULE
Konzepte und Erfahrungen in der Hochschullehre und Hochschulentwicklung
Moderation in der Praxis, Band 3
199 S., zahlr. Abb.,
ISBN 3-922789-62-5
Wie man eine neue Lehr- und Kommunikationskultur an unseren Hochschulen einführt, finden Sie in diesem Buch. Der Autor nutzt die ModerationsMethode zum aktivierenden Lernen, zur Transferorientierung, zum Umgang mit Komplexität, zur Verbesserung der Dialog- und Konfliktfähigkeit. Zahlreiche Beispiele aus dem Hochschulalltag illustrieren das Vorgehen sehr überzeugend.

T.Runge, F.Weibel, W.Ruegg u.a.
ODYSSEUS IM KONZERN
Internationales Management Development als strategische Führungsaufgabe
164 S., zahlr. Abb., geb.,
ISBN 3-922789-81-1
Management Development für das Linienmanagement mit zahlreichen Beispielen aus der Unternehmenspraxis:
Von Selbstdevelopment zu Wertesystemen als Orientierungsrahmen, von Potentialanalyse zu Succession Planning oder Controlling, von der Vorbereitung für Auslandseinsätze bis zur Gestaltung von Development Curricula wird viel Personal-Know-how praktisch umgesetzt.

Joachim Freimuth, Michael Zirkler (Hrsg.)
LIZENZ ZUM FÜHREN
360-Grad-Feedback in der Personal- und Organisationsentwicklung
154 S., zahlr. Abb.,
ISBN 3-922789-83-8
360-Grad-Feedback ist Instrument und Methode der Personal- und Organisationsentwicklung. Man erhält eine differenzierte Einschätzung des Personalpotentials und erfasst Entwicklungen von organisationalen Veränderungsprozessen durch Evaluierung. Wie Unternehmen dieses Instrument einsetzen, welchen Nutzen sie ziehen, findet der Leser hier anschaulich und nachvollziehbar beschrieben.

Peter Nissen
SCHULPROGRAMM STARTEN
Grundprinzip und erste Schritte
ca. 100 S., zahlr. Abb.,
ISBN 3-922789-85-4
Das Buch zeigt an Beispielen, wie man den Einstieg in die Schulprogrammarbeit konkret realisiert, wie man mit Widerständen umgeht, wie man das Kollegium in die Verantwortung nimmt und einbezieht, welche Schwierigkeiten zu berücksichtigen sind, wie man die zehn häufigsten Fehler vermeidet, oder welche Rolle die Schulleitung bei der Programmarbeit einnimmt. Ein kluges, übersichtliches Arbeitsbuch von hohem praktischen Nutzen.

Windmühle GmbH Verlag und Vertrieb von Medien · Postfach 551080 · 22570 Hamburg · Tel 040-86 83 07 · Fax 040-86 63 123
e-mail: windmuehle@t-online.de · **www.windmuehle-verlag.de**